经典篇

次仁德吉 主编
扎 邓 副主编

拉萨寺院文化

游古城 寻找拉萨千年历史
转古寺 感受藏族特色文化

西藏人民出版社

图书在版编目（CIP）数据

拉萨寺院文化 / 次仁德吉主编；扎邓副主编. -- 拉萨：西藏人民出版社，2023.8
（幸福拉萨文库. 经典篇）
ISBN 978-7-223-07393-6

Ⅰ. ①拉… Ⅱ. ①次… ②扎… Ⅲ. ①喇嘛宗－寺庙－宗教文化－拉萨 Ⅳ. ① B947.275.1

中国国家版本馆 CIP 数据核字（2023）第 078773 号

拉萨寺院文化

主　　编	次仁德吉
副 主 编	扎　邓
责任编辑	计美旺扎
策　　划	计美旺扎
封面设计	颜　森
出版发行	西藏人民出版社（拉萨市林廓北路 20 号）
印　　刷	三河市祥达印刷包装有限公司
开　　本	710×1040　　1/16
印　　张	16.5
字　　数	253 千
版　　次	2024 年 10 月第 1 版
印　　次	2024 年 10 月第 1 次印刷
印　　数	01-10,000
书　　号	ISBN 978-7-223-07393-6
定　　价	78.00 元

版权所有　翻印必究

（如有印装质量问题，请与出版社发行部联系调换）
发行部联系电话（传真）：0891-6826115

《幸福拉萨文库》编委会

主　　　任　齐扎拉　白玛旺堆
常务副主任　张延清　车明怀
副　主　任　马新明　达　娃　肖志刚
　　　　　　庄红翔　袁训旺　占　堆
　　　　　　吴亚松

主　　　编　《幸福拉萨文库》编委会
执 行 主 编　占　堆　吴亚松
副　主　编　范跃平　龚大成　李文华
　　　　　　许佃兵　拉　珍　赵有鹏

本 书 主 编　次仁德吉
本书副主编　扎　邓

委　　员　张春阳　张志文　杨年华

　　　　　张　勤　何宗英　格桑益西

　　　　　蓝国华　陈　朴　王文令

　　　　　阴海燕　杨　丽　其美江丿

　　　　　刘艳苹　白玛朗杰　仲布·次仁多吉

　　　　　郑丽梅　娜母卓　康卓措

　　　　　达娃白玛

序言
XU YAN

  随着西藏经济社会的跨越式发展，交通更加便利，众多国内外游客前来西藏参观旅游，西藏旅游产业得到快速发展。拉萨作为西藏自治区首府，是政治、经济、文化核心区，拥有独特的自然风光、悠久历史和灿烂文化，是我国重要的世界旅游目的地。发展特色优势产业，建设高原特色国际旅游城市是拉萨市贯彻落实党的十九大、十九届历次全会、中央第七次西藏工作座谈会和自治区第十次党代会精神、区党委十届三次全会精神，加快文化事业产业发展步伐，精心打造"四大布局"国际旅游城市，开展"美丽家园·幸福拉萨"系列活动的重要举措，开启了旅游文化新篇章。

  佛教寺庙在西藏已有1300多年的悠久历史，作为西藏历史文化的重要载体，遍布三区五县。拉萨寺庙既是僧侣潜心修佛的场所，也是国内外游客了解认识藏族传统文化的重要窗口。

  《拉萨寺院文化》一书运用马克思主义文化观，对拉萨藏传佛教教派、场所名称、重要节日等做了介绍，并对拉萨三区五县区域特征及每一座寺庙景点、寺庙历史人物进行了阐述。该书图文并茂，通俗易懂，让读者能够直观了解拉萨寺庙文化，是一本包含拉萨寺庙历史、文化、人物的综合性读物，也是了解拉萨寺庙的基础性景点书。

目录
MU LU

概述

藏传佛教主要教派简介 / 003

藏传佛教活动场所 / 006

拉萨市藏传佛教主要节日 / 007

藏传佛教寺庙僧人地位及尊号 / 010

第一章 拉萨中心寺庙

城关区简介 / 016

主要寺庙简介 / 018

 布达拉宫 / 018

 宗角禄康 / 022

 查拉鲁固寺 / 024

 大昭寺 / 027

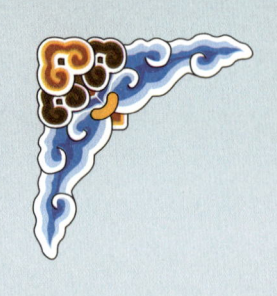

小昭寺 / 032

仓姑寺 / 035

木如宁巴 / 037

下密院 / 039

次巴拉康 / 040

罗布林卡 / 041

关帝拉康 / 043

功德林 / 045

丹杰林 / 048

策门林 / 051

喜德林 / 053

次觉林 / 054

哲蚌寺 / 056

乃琼寺 / 060

帕崩卡寺 / 063

普布觉寺 / 066

曲桑寺 / 068

色拉寺 / 069

扎基寺 / 073

公堂寺 / 074

蔡巴寺 / 076

第二章 拉萨西北线寺庙

堆龙德庆区简介 / 080

主要寺庙简介 / 081

邱桑寺 / 081

其美龙寺 / 084

热果寺 / 084

觉木隆寺 / 085

雄巴拉曲 / 089

桑普寺 / 091

楚布寺 / 094

乃朗寺 / 100

热擦寺 / 103

嘎东寺 / 105

措麦寺 / 107

尼玛塘寺 / 108

丁噶寺 / 110

达隆札寺 / 110

当雄县简介 / 111

主要寺庙简介 / 113

嘎洛寺 / 113

羊八井寺 / 114

康玛寺 / 118

江热寺 / 120

当雄十座嘎巴 / 121

第三章　拉萨西南线寺庙

曲水县简介 / 126

主要寺庙简介 / 127

雄色寺 / 127

乌香拉康 / 134

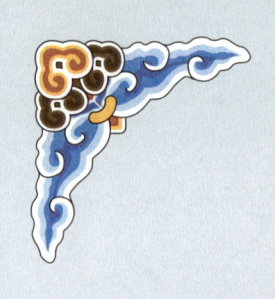

　　　　扎西岗寺 / 135

　　　　聂唐卓玛拉康 / 139

　　　　热堆寺 / 141

　　　　珠寺 / 143

　　　　绛寺 / 146

　　　　曲果央仔寺 / 146

　　　　塔巴林寺 / 147

　　　　桑亚南喀宗寺 / 147

　　尼木县简介 / 151

　　主要寺庙简介 / 152

　　　　比如上下寺 / 152

　　　　桑日寺 / 155

　　　　杰吉寺 / 155

　　　　切嘎曲德寺 / 156

　　　　尼木县噶举派尼姑寺 / 159

　　　　岗布寺 / 160

　　　　卓瓦曲典寺 / 160

　　　　达金寺 / 160

　　　　岗仲寺 / 161

　　　　卡曲寺 / 161

第四章　拉萨东北线寺庙

　　林周县简介 / 164

　　主要寺庙简介 / 165

　　　　纳连扎寺 / 165

　　　　热振寺 / 167

杰堆寺 / 170

朗唐寺 / 173

康隆寺 / 175

达龙寺 / 176

加日寺 / 179

罗杂寺 / 180

波多寺 / 181

夏寺 / 182

热强寺 / 183

乃苏寺 / 184

桑丹林寺 / 185

赤龙寺 / 186

塔玉贡康 / 188

直龙寺 / 188

第五章 拉萨东南线寺庙

达孜区简介 / 192

主要寺庙简介 / 194

扎叶巴寺 / 194

桑阿寺 / 198

尊木采寺 / 199

帕木寺 / 200

罗寺 / 202

刺色寺 / 206

甘丹寺 / 207

拉木觉寺 / 211

穷仓寺 / 213

雪寺 / 214

达孜区拉康、日追 / 215

墨竹工卡简介 / 216

主要寺庙简介 / 217

羊日岗寺 / 217

直孔替寺 / 221

塔巴寺 / 225

仁青林寺 / 227

夏寺 / 228

嗖则寺 / 229

德仲寺 / 230

达普寺 / 231

芒热寺 / 234

唐加寺 / 234

邦萨寺 / 235

日多寺 / 236

宗孜寺 / 236

松赞拉康 / 237

参考书目 / 241

附录 / 244

1. 拉萨五县三区的寺庙统计表 / 244

2. 全国重点文物保护单位寺庙 / 251

3. 西藏自治区重点文物保护单位寺庙 / 251

编后记 / 252

概 述
GAI SHU

漫步在拉萨街头,不仅可以看到现代文明赋予它的繁华,同时能够领略浓厚传统文化的底蕴。走进拉萨的区县,一座座具有藏传佛教文化特色的寺庙,就是一道道绚丽的风景线,有着独特的风土人情。

拉萨由三区五县组成,即城关区、达孜区、堆龙德庆区、当雄县、曲水县、墨竹工卡县、尼木县和林周县,现总面积约29518平方千米,第七次全国人口普查显示拉萨总人口约86.79万人,占全区总人口的23.79[1]。平均海拔3600米左右,其中有藏、汉、回、门巴、珞巴等20多个民族,其中藏族人口占86%,汉族人口占12.2%,其他少数民族占1.8%。在拉萨藏传佛教寺庙、拉康、日追等多达200多座,城关区占20%、堆龙占20%、达孜占5%、尼木占10%、当雄占5%、曲水占5%、林周占15%、墨竹工卡占20%,其中拉萨中心区域(城关区)堪称世界文化遗产的寺庙甚多。

拉萨位于青藏高原腹地,从古至今宗教文化同其他平原民族的交流不曾间断过。很多有关拉萨的史料记载,"早在唐朝时期就有中原僧人和本地僧人,为了学习佛法、交流佛法前往长安和西藏"等内容。

藏传佛教是佛教传入西藏后,吸收苯教[2]的一些神祇和仪轨而逐渐本土化的佛教。在藏文里,原称"囊巴""丹巴""桑吉丹巴"等,现称"蕃具囊丹"[3]。公元7世纪,由于苯教势力已危及赞普的统治,因此赞普引入佛教来抗衡苯教的力量以维护政权。他首先将佛教注入当时的王室贵族中,让这些王室贵族能够起到推动佛教的作用;其次建造大量的佛教寺庙,刚开始寺庙里只有佛经、佛像,没有僧人,到了赤松德赞时期才有了首批本地出家僧人。佛教在西藏的传入、发展、兴盛,经过了几百年的漫长岁月,是佛教和苯教之间长期的斗争、融合才使藏传佛教形成。

在西藏,藏族文化的核心区域中,寺庙文化成为西藏典型的文化现象之

---

[1] 资料来源:拉萨市人民政府网。

[2] 苯教:藏族最原始的宗教,是本土宗教,以自然崇拜为主。

[3] 囊巴、丹巴、桑吉丹巴、蕃具囊丹:藏传佛教的意思。

一。拉萨的寺庙聚集了藏传佛教绝大多数佛学成就者，在这些寺庙内僧人们不仅要学习佛经，还要学习"大五明"（又称大五科，即工艺学、医学、声韵学、正理学和佛学）和"小五明"（又称小五科、五小明处，即修辞学、辞藻学、韵律学、戏剧学和星象学）。寺庙的藏书和绘画最多，房屋建筑最好，雕刻最精美，壁画面积最大，乐器最齐全，还有音乐和舞蹈等相关资料。藏传佛教通过翻译经典、相互学经、传经说法、延请工匠、朝贡云游等多种途径进行宗教文化的交流。如今，藏传佛教成为中华民族文化殿堂中的一件瑰宝，不仅丰富了中华民族文化的内涵，更是为拉萨旅游业的发展增添了色彩。

藏传佛教主要教派简介

公元 9 世纪中叶，吐蕃赞普达玛被杀后，吐蕃王族纷纷争权，各地又发生奴隶起义，吐蕃政权陷入崩溃的状态。10 世纪下半叶，佛教再次兴起，寺庙的寺主与地方势力结合成为地方割据势力，在宗教上也自成一派。从 11 世纪到 16 世纪，除原先赞普时期的佛教（宁玛派），先后形成了噶当、萨迦、噶举、希解、夏鲁、觉朗、格鲁、博东等教派。后期，有的教派因不适应当时社会而被淘汰。

宁玛派 "宁玛"是藏语的译音，一为"古"，二为"旧"。所谓古，是说这个教派为最先传播的教法，是公元 8 世纪由莲花生大师传下来的，其历史比其他教派早 300 年。所谓旧，是指该派所传密法是吐蕃时期的译传，通称旧译密咒派。因其僧人头戴红帽，俗称红教。公元 9 世纪吐蕃赞普达玛禁佛后，一些分散在民间的、在家修持金刚乘密咒的人，乔装成俗人，躲过迫害。他们完整地保存了吐蕃时期的译经，带发修行，并以父子、叔侄传承的方式继续佛法的传播。11 世纪，素尔波且·释迦迥乃（1002—1062 年）将所得密法分类整理，在理论和实修方面构成一个比较完整的体系，公开传法。宁玛派在西藏的传播甚广，以昌都和林芝为最多，但寺庙的规模都不大。此外，宁玛派在四川的甘孜、阿坝和云南的迪庆也多有分布。20 世纪 50 年代后，在欧洲也有传播。

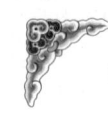

噶当派　"噶当"是藏语的译音,有的写作"甘丹"。"噶"是佛语即佛的言教,"当"是教戒和教授,合起来的意思是把佛的一切言教都看作是对于学佛僧人从日常行为到修法成佛的全过程的指示和教导。由仲敦巴于1056年修建热振寺而创立,以这座寺庙为主寺发展起来的教派就是噶当派。它是藏传佛教后弘期最早的一个教派。西藏佛教后弘期初期的学佛僧人中,重密法者则轻显教,重师承者则轻经论,重戒律者则轻密法,致使教法修行混乱,显密严重分歧水火不相容。噶当派针对这种状况,提出显密结合、先显后密的佛学内容,因此享有"纯净"声誉。后宗喀巴即以此为主要宗旨创造了格鲁派。

萨迦派　"萨迦",藏语意为灰土。因其主寺建在灰色的岩石上,寺庙取名为萨迦寺,该寺创建于1073年,以这座寺庙为主寺发展起来的教派就是萨迦派。由于该派寺庙的围墙上涂有象征文殊、观音和金刚手菩萨的红、白、蓝三色条,又俗称花教。萨迦派在藏传佛教中有较大影响,其发展与衰落和元朝中央政权的兴衰密切联系在一起,在中华民族大团结中发挥着积极作用。萨迦派的创始人是昆·贡曲杰布(1034—1102年),他自称是吐蕃赤松德赞时期大臣昆波卧伽家族的后代,这位大臣的第三子鲁益旺波松还是西藏最初被剃度为僧人的"七觉士"之一。

噶举派　藏语"噶"的本意是佛语,"举"意为传承,"噶举"意为口授传承,简称口传,即传承金刚持佛亲口所说密咒教义。这一教派注重密宗的修习,通过师尊的言语亲自传授,再由门徒继承下来。因为该派僧人修行时身穿白色的僧裙和上衣,所以俗称白教。该派的密法来自印度,是师徒口传,所以称噶举巴。在西藏,该派形成于11世纪,出现两大传承,或叫作两大系统,即香巴噶举和塔波噶举。香巴噶举派由琼布南(乃)觉创立,曾经一度很兴盛,后来逐渐衰落;塔波噶举由塔波拉杰创立,源自玛尔巴及其弟子米拉日巴。

格鲁派　格鲁派是当今藏传佛教中最大的教派。"格鲁"是藏语的译音,意为善规(善律)。因为该派的创始人宗喀巴原来的师承出于噶当派,其教义的依据又是噶当派的教义,所以又有人称格鲁派为新噶当派。因其首建甘丹寺作为该派的主寺,也称甘丹派。因为宗喀巴和这一派的僧人都戴黄色僧帽，汉文史籍和清朝文书又称该派为黄教或黄帽派。格鲁派产生于15世纪，它不是无端创建的教派，当时因为藏传佛教界僧人戒律废弛、追名逐利、骄奢淫逸等各种现象，使僧人在群众中的信誉降低，促使宗喀巴主张僧侣严守戒律、独身不聚、脱离农事、严格寺庙组织和管理制度，创立了至今影响深远的格鲁派。

苯教 苯教是西藏本土原始宗教，它有自己独特的宗教教理、仪轨、传承宗派及其发展历史。原始苯教所实践的仪轨数量庞大、名目繁多。原始苯教祭祀名称都与"苯教"一词有密切关系。这些名称充分说明了它的原始苯教文化内涵。佛教传入吐蕃之前吐蕃本土祭祀文化早已相当丰富。这些祭祀文化正是后来雍仲苯教扎根、发芽、成长的沃土，也是佛教丰富发展自己仪

藏传佛教各教派服饰

轨的基础。苯教教史中把五花八门的苯教内容归纳为两大类，即"因苯"和"果苯"。把这两者通称为"苯教九乘"，又叫"苯教四门五库"。其中"因苯"即"四门"，"果苯"即"五库"。

西藏现有的藏传佛教寺庙和宗教活动场所，分属多个教派。据统计，各教派寺庙在藏传佛教寺庙中的比例分别是：格鲁派最多，其次是噶举派、宁玛派和萨迦派，还有一些寺庙属于各教派混合的寺庙。

藏传佛教活动场所

藏传佛教活动场所按其规模大小分为寺庙、拉康、日追等。拉萨有200多座宗教活动场所，分布于拉萨市所辖三区五县。

寺庙 又称寺院，音译为"衮巴"（有的写作"贡巴"）。按教职人员区分，有僧寺和尼姑寺，大多数是僧寺。按建筑地区分，有房寺、洞窟、帐篷寺，其中绝大多数寺庙为房寺，都是土木结构；个别寺庙为帐篷寺等。寺庙由房屋（洞窟、帐篷）、佛塔、菩萨造像、经书法器，以及教职人员等组成。公元7世纪佛教传入西藏后，为供奉佛祖相继修建了一些寺庙，第一座有出家僧人的寺庙是桑耶寺。从后弘期开始，各教派的寺庙纷纷建立，有的寺庙逐渐成为当时政教合一的中心。寺庙是研习教义、供奉佛神、传播宗教和僧众进行宗教活动以及日常生活的场所。

拉康 藏语的音译，"拉"是神的意思，"康"是房子的意思，意译为神殿或神庙。特指平时只有个别僧尼或无僧尼定居的寺庙，是信教群众供佛和僧尼进行小型宗教活动的场所。拉康（经堂）可以建在寺庙中，还可以建在离大寺庙较远的村庄内或村庄附近。

日追 又写作日楚，藏语音译，山中、山间的意思，特指修行小庙，一般隐居于山间偏僻的地方，有的没有固定的僧尼，有的只有个别的僧尼在此修行。

修行山洞 音译为"竹普"，是僧尼苦修的地方，遍及西藏各地。山南桑耶有钦普山洞群和拉萨扎叶巴山洞群等。

擦康 藏语的音译，即堆放泥塑的小屋或暗室，由信徒出资制作和修建。

仓康 藏语的音译，意为静室，是僧尼静坐修行的小屋或房间。

嘛呢堆 又写作玛尼堆、玛尼多，即摆放刻有六字真言和经文的石头或石堆。还有塔、深山等。

拉萨市藏传佛教主要节日

藏传佛教节日是随着佛教在西藏的发展、信徒的增多和规模的扩大，宗教活动增量，又因为活动仪轨、时间固定，才逐步演变为宗教节日和民间节日。在西藏，根据藏传佛教各教派的特点，举行的宗教活动也不同，规模大小各异。

萨嘎达瓦[1] 相传释迦牟尼于藏历4月15日降生、成道和圆寂。所以，每年在这个月中，藏传佛教的宗教活动频繁，规模宏大。在历史上，不仅寺庙有隆重的宗教活动，而且信徒也礼佛敬神，布施乞丐，举行各种宗教活动。1990年5月，中国佛教协会经赵朴初会长倡议，汉传佛教也将农历4月15日定为佛陀纪念日，全国各个佛教寺庙均在这一天举行庆典和法会，由此体现佛法的庄严性和一致性。

赞林纪桑[2] 每年藏历5月15日至24日在拉萨市郊外柳林内举行。此节来源于吐蕃赞普牟尼时创立的四大供养之一。四大供养为：在大昭寺供养律藏，在昌珠寺供养论藏，在桑耶寺供养经藏和菩提。相传藏历5月15日世间诸神聚会，信徒要烧香、供奉和朝拜，以示供养。

竹巴次西[3] 藏历6月4日是藏传佛教纪念释迦牟尼初转法轮说法布道的节日，是信徒去各寺庙朝拜、礼佛、进香、祈祷日。

---

[1] 萨嘎达瓦：藏语的音译，因藏历4月氐宿星出现，故又称氐宿月。

[2] 赞林纪桑：藏语的音译，俗称世界煨桑日。

[3] 竹巴次西：藏语的译音，意为6月4日（指藏历的），又称六四转山会。

夏安居[1]　每年藏历6月15日开始到7月底结束，持续举行45天的诵经法会。各寺庙挑选部分僧人，举行长净、闭门修行直到解制。在此期间，僧人不能出门，每天除了吃两餐都坐着念经，祈求风调雨顺，人畜两旺。

甘丹色唐[2]　每年藏历6月15日举办，是甘丹寺重大佛事活动之一。具有300多年历史的巨型释迦牟尼唐卡在甘丹寺羊巴坚大殿展开，该唐卡长30米，宽28米。同时23幅"唐绣"在甘丹寺的措钦大殿展示15天。

雪顿节[3]　每年藏历6月30日在哲蚌寺举行展佛、诵经祈祷活动后，到罗布林卡过雪顿节，为期7天。期间罗布林卡有藏戏表演，各大寺庙举办宴会。如今，增加了举办展览会和经贸洽谈会等内容。

哲蚌鲁崩[4]　每年藏历7月8日至10日举办。相传15世纪前期，哲蚌寺法会结束后，宗喀巴大师在寺里与弟子克珠·格列白桑和加央扎西班丹闲聊，前来朝拜的十万龙神消失在哲蚌寺措庆大殿两座2米多高的泥佛塔内，从此将供奉两座泥佛塔的殿堂称为鲁崩殿。每年藏历7月8日寺庙向僧众和信徒开放鲁崩殿。

拉坡堆钦[5]　每年藏历9月22日，释迦牟尼在33天为生母说法以后返回人间之期，是寺庙开放日，信徒去寺庙朝佛烧香，祈祷布施。比如，一年一度粉刷布达拉宫，必须在"拉坡堆钦"之前完工，以表对佛陀的敬意。

白拉日追[6]　每年藏历10月15日由僧众从大昭寺的吉祥天女殿抬出吉祥天女像，游行八廓街。相传吉祥天女此日与其夫赤宗赞相会一次，故游到拉萨南郊时，必转身面朝南与赤宗赞隔河相望。同时举行念经祈祷仪式，信徒以酒供奉。

---

[1] 夏安居：藏语叫"雅乃"，夏季3月僧人闭门禅思的宗教节日。
[2] 甘丹色唐：甘丹寺展佛。
[3] 雪顿节：即酸奶节、颂奶节。
[4] 哲蚌鲁崩：朝拜哲蚌寺十万龙神殿。
[5] 拉坡堆钦：藏语的译音，意为降神节。
[6] 白拉日追：藏语的译音，意为吉祥天女游行节日。

燃灯节[1]　每年藏历10月25日是宗喀巴圆寂的纪念日，寺庙要举行大型活动，点燃无数盏酥油灯，信徒要向寺庙敬献供品，连续两个晚上在屋顶通宵燃灯供佛。24日是"喜木确"当晚要喝"衮丹[2]"表示对宗喀巴弟子大慈法王释迦益西的纪念，25日是"阿木确"，当晚要吃"帕吐"[3]，以表对宗喀巴大师的纪念。

燃灯节

跳神节[4]　每年藏历12月29日，在布达拉宫举行的"跳神驱鬼"称为"宫内跳神"，在木如寺举行的称为"木如跳神"。僧人扮成神佛鬼怪，绕行大昭寺，呐喊驱祟，抛撒"念九"朵玛（食子[5]），焚烧魔鬼塑像、放咒等。

色拉普界[6]　每年藏历12月27日，举办"色拉普界"。相传13世纪，萨迦班智达·贡嘎坚赞在藏尼边界辩经胜过印度僧人卓吉嘎沃后，卓吉嘎沃

---

[1]燃灯节：藏语叫甘丹阿曲，是宗喀巴的大师圆寂纪念日。

[2]衮丹：藏语的音译，青稞酒、糌粑、奶渣和红糖等熬成的粥。

[3]帕吐：藏语的音译，面疙瘩。

[4]跳神节：在布达拉宫和木如寺，分别举行"跳神驱鬼"宗教节日。

[5]食子：用糌粑制成的供品，有红、白、黄、黑四种颜色。

[6]色拉普界：朝拜色拉寺宝橛的宗教节日。

跳神节的场景

使用变术飞天逃跑时，萨迦班智达请大成就者达恰瓦用宝橛钉住地面上的卓吉嘎沃身影，卓吉嘎沃应声落地并被降伏。"色拉普界"当天可供僧众及信众朝拜宝橛。

藏传佛教寺庙僧人地位及尊号

活佛 藏语音译为"朱古"，具有菩萨应身为人的意思。活佛是藏传佛教信徒膜拜的偶像，宗教地位最高。在一些大寺庙中，设有若干活佛系统，以主持寺务的活佛为至尊。这些大寺庙的活佛又分"措钦朱古"[1]和"扎仓朱古"[2]，其中前者是该寺活佛，后者为经院的活佛。三大寺的"措钦朱古"中，还有"杰波朱古"的名号，获得这一名号者都担任过摄政职务。在旧西藏活佛不仅是寺庙的宗教、政治、经济、对外交往等实际事务的掌管者和当地宗教领袖，而且可以成为当地最高行政官员。活佛转世是藏传佛教噶

---

[1] 措钦朱古：指大殿活佛。
[2] 扎仓朱古：指大寺庙中下僧院的活佛。

玛噶举派所创立。根据史料记载，噶玛拔西于1283年圆寂，时寿80岁。他在圆寂前夕，把弟子邬坚巴叫到身前嘱咐道："我死后，在远方的拉堆地方，肯定会出现一名继承黑帽系密教的传人，在他出现之前，你就暂时作为他的代理。"说完就从头上摘下金边黑帽，戴在邬坚巴的头上圆寂。1284年，让迥多吉出生在今日喀则市吉隆县境内的一户农家中，被认定为噶玛拔西的转世，5岁时，他被迎请到楚布寺。7岁时，由邬坚巴灌顶，并将金边黑帽转送给他。让迥多吉从此继承法帽，成为噶玛噶举黑帽系的第一位活佛，开创了藏传佛教的活佛转世。之后，各大教派纷纷效仿活佛转世的办法延续教派的传承。

赤巴 法台或总法台。在藏传佛教规模较大寺庙中有设置，多由全寺各大扎仓（僧院或学院）的现任堪布中，推举佛学知识渊博且德高望重的活佛、高僧担任，负责掌管全寺的一切佛事活动。法台的任期各寺不一致，多为3年，也有5年或7年不等。其升任的大致过程是：出家为僧，刻苦学经，遵守教规，各部大论都能精通，巡回辩经达到合格后进入观修，步入贤哲之列后，进入上下密院，讲习密法。胜任堪布后，待任。过去有些教派祖庭的法台，因其还要掌理属寺、子寺的有关宗教事务，实际充当着该教派教主的地位，影响很大。格鲁派祖庭甘丹寺的赤巴，就是该教派创始人宗喀巴的法统后继者，按后期格鲁派的传统，凡担任此一职务的僧人，即使不是转世活佛，圆寂后也可转世，藏语称为"赤朱"，即法台活佛，从而形成一个新的转世活佛系统。截至1965年，甘丹赤巴土登贡噶（时任中国佛协西藏分会会长）已经传承到第96任。1986年2月17日（藏历火虎年正月初八）恢复拉萨祈祷大法会时，由班禅额尔德尼·确吉坚赞主持举行，拉让巴格西波米·强巴洛珠活佛任代理甘丹赤巴。此外，也有不少寺庙的法台由寺主大活佛兼任。哲蚌寺的赤巴和色拉寺的赤巴，自二世达赖喇嘛起，由历世达赖喇嘛担任或兼任。扎什伦布寺的赤巴自1601年四世班禅接任开始，一直由班禅兼任，还一度应请兼任过哲蚌寺和色拉寺赤巴。萨迦寺的法台也一直由萨迦法王兼任。

堪布 藏语音译，梵文音译"邬波驮那"，意为掌教师、亲教师，传授出家戒或近圆戒的僧人。同时，又是寺庙具体事务的最高负责人，总揽全寺的行政、经济、对外交往等一切大权。过去其产生办法有两种：一种由母寺委派，另一种由本寺僧尼的上层选举产生。

格贵 又称协俄、协敖，藏语的音译，意为掌堂师，是寺庙的教法法官，负责寺庙内的僧众遵守教义教规和所持戒律以及寺规的管理和监督，处罚违规违戒的僧人，维持寺庙各种活动的秩序。大寺庙的格贵还直接掌管本寺的武僧。由于格贵在僧众集会时手持铁棒维持秩序，因此又称铁棒喇嘛。其任期各不相同，一般在1～3年，由僧众选举产生。任期内的伙食由寺庙方供给。每个格贵配有一两个帮手。

洛本 藏语的音译，梵文音译"阿阇梨"，意为轨范师，对徒众教授佛法知识者，是给僧尼受戒出家的僧人。

翁则 藏语的音译，意为领诵师，负责全寺僧众集会时的宗教仪轨和经典的领诵。每次开坛诵经时，坐在大殿的高座上率领众人诵经，先由他领读，然后众人附和。翁则不开口，任何人包括活佛在内，均不得先行出声。担任翁则的僧人必须熟悉经典，声音洪亮，其数额依寺庙的大小而定，任期半年至一年不等。

格隆 藏语的音译，指受过比丘戒，但没有获得学位或没有在寺内任职的僧人。在大多数格鲁派寺庙中，初次出家的小僧在寺内学习过一段时间后，还必须到拉萨三大寺受戒和学习，回寺后才可称为格隆，成为正式僧人。

强佐 藏语的音译，管理中小寺庙或大寺庙扎仓行政事务和财产收支、庄园属民、对外联系，由寺庙或扎仓的堪布委任。

乃穷 又写作乃琼，藏语的音译，寺名。拉萨哲蚌寺前有一护法神庙，称乃穷寺。原西藏地方政府每遇重大决策，都请乃穷寺降神人，卜筮吉凶。

群则 藏语音译，藏传佛教格鲁派寺庙中的一种特殊僧人。出家人在寺庙化缘捐纳，可以得到群则的官阶，有此资格，可不通过考试手续担任寺内各种职务。

欧涅 藏语的音译，意为出纳或财务管理人，为藏传佛教寺庙中康村主持人。由康村中资历最老僧人担任，一般寺庙中称为涅巴，意为管钱人。

贝恰瓦 藏语的音译，意为读经僧。藏传佛教寺庙中的初级学经僧人。

20世纪50年代末至60年代初的民主改革，使西藏实行了政教分离，寺庙成立了民主管理委员会，宗教教职人员情况发生根本性变化，从此没有剥削阶层。宗教职业人员大体可以分为寺庙行政管理人员和教务职业人员两种。寺庙行政管理人员一般包括各寺庙民主管理委员会组成人员和在其领导下的各种从事管理事务、生产经营事务、经堂僧舍维修事务、佛堂法器文物保护事务，以及治安事务的所有人员。其中担任负责职务的，作为管理型教职人员；不担任负责职务的，属一般僧尼。寺庙教务职业人员一般包括扎仓或中小寺院堪布、翁则、格贵和经院经师、佛教学术研究人员，以及所有从事经院教育体系的各班次学员。各寺的堪布、翁则、格贵等传统宗教职务，名称虽同于过去，但已无特权，只是一种纯宗教职业者。他们中的大多数人是从事安排和主持各种宗教活动的堪布、各种宗教活动中领诵经典的翁则和维持宗教活动和寺院秩序的格贵，大多又是寺庙民主管理委员会的成员。

以上教务职业人员中，担任扎仓以上主要宗教教职的活佛、堪布、格贵、翁则、教经师、密宗神舞师和专业佛学研究人员以及获得显宗格西学位的人员，作为宗教教职人员看待；其余参加宗教经典和神舞习修的僧人，属一般僧尼中的学僧。

第一章
DI YI ZHANG

拉萨中心寺庙

"拉萨"藏语原名叫"热萨",与古汉语中的"逻些"相对音。依据目前所见古藏文本史料而言,公元823年左右才出现"拉萨"一词藏文写法,其意为"神地"。据史书记载,公元630年松赞干布执政伊始,其主要活动区域从雅砻河谷迁移至吉曲河一带,修筑布达拉宫。且,为了吸收和弘扬佛教,修建了大小昭寺。如今,布达拉宫已列入世界文化遗产名录,其附属两座建筑为大昭寺和罗布林卡。小昭寺是由文成公主主持修筑,位于大昭寺北面约500米处。拉萨中心城关区,总面积523平方千米,城关区管辖4个乡,8个街道,40个社区。拉萨中心区域是藏传佛教的中心,也是大寺庙最多、信徒最集聚的地方;更是历史名城风貌保存最完整的地方,能够完美地展现西藏传统文化和现代文明的结合。在拉萨市中心,可以直观体验藏传佛教寺庙带来的视觉和人文历史景观的双重盛宴。随着时间的推移,这座古老的佛教圣地历经沧桑,但它依然是西藏的政治、经济、文化中心。

城关区简介

　　拉萨的中心地带位于城关区，面积约为60平方千米，户籍人口约49万人。拉萨城关区的周围风光明媚，山川雄秀。西北面有念青唐古拉山主峰和纳木错"天湖"，南面有拉萨河谷，西面有羊八井地热田等，都是罕见的瑰丽景观。

　　城关区是各种物资、商业、金融汇聚地，也是区内外游客了解西藏传统

拉萨市中心全景

第一章　拉萨中心寺庙

文化的重要窗口。富有西藏特色的寺庙群，让人赏心悦目、心旷神怡。历史悠久、金碧辉煌的寺庙内外，朝圣的人群络绎不绝，经轮转动，香烟袅袅，给人以无限的遐想。青藏高原特有的蓝天白云、民俗风情，让人陶醉。在拉萨市中心，有大小不等的寺庙50多座。城关区的布达拉宫、罗布林卡、四大林（功德林、丹杰林、策门林、喜德林）、大昭寺、小昭寺、仓姑寺、哲蚌寺、色拉寺等宫殿与寺庙，是了解藏传佛教文化的第一站。进入每一座寺庙，人们不仅会形成强烈的视觉冲击，同时也会被浓厚的历史沉淀所感动。

主要寺庙简介

布达拉宫

布达拉宫[1]是藏族建筑艺术中的精品,是世界上气势最宏伟的建筑之一。

布达拉是梵语"普陀洛"一词的音变,意为持舟山,观音菩萨的道场。修建在红山之上的布达拉宫,坐北朝南,是宫廷城堡式建筑群,距今有1300多年的历史,建筑总面积为130000多平方米,占地总面积为360000多平方米,主楼高117米,共13层,其中宫殿、灵塔殿、佛殿、经堂、僧舍等俱全。布达拉宫外观13层,高110米。

公元7世纪,松赞干布统一西藏各部落,建立吐蕃政权,迁都到拉萨。据史料记载,在松赞干布迁都到拉萨之前,第27代赞普拉妥妥日年赞,在

布达拉宫

---

[1] 布达拉宫:位于拉萨城西,市区内乘1路、8路、12路、17路、24路到"拉百站"下车即可。

此红山顶上还修建了九层高的白宫。从布达拉宫僧人口述中得知，最初红山顶建造了一座白塔，这座白塔也是整个红山顶最高最中心处，后来的宫殿也是围绕这座白塔修建。我们可以从法王修行洞靠右手的小门进去，走一段小廊道就能参观这座千年之前修建的白塔。松赞干布在吐蕃大兴佛教，文成公主又是一位虔诚的佛教信徒，两人在已建的白宫中修行，如今此处为法王修行洞。由于自然灾害加上吐蕃政权的灭亡，宫殿已被毁坏，当时一些华丽宫殿并没有保存下来，如今布达拉宫尚存的只有当时的法王修行洞和观音殿。

法王修行洞

据史料记载，17世纪，五世达赖建立甘丹颇章政权。1643年3月格鲁派林麦夏仲·贡觉群培向五世达赖建议，应在拉萨的布达拉山修建一座红白相间的规模巨大的城堡，将色拉寺和哲蚌寺连成一线，巩固格鲁派在拉萨的防御体系。1645年由索朗绕登监工，重建布达白宫，于1649年竣工，随后政权机构也由三大寺之中的哲蚌寺迁到布达拉宫。1690年第悉·桑杰嘉措[1]开始建造五世达赖灵塔"世界唯一庄严"。在修建灵塔殿的同时扩建红宫，清朝康熙皇帝派遣能工巧匠300多人协助，日后历代达赖灵塔供奉在红宫内。布达拉宫经过历代达赖扩建，才有了今天的规模。

布达拉宫整体以红白两宫组成，红宫居中，白宫左右横列。白宫是历世达赖生活起居和政治活动之处。从松赞干布时代的白宫遗址旁依次修建了今日所见白宫的东广乐殿、西广乐殿、地祇女神甫楼、凯旋角楼、东方护法甫楼、厅堂、楼顶北通的东寝室、西寝室等，这就是未建红宫前白宫的规模。布达拉白宫东大殿的壁画，是按照五世达赖的旨意绘制的藏族起源和藏传佛

---

[1] 第悉·桑杰嘉措：仲麦巴大家族成员。

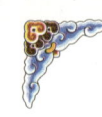

教发展史。又根据第巴·索朗绕登[1]的意图，绘制了五世达赖及其前四辈达赖像和传记壁画。这些壁画，是由当时最著名的画师乌则返古·曲央加措为首的画师们所绘。壁画中的人物形象优美、生动、自然，画面虽然很复杂，但虚实疏密安排得当，且主次分明，因而无杂乱之感。这些色彩绚丽的壁画，描绘了众多历史故事，让游客遐想万千。

红宫系各类佛堂及历世达赖的灵塔殿，外观具有宫殿与寺庙结合的特点，宫殿顶端，排列着六座各具风格的金顶，四角尖突、兽吻飞檐，房脊配有八吉祥、共命鸟、塔式宝瓶及龙凤呈祥等装饰物，四周排列着经幢，光彩夺目，气象非凡。殿堂内部则按密宗坛城所建，画栋雕梁，廊堂交错，东西两幢楼就是享有盛名的印经院，藏文《大藏经》完好无缺地保存在西印经院内。

布达拉宫内收藏了大量的珍贵文物，有各式各样唐卡近万幅，金质、银质、玉石、木雕、泥塑的各类佛像数以万计。此外，还有历代达赖的灵塔，明清皇帝的敕书、印玺，各界赠送的印鉴、礼品、匾额和经卷，宫中自用的典籍、法器和供器等。其中的稀世珍宝有金汁书写的《甘珠尔》《丹珠尔》（两者都是藏文的《大藏经》）、贝叶经《时轮注疏》、释迦牟尼指骨舍利、清

十三世达赖喇嘛金塔和大威德金刚坛城（1751年）

---

[1] 第巴·索朗绕登：1637年秋，固始汗赠给他"宰桑第巴"称号，到攻灭第悉藏巴以后，正式任命他为首任第巴，具有了主要的人事任命权。因有固始汗作为靠山，他将自己的权力运用到了极限，在一些重大问题上自做主张，造成五世达赖喇嘛不满，1658年病逝。

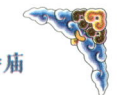

朝皇帝御赐的金册金印等。最重要的是安放历代达赖遗体的灵塔。从五世到十三世，除了六世达赖，其余八位都建造了奢华的灵塔。这些灵塔大小有别，但形式相同，均由塔顶、塔瓶和塔座组成。塔顶一般十三阶，顶端为日月和火焰轮。塔瓶存放遗体，分成内外两间。所有灵塔都以金皮包裹、宝玉装饰，显得金碧辉煌。其中五世达赖的灵塔为"世界唯一庄严"，高14.85米，它的壮观美丽，可以感受到当时为建造它，花费的人力、物力、财力是无法用现在的价值估计的。

布达拉宫是藏族建筑艺术的代表，是中华民族古建筑的精华之作。布达拉宫的建筑艺术，是藏传佛教寺庙与宫殿结合的建筑类型的代表，是宗教与世俗融合的实体表现。在中国乃至世界上有独一无二的成就，可以说，布达拉宫是"西藏历史的博物馆"。1961年，布达拉宫成为国务院第一批全国重点文物保护单位之一。1994年，布达拉宫被列为世界文化遗产。

布达拉宫气势宏伟，庄严肃穆。无论从宫前、宫后还是其他不同角度，都能让你感到震撼与不可思议，站在金顶可以一览拉萨市的全貌，阳光普照，悠扬惬意。

【相关链接】

拉妥妥日年赞：吐蕃早期的赞普之一，他是吐蕃第27任赞普，也是吐蕃松赞干布的高祖父之父。《贤者喜宴》上记载，他供奉从天而降的佛教法器，当时他并不知道什么是佛教，只是天空传音说五世后会知道这些法器的秘密。这些法器上刻有六字真言。

五世达赖阿旺罗桑嘉措（1617—1682年），出生在山南琼结，1652年，五世达赖喇嘛应清朝顺治皇帝之邀，率领3000名官员和侍佣等浩浩荡荡前往北京。在北京期间，五世达赖被皇帝授予"西天大善自在佛所领天下释教普通瓦赤喇旦达赖喇嘛"之称号。他本人一生著有《西藏王臣记》《相性新释》《菩提道次第论讲义》和《引导大悲次第论》等。这些著作在藏传佛教界流传，并被公认为宗教经典。

林麦夏仲·贡觉群培：他是当时格鲁派重要大事决策人之一，是五世达赖主要的随从。

贝叶经：贝叶经就是写在贝树叶子上的经文，贝叶经大多为佛教经典，还有一部分为古印度梵文文献，具有极高的文物价值。贝叶经有2500多年的历史，有的是用针刺的。它是研究古代西藏文化、语言文字、佛教、宗教艺术等重要的原始资料。2013年，西藏自治区社科院专门成立了贝叶经研究所，并聚集贝叶经专家学者进行研究，已有相关论文及刊物正式出版。

《丹珠尔》："丹"意谓论，"珠尔"则意谓翻译。为西藏《大藏经》二藏之一，是论著翻译总集。

《甘珠尔》：意译为教敕译典宝，也称正藏译典，为西藏所编有关佛陀所言教法之总集，包括《经藏》与《律藏》。

宗角禄康

"宗角"意为宫殿后侧，"禄"是对居住在水中神灵的称谓，汉语译为龙王殿。宗角禄康[1]位于布达拉宫后侧，是布达拉宫整体建筑的一部分，俗称布达拉宫后花园，是西藏著名的园林之一。

宗角禄康公园

[1] 宗角禄康：位于布达拉宫后面，市区内乘16路、2路、14路在龙王潭下车即可。

其水潭是在修建布达拉宫红宫和经房僧舍时，材料需求不断增加，在布达拉宫后侧大量挖土供料，遂积水成潭，形成小型的人工湖。当时信众担心此举会激怒水中神灵，为祈求当地风调雨顺，五世达赖许诺在此修建一座寺庙作为定期举行禳解仪式之地，以平息安抚诸位龙神。

宗角禄康园中的龙王潭，东西长207米，南北宽约112米，呈长方形。潭中孤岛，直径约42米，呈不规则圆形。龙王庙共三层，屋顶呈六边形，具有典型的蒙古风格，是一座园林式的藏传佛教寺庙。

龙王潭

据史料记载，宗角禄康公园中的龙王庙修建于17世纪下半叶，距今有300多年的历史。六世达赖时期对此进行整治开发，在潭中小岛上按藏传佛教仪轨中的坛城模式修缮了一座寺庙，架了一座五孔石拱桥与外界相通。八世达赖、十三世达赖也对此进行过整治维修。据说，禄康所供龙女是六世达赖从墨竹工卡迎请的女神墨竹赛钦。另一种传说是，五世达赖走出寝宫朝下面随意眺望时，看到龙女因无处安身而蜷曲在柳树上，于是下令开辟了人工湖，并在湖心岛上，修建金碧辉煌的龙王阁，请龙女居住。墨竹赛钦龙女眉眼清秀，美丽端庄，有着超凡脱俗的美，是西藏最有名的龙神。朝拜龙女的信徒很多，每年藏历4月15日的萨嘎达瓦节，信众都要到这个神殿供奉墨竹赛钦龙神，献哈达、点酥油灯、施供品。

园林内到处都是古木，在古木上标有年代、品种等详细的内容，还有亲水广场、演艺广场、市民休闲场所等娱乐设施。

【相关链接】

六世达赖：六世达赖仓央嘉措生于1683年（藏历第十一绕迥水猪年），门巴族，西藏著名的历史人物。仓央嘉措是一位才华出众、富有文采的诗人，写了很多细腻真挚的道歌。最为经典的拉萨藏文木刻版《仓央嘉措道歌》，词句优美，朴实生动，汇集了仓央嘉措60多首诗，如今已被译成20多种文字，成为宝贵的文化遗产。

查拉鲁固寺

在藏文中"查拉"意为石刻神像的意思，"鲁"意为水中生物，"固"意为等待。查拉鲁固寺[1]全称查拉扎西斜业康，又称帕拉路布。该寺朝向布达拉宫，距今已有1200年的历史。

公元7世纪，这座吐蕃时期开凿的佛教石窟，由松赞干布的木雅·茹雍妃主持创建。查拉鲁固平面形状为不规则的长方形，面积为27平方米。相关资料记载，当时为了使查拉鲁固的石像及廊道最终得以凿成，鼓励工匠尽快修建该寺，用非常昂贵的食盐，作为奖励来吸引工匠们。关于查拉鲁固寺庙的传说，在当地有不少。传说一：当时松赞干布为了使佛教在吐蕃生根，便以"制伏鬼怪，镇伏四方"之名，又围绕卧塘相继修建了四镇肢寺。这些都是为镇压吐蕃罗刹魔女的地形风水所建的佛寺。松赞干布为了给众生积福，令尼泊尔工匠在此石窟凿像。传说二：在大昭寺的释迦牟尼佛像被迎请到龙界后，为了众生的福祉，释迦牟尼佛石像将常驻人间。除了石像，还有松赞干布修行的岩洞和孔穴。传说三：修建该寺以前，此处是一个石窟，里面

---

[1] 查拉鲁固寺：位于药王山东面山腰上，布达拉宫前右侧200米处，距地面22米。

第一章 拉萨中心寺庙

查拉鲁固

供奉佛陀弟子迦叶像、弟子弥勒佛像，左侧是观音菩萨像等。传说四：这些轮廓清晰的石像都是自然天成的。传说五：当时松赞干布的大臣们在查拉鲁固寺下方的核桃树下商讨迎请文成公主的事宜。

查拉鲁固寺是一处见证西藏早期工匠技术水平的地方，也是很多藏族著名历史人物在此修行的场所。查拉鲁固的洞口高2.56米、宽4.45米，最宽处5.5米。石窟朝东，与大昭寺相望。中心为一柱，从柱到洞壁是转经廊。石窟的中央石柱和南、北、西三壁上造像71尊，除两尊泥塑，皆为石刻像。在71尊造像中，吐蕃时期造像47尊，其表现手法受印度、尼泊尔雕刻影响，并具有吐蕃早期雕刻风格。在该寺修行过的藏族著名的历史人物有觉囊派的衮堪·西饶坚赞等。

1962年十世班禅确吉坚赞出资维修，1979年土登旺久对石窟进行修缮，1996年被列为自治区级文物保护地。如今，查拉鲁固寺已经得到修复和扩建，为了方便信徒与寺庙，专门设立了100平方米的场所，可供信徒们点酥油灯祈福。在查拉鲁固寺院内的朱朵（汤东杰布）拉康的"朱朵塑像"，与拉萨

025

释迦牟尼像

老百姓民俗有着密切的关系，每当百姓入住新房之前，都要从朱朵拉康请一尊朱朵塑像，进行占卜，按照卦象摆放，依此祈求日后家人健康和睦。

【相关链接】

四镇肢寺：松赞干布为使佛教在吐蕃生根，便以"制伏鬼怪，镇伏四方"之名，围绕卧塘相继修建了四镇肢寺（也称四如寺、四镇节寺）。这些都是为镇压罗刹魔女的地形风水所建的寺庙。详见《西藏通史·松石宝串》。

衮堪·西饶坚赞：觉囊派时轮教法的第18代传人，出生于阿里，一生结缘佛教人士，钻研佛法，特别亲近噶玛噶举黑帽系第三世活佛等30多名高僧，著作有《了义海伦》等。

大昭寺

大昭寺[1]全称"拉丹惹萨垂囊祖拉康",简称"祖拉康""觉康",意思是羊建造的佛殿,即供奉释迦牟尼的殿堂。因为佛殿的造型顾及苯教徒、密咒师和当时民众的感受,为天、龙、人、夜叉的崇拜,又称"四喜"。

大昭寺

自古云:"先有大昭寺,后有拉萨城",可见大昭寺的历史悠久。大昭寺是一座藏传佛教各教派聚集的寺庙,也是一座混合寺。大昭寺修建于唐贞观二十一年(647年),由松赞干布为尺尊公主入藏而建,在这一千多年中大昭寺进行过多次修缮和增建,形成今天的建筑群。

大昭寺的建筑面积有25100多平方米,占地面积13000多平方米。主殿高三层,加上四面角楼和四方金顶,可谓是四层。信教群众来此朝拜的原因,一方面是,大昭寺作为吐蕃时期最辉煌的建筑物之一,具有悠久的历史;另一方面是释迦牟尼12岁等身像。释迦牟尼12岁等身像是大昭寺镇寺之宝,拉萨之所以有"圣地"之誉,与这座佛像有密切的关系。

---

[1] 大昭寺:位于拉萨市城关区八廓街,市区乘坐7、8、20、21、22等公交车在策门林站下车,沿夏萨苏二巷步行约300米即可抵达。

大昭寺内转经道

　　吐蕃第33代赞普松赞干布被视为祖孙三法王[1]之一。在他统治时期，佛教传入西藏并开始兴盛。为了佛教能够在吐蕃全面传播，松赞干布首先在西藏拉萨修建了大量的寺庙，而大昭寺是当时大量寺庙中最完美地吸收其他民族建筑风格的寺庙。据史料记载，文成公主抵达拉萨时，运送佛像的木车陷入泥潭，怎么也拉不出来，于是文成公主运用五行，算出西藏的地形为仰卧的罗刹女。这个魔女呈人形，头朝东、腿朝西、仰卧臂，而大片的沼泽地正好是罗刹女的心脏，湖水乃其血液，只有修建寺庙才能镇住。首先在魔女的心脏上修建了大昭寺，然后文成公主指出了魔女的12个关节处，也修建了寺庙，镇住了魔女的四肢和关节，共建了13座寺庙。

　　据藏文史料记载，大昭寺内原供奉尺尊公主从尼泊尔带来的不动金刚佛像（释迦牟尼8岁等身像），在唐朝金城公主嫁到吐蕃后，将这尊佛像搬到小昭寺，而把文成公主带到吐蕃的觉卧佛像（释迦牟尼12岁等身像）迎到大昭寺供奉，称该寺"觉康"。搬进大昭寺的铜佛，由后人镏金，故称"镏

---

[1] 祖孙三法王：指松赞干布、赤松德赞和赤热巴巾三位吐蕃赞普。这三位是吐蕃政权时期，西藏最有历史成就的人物。

金铜座佛"。寺门上方装饰着两对捧着法轮的"神羊"。寺内正殿有600多平方米，柱斗拱架的浮雕精美，有人物和瑞兽。主楼二、三层有木雕伏兽和狮身人面雕塑。四周走廊和殿堂四壁满布壁画，绘有历史人物和神话故事，长达千余米。底层大殿里有描绘文成公主嫁到吐蕃时的场景壁画，色彩鲜艳，形象逼真，让人浮想联翩。大昭寺的寺钟悬挂在释迦牟尼殿前，是赤热巴巾修建扎西根佩寺时，以新铸模铸造钟献给大昭寺，也叫六字真言之钟，信众视为珍宝。

据史籍记载，唐代文成公主修建大昭寺时，曾从长安招来许多木工、画匠，如今在该寺的墙壁上还绘有当年各民族工匠在沼泽地上建造寺庙的劳动情景。从主殿看，梁架斗拱都是汉族古典建筑中老式造型，柱头、檐部的装

释迦牟尼12岁等身像

转经筒

饰受到尼泊尔文化的影响。因此人们称大昭寺的建筑以藏式为主,融合了唐代和尼泊尔的某些建筑风格和特色,是多民族文化艺术的精品。

大昭寺内保存有公元7世纪以来,来自不同地区、不同年代、不同材料制造的各种佛、菩萨、本尊、护法和历史人物像多达3000多尊,唐卡近1300多幅,佛塔595座,其他各种宗教法器150多件,2600多平方米的壁画以及大量的典籍档案、匾额、碑刻、供器、乐器等。

在大昭寺我们还可以看到,元朝中央政府时期,成吉思汗的孙子旭烈兀向大昭寺释迦牟尼12岁等身像敬献的大银灯;明朝中央政府时期,皇帝向大昭寺释迦牟尼佛像敬赠的两件银质佛衣和一盏大金灯;格鲁派创始人宗喀巴大师敬献给大昭寺释迦牟尼佛像的"五佛金冠"。1419年,明朝中央代表杨英率120人的使团赴藏时敬献给大昭寺的两幅刺绣"胜乐金刚"和"大威德金刚"唐卡。1793年,乾隆帝谕福安康与西藏地方商定29条协议,乾隆皇帝制定了《钦定藏内善后章程》,将其内容刻录在大昭寺前的"中堂法规碑"上。著名的"金瓶掣签宝瓶",原来也保存在大昭寺。1794年所立的劝人恤出痘碑,位于唐蕃会盟碑和公主柳之间,用藏汉文并刻。大昭寺南面的经

第一章 拉萨中心寺庙

唐蕃会盟碑

堂里，陈列着云南土司穆增所献的朱印本《大藏经》，共计 108 函，每本包以绸缎，每两本置于一个木匣内，极为珍贵。1961 年，大昭寺被列为全国重点文物保护单位，2000 年 6 月被联合国列为世界文化保护遗产。

在大昭寺外的公主柳，又称唐柳。这是公元 7 世纪，唐代文成公主从长安带来柳树苗，亲手种植于拉萨大昭寺周围，借以表达对柳树成荫的故乡思念之情。因此，这些树被称为唐柳或公主柳。大昭寺附近有当年的驻藏大臣衙门和藏族著名的史学家根敦群培展览馆等藏族本土居民的建筑物。

【相关链接】

松赞干布：松赞干布的父亲是囊日松赞，受父亲的影响，少年时代松赞干布就已显现出非凡的才能。父亲被仇人毒害而死后，13 岁的他继赞普位。继位后，松赞干布统一各部落，定都拉萨，建立了吐蕃政权。他致力于政权建设，建立了以赞普为中心，高度集权的政治和军事机构。同时，他还制定法律、税制，任用贤明的大臣，采取许多措施鼓励百姓学习和运用先进生产技术，发展农牧业生产。

文成公主：文成公主，生于今山东济宁，其父史书未记载，多猜测为江夏郡王李道宗。李道宗是唐高祖李渊的堂侄，因战功被封为任城王，他的女儿就生在任城。贞观十四年（640年），唐太宗李世民一道圣旨，将她封为文成公主，远嫁吐蕃，贞观十五年（641年）与吐蕃松赞干布联姻。文成公主一行从长安出发，途经西宁，翻日月山，长途跋涉到达拉萨。文成公主在吐蕃生活了近40年，一直备受尊崇。

磕头：藏族传统礼节之一。一般用于拜佛像、佛塔和活佛，有时也用于拜谒尊者和长者，其形式有磕长头、磕短头和磕响头三种。在拉萨的大昭寺、小昭寺、布达拉宫及藏传佛教寺庙中，经常可以见到磕长头或磕短头的信徒。磕长头时两手合掌过头，自顶至额、胸，三次，全身再平铺于地，双手伸直，平放于地，划地为号，连续三次或多次，但都以奇数结尾。众多虔诚的佛教徒不远千里，从四川、云南、青海、甘肃等地磕长头到拉萨朝佛，三步一拜，前往他们心中的圣地。

转经：围绕寺庙建筑物转圈，以表达个人对寺庙内供奉佛神的敬意和祈求。在拉萨城内的大转经线路有三条：第一条是囊廓，在大昭寺中环绕主殿觉康一周，全程立满经轮，周长约500米，是内环线，藏语称"囊廓"；第二条是八廓街环绕大昭寺一周，全长约1000米，是中环线，藏语称"八廓"；第三条是林廓路，围绕拉萨老城区一周，全长5000米，是外环线，藏语称"林廓"。

小昭寺

小昭寺[1]藏语名为"甲达热木其"，意为"汉虎神变寺"。热木其一词有"大山羊""藏宝处""大庭院"等几种解释，当地藏族群众都直呼为"热木其"，汉语译为"小昭寺"。清朝文献中记为"喇木契""巴汉招庙"等。

---

[1] 小昭寺：位于拉萨市城关区热木其巷子，市区乘坐20、16、11、22、23等公交车在策门林站，往东200米左右就到热木其南面巷子，再往里走400米就到；在外事办门口下车就直接可以看到热木其北面巷子，再往里走50米就到目的地。

小昭寺始建于公元641年,是文成公主嫁到吐蕃时建造的。小昭寺坐西向东,据藏文史料记载,由于文成公主思乡情切,因此将小昭寺的方位朝向大唐。寺庙主殿高三层,一层由佛殿、经堂、门庭组成,二、三层是僧房和经书殿。建筑面积4000多平方米,具有藏汉建筑风格,寺内主要供奉了释迦牟尼8岁等身像。公元7世纪,松赞干布统一吐蕃,建立了吐蕃政权,为了促进与大唐的友好关系,派当时的大臣禄东赞前往长安提亲,揭开了唐蕃和亲的历史序幕。小昭寺的建立与文成公主和松赞干布的联姻有着密切的关系。

据藏文史料记载:公元641年,唐王以释迦佛像、三百六十卷经书、各种金玉饰物作为文成公主的嫁妆,又给卜筮经典三百种,识别警恶的明鉴,营造与工技著作六十种,以车载释迦牟尼佛像,以大队骡马载珍宝、绸帛、衣服及日常必需用具等(入吐蕃)。如今我们可以在藏文化大型史诗剧《文成公主》中观赏根据史书改编的文成公主来吐蕃的场景。比如,文成公主进藏时,由汉力士贾伽与鲁伽两个人用木车送释迦牟尼佛像到吐蕃途中,木车沉陷于沙地之中,只好四面立柱,覆盖白绸供养。博学多才、笃信佛教的文成公主通过五行得知此处是龙宫所在地,遂决定把释迦牟尼佛像安放于此地,并建寺供奉,认为如此能震慑魔,使吐蕃繁荣昌盛。

小昭寺的整体建筑,经过一年时间顺利竣工。小昭寺的早期建筑系仿汉唐风格,崇楼峻阁,金碧辉煌,极为精美壮丽。芒松芒赞时期,金城公主入藏将文成公主带来的释迦牟尼12岁等身像移至大昭寺,将尺尊公主带来的释迦牟尼8岁等身像更换到小昭寺。随着吐蕃政权的灭亡,佛教遭到毁灭性打击,小昭寺也难逃厄运,曾一度毁坏,后经维修扩建,才有了如今的规模。

小昭寺还是格鲁派密宗最高学府——上密院。据藏文史籍记载:1485年拉萨河洪水泛滥,危及当时的民众,格鲁派密宗高僧贡噶顿珠得知后从赛哇隆山洞来到拉萨河念经祈祷,洪水下降,灾难消退,于是帕竹地方政权首领将小昭寺赐给他作为修行之所。贡噶顿珠以此为道场,弘扬密法,培养出了众多藏传佛教的优秀高僧。小昭寺内存有大量的珍贵文物,除了释迦牟尼8岁等身像,还有座下方刻有"大清乾隆庚寅年敬造"字样的铜菩萨、莲花生铜像、仕女铜像,以及众多唐卡、壁画、佛塔、佛像等历史文物。

释迦牟尼 8 岁等身像

小昭寺是我国珍贵的历史文化遗产，是汉藏民族团结友谊的象征，在汉藏民族关系史上占有极为重要的地位，1962 年被国务院公布为自治区级重点文物保护单位，并在 2001 年列为全国重点文物保护单位。

【相关链接】

尺尊公主：尺尊公主出身于尼泊尔塔库里王朝，当时松赞干布统一吐蕃，国势强盛，派使臣向光胄王提出和亲。光胄王为了求取边境和平，于贞观十五年（641 年，一说 624 年），将他的女儿远嫁至吐蕃。尺尊公主带着佛经及佛像进入吐蕃，她还带来大量尼泊尔工匠艺人，后来也参与设计修筑布达拉宫。松赞干布为尺尊公主与文成公主，修建了大昭寺与小昭寺，并且开始了布达拉宫的兴建。尺尊公主带到吐蕃的木质佛像，后来被放进大昭寺的泥质佛像之中。

禄东赞：他是吐蕃时期著名大相，出身于吐蕃贵族噶尔氏家族（在今堆龙桑木村），有些史料记载他是山南市隆子县列麦乡冲萨地方的人，汉文史料译作禄东赞。因察觉前任大相琼保·邦色反叛阴谋，深得松赞干布的信任。

全力支持松赞干布建立吐蕃政权，同时协助赞普制定法律及一系列政治制度。公元640年，赴长安向唐太宗为松赞干布请婚，获准。次年前往长安迎请文成公主。珍藏在故宫博物院的唐代著名画家阎立本所绘的《步辇图》，就是唐太宗接见吐蕃迎婚使者的场面。松赞干布过世后，赞普芒松芒赞年幼，禄东赞辅佐治理朝政。在辅佐期间，禄东赞继续忠实执行松赞干布的唐蕃友好及巩固吐蕃政权的各项事业。

仓姑寺

仓姑寺[1]，俗称"阿尼仓姑"，阿尼即尼姑之意。"仓"为修行之意，"姑"意为洞，仓姑即为修行洞之意，是拉萨老城区内的尼姑寺庙。

公元7世纪，松赞干布为治理四处泛滥的拉萨河，保护建在卧塘湖之上的大昭寺，下令修筑长堤，并在长堤后方自然形成的地洞里闭关修行，由此该修行洞以赞普修行而得名。15世纪宗喀巴大师的大弟子郭觉多丹（1386—1445年）在仓姑洞内修行，为弘扬佛法，在此洞修建了寺庙，收了10多名弟子，初建成一座尼姑寺庙。20世纪初，帕崩卡活佛和甘丹赤巴强巴曲扎对仓姑寺进行了维修及扩建，有了如今的规模。

仓姑寺大门朝南，整体建筑为四方形，主要建筑物为大小两经堂及尼姑的宿舍。大经堂位于寺庙的中心，为二层楼结构。一层北间为松赞干布修行洞，坐西朝东，相连的南间为杂物房，门窗皆东向。二楼大经堂坐北朝南，门前有十二级石阶；大经堂南面为入寺通道，通道两边皆为平房建筑，其南面有数个转经筒和一个煨桑炉，西面为厨房。距大经堂东侧1米左右为一座二层建筑，一层为制作装订藏经文工作室，门西向，内供有数尊佛像；二层小经堂，门东向，内供宗喀巴诸尊像，北面墙壁悬有龙树菩萨等唐卡，此建筑较新，年代不长。寺庙四周为尼姑宿舍，环大经堂而建，呈四方形，主要为两层楼结构，也有部分三层结构，宿舍门皆朝大经堂方向，东面为20世纪

---

[1] 仓姑寺：位于拉萨大昭寺东南面约300米处，坐北朝南。你可以从拉萨市城关区绕赛居委会向东100米，市区乘坐7、8、11、21、22、20等公交车在市医院站下车或在江苏路晚报处下车，如果你在八廓街就可以沿着东孜苏巷步行约300米即可抵达。

仓姑寺

90年代后期重建。寺庙大门位于南面，门前有一条六七米宽的石板路，大门东侧为寺院所属医疗室，同时对外营业。寺庙外墙皆刷黄粉，以区别于四周相连民居。该寺整体建筑结构从20世纪30年代扩建后没有太大改变，东面有尼舍，被拆除后按照原来建筑重建。

  仓姑寺主佛殿分上下两层，上层是经堂。仓姑寺内珍藏有十一面观音菩萨，另有文殊菩萨、无量寿佛、宗喀巴大师像和十三幅明清以来的唐卡。仓姑寺最具特点的是主佛殿底下的松赞干布修行洞，洞内供奉着吐蕃第33代赞普松赞干布塑像。仓姑寺在西藏历史上扮演过重要的角色，据一些藏文史料记载：旧西藏时期，很多贵族小姐被送至仓姑寺学习；仓姑寺学经尼姑中，有西藏著名的女活佛桑顶·多吉帕姆。仓姑寺是拉萨老城区中规模最大、尼姑人数最多的寺庙，也是拉萨格鲁派中最具影响力的尼姑寺庙之一。该寺坐落在八廓街外围的居民区中，寺庙餐馆提供的凉粉，已是拉萨人人皆知，所以很多人参观或朝拜完仓姑寺后，会选择在寺庙餐馆休息并享用凉粉和甜茶。

【相关链接】

桑顶·多吉帕姆：西藏最有影响的女活佛系统，驻锡地为山南市浪子卡县的桑顶寺。据藏文文献《世界广说》载，女活佛原系博东教派创始人巧来朗杰修密法的明妃，金刚瑜伽女的化身，由她世代转世，主持该寺。女活佛也列在"十小"呼图克图之中。详细情况在尼木县切嘎曲德寺中有介绍。

木如宁巴

"宁巴"在藏语中有古老之意。由于吐蕃时期拉萨东面划分为嘎如、木如、罗如嘎以及嘎瓦维等区域，而该寺刚好坐落在木如这一片区，因而得名，木如宁巴[1]即老木如寺之意。另一种说法是屠夫梅茹孜为了消除罪孽亲手建立了该寺。

据《西藏王统记》记载，吐蕃赞普赤热巴巾崇信佛法，大兴佛教，为收受供养的僧人在大昭寺四周修建了六座佛殿，东面为木如，即木如宁巴。五世达赖喇嘛在17世纪对该寺进行扩建。到十三世达赖喇嘛时期，木如寺又进行了大规模的修缮扩建，与此同时，担任乃琼护法神神巫的释迦亚培任寺主。释迦亚培担任乃琼护法神的神巫时，木如宁巴收归乃琼寺所有，由乃琼寺派4位僧人管理该寺，同时将其作为神巫在拉萨城内的一个落脚点。每年传召大法会期间，乃琼寺的僧众就聚集在这里举行典礼。在小昭寺东南、大昭寺东北修建了新木如寺。因此，大昭寺东面的木如寺便被称作木如宁巴。

木如宁巴主殿坐北朝南，现今只有主殿和两座侧殿。该寺原先120平方米的主殿里，供有莲花生像（其胸前放置一肘多高莲花生本人亲手制作的5尊小佛像），四周是五方佛，左右两边是甘珠尔和丹珠尔，中间是降神师（神巫）的宝座。大殿壁画内容主要为五方佛、静猛诸神（42个）、金刚橛、具誓天女、婆罗门勇保怙主等。

---

[1] 木如宁巴：围绕着大昭寺的八廓街有着迷宫般的小道与街区，在大昭寺东边，与其一墙之邻的木如宁巴，也被八廓的环形线包围其中。

木如宁巴寺庭院中三层高的大殿建筑居中靠后，三面两层僧舍绕大殿而修建。寺庙大门原位于南侧，须穿过僧舍进入庭院，后改于北侧，可从大殿与两侧僧舍形成的狭长庭院中穿出。大殿平面略呈方形，正中是突出的石头阶梯及矗立阶梯之上的木构门廊。门廊部分主要由四根大柱梁架组成，细节雕饰繁丽，构造严合。柱体硕大，收分明显，截面呈十六角亚字形，柱斗及柱头位置雕饰莲花、璎珞。柱身装点有铜雕柱带，既可装饰美化又可加固柱身的构造，除了轮廓变化，还在表面雕刻各种图案并加以各种颜色渲染，形成一种富丽堂皇的效果，成为人们视觉的焦点。庭院北侧即为下部经堂的采光天窗，窗楣、窗框及窗棂也是装饰的重点。在东西两侧的庭院里则有藏式木扶梯上到三层平台及矗立在整座寺庙最高处的佛殿。正中主供佛殿供奉五世达赖主持雕塑的金刚佛，这是整个寺庙的核心，由几步台阶与经堂连接，从高度上就显现了佛教徒对佛的虔诚膜拜。木如宁巴藏巴拉康建筑已非原物，但其平面形制还大致保留了公元 8 世纪左右的佛殿样子，在低矮的双层厚墙中间环绕一个狭窄的内部转经道。佛殿正中供奉藏巴拉塑像，后壁转经道墙面满绘红底黑描的释迦牟尼千手佛像，在黑暗中映出红光，仿佛注视引导着缓步绕佛的信徒。

拉萨有句老话："先有木如寺，后有大昭寺。"进入寺庙大门，在昏暗的微光中，转动一排泛着金属光泽的转经筒。在拉萨，今天的木如宁巴与居民大院融为一体，寺庙周围大部分已成为民居，居住着很多本地藏族，他们在此卖桑枝、酥油、青稞酒。如今木如宁巴已俨然是一座独有的世俗和超凡的院落。

【相关链接】

赤热巴巾：唐元和元年（藏历"火空海"纪元 183 年，公元 806 年），赤祖德赞出生，具体出生地不详。其父亲名赤德松赞，是吐蕃第 40 代赞普。他有 4 个哥哥，长兄藏玛，信奉佛法出家为僧；次兄拉结；三兄伦珠，幼殇；少兄达玛。佛教自传入西藏起，其地位就稳步提升，由于历代赞普对佛教很重视，到了第 41 代赞普赤热巴巾时代，佛教在西藏得到蓬勃发展。赞普赤热巴巾对佛教恭敬有加，蓄发供养，结发长辫左右系以红白布，红布代表迎

接僧宝，白布代表迎接瑜伽士。同时，指定百姓七户供养一位僧人的制度。然而他只知供僧，却忽略人民重税之苦，致使百姓穷困，移恨于佛法，埋下日后毁佛之恶因。第42代赞普朗达玛即位后，大肆灭佛，佛教在西藏进入低谷期。在西藏历史上，这样的灭佛禁佛不止一次，此次最为严重。而后朗达玛被佛教僧人拉隆·白吉多杰刺杀，他的两个儿子为争夺王权，兵戎相见，各地民众纷纷起义，最终导致吐蕃赞普政权灭亡。

下密院

下密院[1]，藏语称"举麦扎仓"，全称为"白桑钦举麦扎仓"。下密院始建于1433年，距今约570年，为宗喀巴八大弟子中的第七位吉尊·喜饶僧格创建。因喜饶僧格的密宗始于拉萨，故称为下密院。

据说当时在色拉寺的一处修行地，宗喀巴大师问众僧"谁来传承吉祥密集传承续"，众僧面面相觑，只有喜饶僧格向宗喀巴连磕三头起身应答。宗喀巴非常高兴，于是向喜饶僧格赠予实金密集金刚像、《密集金刚四部注释》和装满供物的颅骨碗，并认定其为密宗大师。当时该寺是弘传密法之地，属藏传佛教格鲁派密院最高学府之一。

下密院占地面积为2100多平方米。据说，下密院曾经有5个大经堂，分别是安多康村、擦瓦康村、加容康村、色尔公康村、直吴康村。由于这里曾经是多仁班智达江洛金的府邸，因此下密院曾一度又被叫作江洛金下密院。

下密院大殿有120平方米，主供实金密集金刚像以及喜饶僧格塑像，还供有格西·桑珠仁波切随缘而立的两层楼高的宗喀巴大师泥像。在寺僧人主要修行密集金刚、胜乐金刚、大威德，此外该寺僧人还必须牢记密集根本续，要参加寺庙统一进行的考核。下密院表面上设密宗道场，实际却在修行律宗。

每年下密院都有通过辩经，就续部经进行师徒授教的传统。藏历1月18日至9月5日该寺的僧人要前往普布觉、德庆桑阿林、蔡卫林、色拉曲定、哲蚌、觉康、其米龙等地寺庙辩经。从藏历9月8日至12日在本

---

[1] 下密院：位于拉萨幸福路北面，东与木如寺相连，从大昭寺或者从上密院往北走1千米就到了下密院。

寺就密集金刚、彩粉坛城进行修供仪轨。12日后连续7天在布达拉宫东大殿辩经。13日后连续7天在德庆桑阿林辩经。从10月3日起，就《生起次第》等进行师徒授教。12月5日起连续7天，下密院僧人在彩色细砂画成的胜乐金刚坛城前进行修供仪轨，然后前往哲蚌寺桑落康村辩经。三大寺获得格西学位的僧人在上、下密院内继续修行，都要修行续部经，这样才有资格依次担任掌堂师、领经师，以及甘丹寺东、北法王，最终才有资格担任甘丹赤巴。

下密院坐落在拉萨最繁华、最热闹的街区冲赛康，与民居、学校、商业区融为一体。从繁杂的街区进入下密院，有一种幽静之感，院中树木成荫，建筑错落有致，既有静谧之意，又有祥和之境，是一种视觉和心灵的享受。

【相关链接】

吉尊·喜饶僧格：宗喀巴大师的八大弟子是贾曹杰、杜曾·札巴坚赞、克珠杰（第一世班禅）、绛央却杰、释迦益西、多敦·江白嘉措、吉尊·喜饶僧格、格敦朱巴（第一世达赖喇嘛）。其中吉尊·喜饶僧格是宗喀巴得意门生，在佛学上有很大的成就，在僧俗中的影响很广泛。

次巴拉康

次巴拉康[1]全称无量寿佛殿，是用建造大昭寺剩余土木修建的。该寺属格鲁派拉康。次巴拉康主供无量寿佛像。

次巴拉康门前的煨桑炉，香火旺盛，内有两座佛堂，供着长寿佛等佛像，来此朝拜的人络绎不绝。佛堂内灯火昏暗，通道狭长，信徒手拿转经筒，口念佛经，互相推挤着，祈求平安与长寿。传说，佛面的颜色会随时改变，如果绕着该佛像转经就可以消除所有的病痛，还有延长寿命等说法。此外，还可以在拉康南边的佛殿里抽签卜卦。目前该拉康进行了修复和扩建，二楼新修建了色泽鲜艳的佛殿。

次巴拉康规模不大，相比其他宗教场所较为简单朴实，佛像很精美。信

---

[1] 次巴拉康：位于大昭寺南面，与小昭寺相邻，大门朝北，公交16、22、23、11等都能到达。

徒入殿祈祷、供养、顶礼之后，便开始对次巴拉康绕殿转行，按照藏传佛教顺时针方向围着佛殿长廊礼拜。据说该佛可以保平安长寿，有的孕妇为了顺利生产也来转经。有些信徒以3圈、7圈等圈数转，有的按照年龄数来转经。

罗布林卡

罗布林卡[1]建于18世纪40年代七世达赖时期，后期不断得到扩建和修缮。它是历代达赖休息和治理西藏地方政教事务的地方，俗称"夏宫"。它集中体现了藏族园林、建筑、绘画等方面的艺术成就，是藏族园林建筑的上乘之作，是西藏历史上规模最大、建造时间最长、建筑艺术最精美的历史文化及园林遗产。

起初罗布林卡所在地称"拉瓦采"，是一片灌木丛生、流水潺潺的郊野。据藏文文献记载，七世达赖格桑嘉措因患病，每年夏天会到这片灌木丛中的清泉中沐浴疗疾。当时的驻藏大臣奉清廷旨意，在"拉瓦采"为七世达赖修建了供其沐浴后休息的宫殿——"乌尧颇章"，"乌尧"，藏语意为帐篷，"颇章"即宫殿，故又名帐篷宫，称凉亭。同时，该驻藏大臣还修建了格桑颇章。19世纪八世达赖时期，又扩建了措吉颇章、鲁康、鲁康厦等建筑。此后的历代达赖不断在此修建亭台楼阁，并将此处作为夏季避暑的地方。十三世达赖整修和扩建了罗布林卡全园，引进和栽种了大量的树木和花草，饲养了众多的珍稀动物，使罗布林卡成为真正意义上的园林，并于1922年修建金色颇章，也就是今天的"动物园"。1926年又建造了金色颇章建筑群中的格桑德吉其美曲吉宫，1933年十三世达赖圆寂于其美曲吉宫。达旦明久颇章于1954—1956年间建成，罗布林卡最终形成占地约36万平方米、融自然景观与人文景观于一体的大园林，拥有大小房间400多套。自七世达赖以后，历代达赖执政以前，会在罗布林卡习文、学经、修法；执政后，每年藏历3月至9月由布达拉宫迁居于此，由此人们称罗布林卡为达赖的夏宫。

罗布林卡作为集行宫、寺庙、园林于一体的建筑，珍藏各类文物，其中

---

[1] 罗布林卡：位于布达拉宫西南约3千米处，在拉萨市西郊，罗布林卡路西藏图书馆偏西北方，西藏博物馆西面，一般可坐出租车或公交到达。

罗布林卡

达旦明久南殿中有西藏史画 301 幅，形象地描绘了西藏历史上的重大事件，丰富多彩。在研究学者及游客眼中，罗布林卡并非寺庙，而是历代达赖夏天居住的私邸和办公场所，因此除了藏传佛教必备的佛像、壁画、唐卡，还有历代达赖的私人生活用品，如饮食起居、出行工具。

在游玩罗布林卡时，不仅可以参观西藏历史文物，同时可以在庭院中欣赏各种植物。此外，罗布林卡中的金色颇章是西藏最早的一座动物园。特别是 8 月份的雪顿节，是罗布林卡一年中最热闹的时间，有当地的群众和来自世界各地的游客到罗布林卡过林卡游玩。

【相关链接】

七世达赖：七世达赖格桑嘉措（1708—1757 年），意为"贤劫海"，今四川理塘人，父名索南达杰，母名家南曲措，家族为仲氏。他 8 岁时在理塘寺出家。六世达赖仓央嘉措去世后，拉藏汗决定立益喜嘉措为新的六世达赖，但西藏的广大僧俗不予承认。西藏僧俗界便寻找到格桑嘉措为六世达赖仓央嘉措的转世。因为拉藏汗所立的六世达赖益喜嘉措在西藏，无法迎请格桑嘉措进藏，便于 1714 年将七世达赖由康区接到青海，请求清朝中央政府承认。

1716年遵康熙皇帝之命，迎请七世达赖安住于塔尔寺，在二世丘桑呼图克图前受五学处近事戒。康熙皇帝亦正式册封七世达赖，赐给金册、金印，印文为"宏法觉众第七世达赖喇嘛之印"。格桑嘉措在布达拉宫举行了坐床典礼，拜五世班禅罗桑益西为师，受了沙弥戒。直到这时，康熙皇帝根据西藏僧俗尊崇达赖喇嘛之深厚心理，才解决了六世达赖的继承人问题。20岁时，又由五世班禅主持受了比丘戒。格桑嘉措返回拉萨以后，于1737年前往扎什伦布寺，看望五世班禅罗桑益西。不久，五世班禅就圆寂了，七世达赖主持荐亡法事及寻找转世灵童。七世达赖格桑嘉措于1751年开始亲政，一生谦逊俭朴，颇得西藏僧俗尊崇。他于1757年2月3日在布达拉宫圆寂，时年50岁。

十三世达赖土登嘉措，出身于西藏拉萨达布地区贵族家庭，他的家族后来被追认为公爵，成为西藏的大贵族之一——朗顿家族。他是免于金瓶掣签的达赖之一，一生经历了中央政府两次革除达赖喇嘛封号，后来又被中央政府恢复封号。他是西藏近代历史上的重要人物之一。

关帝拉康

从关帝拉康[1]的建筑风格来看，这座寺庙为典型的汉式建筑。关帝拉康，又叫关帝庙（当地惯称其为"格萨尔拉康"）。寺庙坐北朝南，依山而建，整个建筑为抬梁式建筑结构、歇山式屋顶，建筑面积约800平方米，庭院东西两侧建有两层楼房。拉萨关帝庙是目前西藏自治区规模最大、保存最完整的关帝庙。

据史料记载，早在松赞干布时期，帕玛日山上就修建有以文殊菩萨为主尊佛像的主殿。清朝中央政府时期，又在帕玛日山主殿的基础上修建了关帝庙。关于修庙的历史背景和具体缘由，现存的《磨盘山新建关帝庙碑》详细记载了这段建庙的缘起和经过。乾隆五十六年（1791年），廓尔喀侵犯西藏，攻入日喀则，肆虐抢夺扎什伦布寺。乾隆皇帝得知此事，派大将军福康安率兵出征。为了"缅神御灾捍患，所以佑我朝者"，福康安命人在磨盘山动工

---

[1]关帝拉康：位于拉萨城区，布达拉宫西约1千米处，坐落在帕玛日山（因山形酷似磨盘，汉语译为磨盘山），供奉关羽，藏语称为"格萨尔拉康"。

关帝庙

修建关帝庙，为清军击溃廓尔喀人祈祷祝福，祭拜战神关羽，以保佑战事顺利。凑巧的是，福康安胜利班师之时，恰好是关帝庙落成之日。据藏文史籍记载，拉萨关帝庙最初是经乾隆皇帝与八世达赖批准，利用福将军与汉、满、蒙、藏等民族官兵捐出的战利品，由达擦杰仲活佛于1792年主持兴建，因此拉萨关帝庙自然会带上藏传佛教色彩。

关帝庙初建之时，当地人并不知道关羽是什么人，久而久之逐渐与藏族神话故事中的英雄人物格萨尔王联系起来，也就有了关帝庙的藏语称谓"格萨尔拉康"。该庙现存主要建筑有山门、庭院、僧舍、主殿、绛央拉康（汉语"文殊殿"）。主殿内供奉关羽、诸葛亮、关平等的塑像，绛央拉康供奉文殊菩萨。主殿前右侧有一石碑，就是"磨盘山新建关帝庙碑"，是福康安驱逐廓尔喀人返回拉萨后，为关帝庙落成亲自撰写的碑文。该碑通高3.04米、宽1.18米、厚0.29米，碑额为浮雕二龙戏珠，浮雕中间阴文篆刻"万年不朽"四字。碑座呈长方形，长1.35米。碑身正面四边饰有云霄纹，中间为汉字楷书碑文，记述着修建关帝庙的背景和原因等。殿外东有铜钟，这便是"磨盘山关帝庙铜钟"，钟通高1.32米，口径1.08米。钟身表面有上下两周铭文，上为"皇图巩固，帝道遐昌，佛日增辉，法轮常转"，下周铭文是当时驻藏

第一章　拉萨中心寺庙

关帝庙殿内场景

主要官员的衔名。

　　拉萨关帝庙是藏汉文化交融和结合的产物，也是统一的多民族国家巩固和发展的体现，于2007年被列为自治区文物保护单位。

【相关链接】

　　八世达赖降白嘉措，乾隆二十三年（1758年）生于日喀则市托杰拉日岗一个贵族家庭，成为达赖喇嘛之后，其家族成为西藏大贵族之一——拉鲁家族。他遵从清朝中央政府治理，直接参与或办理诸多关系西藏地方和谐稳定的重大事务，在统一民族和涉及边疆安全的事业中发挥了重要作用。

功德林

　　功德林[1]全称丹修确廓林，又称永安寺，是乾隆皇帝所题"卫藏永安"的藏语意译。该寺是济咙呼图克图的驻锡地。乾隆五十九年（1794年），由

---

[1] 功德林：位于磨盘山关帝庙南面，属于拉萨德吉中路，交通很方便，娱乐场所很多。公交或出租车任意选择。

功德林

功德林大殿

时任摄政的八世济咙呼图克图益西罗桑丹贝贡布主持创建。

　　据说当时清军击退廓尔喀人之后，清朝大将军福康安拨付白银7000两，指示八世达察活佛来修建。八世达察活佛按照指示，在磨盘山顶修建了文殊庙和关帝庙两座汉式寺庙，在山脚处修建了永驻宏法林。乾隆皇帝赏银近千两，并赐名"功德林"匾额，距今有200多年的历史。大殿内供奉有一层多高的八世、九世达擦活佛银像，以及略高于前两个塑像的十世达擦活佛纯金像。十世达擦活佛像旁是十二世达擦·土丹晋美坚赞银塔，他在印度菩提迦叶圆寂火化后，骨灰装藏在银塔。银塔旁是银质的丹巴贡布及其经师塑像。大殿主楼高四层，墙体石砌，楼顶设有鎏金宝瓶、宝幡、宝幢。主楼中心为经堂，经堂后为佛堂，主供宗喀巴等塑像，两侧各有两柱依怙殿，供有各种护法神像。八世济咙呼图克图益西罗桑丹贝贡布圆寂后，主供宗喀巴的佛殿改为灵塔殿，分别供奉三座灵塔。益西罗桑丹贝贡布的灵塔以纯金包裹。经堂中间除了设有益西罗桑丹贝贡布的宝座，还供有银铸益西罗桑丹贝贡布等的塑像。经堂顶楼卧室悬挂和珍藏着历代中央政府和驻藏大臣特赐的奖匾和珍宝。功德林经堂的门楼、大门、各殿堂及仓库均悬有匾额，是清朝中央政府和驻藏大臣所赐。

功德林寺庙僧人平日里学习格鲁派显密仪轨内容，在功德林寺后院辩经场，每天下午都有僧人学辩经。通过功德林我们也可以了解藏戏，据说以前在功德林寺有藏戏班，著名藏族相声表演家土丹老人是功德林藏戏班的僧人，

辩经

后来还俗成了相声表演家。

功德林寺内提供抽签卜卦，抽签的方式与内地寺庙求签一样，只是解释的经书文本不一样。"抽签"在藏语音译中是一个很大水槽的意思，所以很多本地人误认为功德林寺内有一个很大的水槽。这也成了当地的一种笑话。

【相关链接】

呼图克图：呼图克图是蒙语，意为转世活佛、圣人、长寿者等。原为蒙古族地区对于藏传佛教大活佛的称呼，后清朝中央政府以此号授予藏、蒙等地区藏传佛教高等级的活佛，并且规定道行至高的才能获此称号，并备案载于理藩院册籍。每代转世活佛必须经由中央政府同意并由驻藏大臣主持金瓶掣签仪式后确定。在西藏，其地位仅次于达赖、班禅两大活佛。

济咙呼图克图：在西藏历史上，济咙呼图克图曾有两世出任摄政。1791年，八世济咙呼图克图益西罗桑丹贝贡布出任摄政，代理达赖职务，掌办事务。1875年，十二世达赖圆寂后，十世济咙呼图克图阿旺班丹确吉坚赞出任摄政，执政12年。1890年，十三世达赖主持金瓶掣签，认定阿旺土登格桑丹白准美为十一世济咙呼图克图的转世灵童。十二世济咙呼图克图洛桑土登晋美坚赞，1953年被选为中国佛教协会副会长。

丹杰林

丹杰林[1]是第穆呼图克图的驻锡地，又称广法寺。丹杰林是拉萨四大林中最早创建的，始建于乾隆十二年（1747年），由六世第穆阿旺绛白德勒嘉措活佛主持修建，乾隆帝亲赐"广法寺"御书匾额。七世达赖圆寂后，阿旺绛白德勒嘉措曾代理达赖职权。七世第穆活佛担任八世达赖经师，后又出任摄政，八世第穆阿旺洛桑赤列绕杰在十三世达赖亲政前担任摄政。丹杰林正是在这三位第穆活佛担任摄政期间修建完毕。

---

[1] 丹杰林：位于大昭寺西南，丹杰林居委会右前方，属于拉萨冲赛康，交通很方便。公交或出租车任意选择。公交20、22、23等，坐出租车或公交在神力时代广场站下车，往前150米左右，再往右巷子走200米。

第一章 拉萨中心寺庙

丹杰林

　　十三世达赖亲政后，八世第穆阿旺洛桑赤列绕杰卸任，退居丹杰林。1899年，阿旺洛桑赤列绕杰因涉嫌用符咒谋害达赖，被革除呼图克图名号，并被拘捕，关押在丹杰林，次年圆寂于监禁中。清朝中央政府宣布禁止第穆呼图克图系统转世，并没收丹杰林全部财产。这起发生在20世纪的"符咒事件"，也称为"第穆呼图克图事件"。1910年，清朝中央政府查明"符咒事件"纯属诬陷，遂下达"复其职权，归还一切财产"的诏令。1933年热振活佛担任西藏摄政时，将没收的财产、庄园归还第穆拉章。后来桑耶寺的饶琼扎仓接管丹杰林，派6名僧人负责具体管理。丹杰林的主供护法神孜玛热的降神活动也必须在桑耶寺举行。

　　丹杰林大殿有300多平方米，进入殿门首先看到的是僧人们平常诵经的地方，再从左边往殿内走，快到护法神跟前时，左边是僧人给护法神祈诵的地方，中间供奉酥油灯、牛奶、白酒，其后方正中就是"孜玛热"护法神，该护法神是桑耶寺主要护法，也是丹杰林一直以来主要供奉的护法神。右边是宁玛派的一些护法神以及近代布达拉宫附近的旧照片。佛殿供奉着"欢喜

佛"。从大殿出来，左手边直走就到了僧舍及最新修建的新佛殿，主要供奉着宁玛派各大成就者，分别是莲花生大师、隆钦绕绛、仁增吉美林巴等宁玛派传承者，墙面画有宁玛派各大护法神。

信徒们自带酥油、牛奶、白酒、哈达和檀香进行供奉。据当地老百姓说，丹杰林护法神"孜玛热"是一位非常灵验的护法，所以当地信众特别是宁玛派信徒，都一直信奉不已，而且定期来朝拜和供养。

很多游客在自己的日志中，谈到丹杰林时，更多认为丹杰林是神秘的解脱佛堂。虽然拉萨的寺庙大同小异，但最让信徒、游客感到神秘的就是各种护法神的魅力。一方面护法神的造像往往都是浓眉粗眼、各种面色凶悍的神情，另一方面僧人给予的解释也具有很强的神秘色彩。

丹杰林坐落在拉萨最出名的"光明茶馆"和"雪域茶馆"旁边，也是老城区最热闹的旅游街道。

【相关链接】

第穆呼图克图：一世帕巴拉活佛曾修建过许多寺庙，其中位于林芝市境内的第穆羌纳寺是由一世帕巴拉的经师贡觉迥乃担任住持。此后，便以"第穆巴"自称，成为一世第穆呼图克图。三世第穆呼图克图曾任林芝市格鲁派丹杰林的管理者。当时该寺的宗教影响力很大，被任命为波密等地区格鲁派各寺庙的主寺，称为第穆教主。四世第穆呼图克图由四世班禅认定，在五世达赖喇嘛跟前受比丘戒。五世第穆呼图克图曾多次参加清朝各种宗教庆典，圆寂于北京。六世第穆呼图克图于1757年七世达赖喇嘛圆寂后，奉旨出任西藏摄政，掌管达赖喇嘛事务，该年赐"掌办黄教事务吉祥诺门汗"名号，并在拉萨建立丹杰林小寺，成为拉萨四大林之一，其间授金字银印，55岁圆寂。七世第穆呼图克图于1808年奏准为九世达赖喇嘛经师，其间济咙呼图克图圆寂后，出任摄政，协助事务，赐"额尔德尼诺门汗"名号，九世达赖喇嘛圆寂后，掌办政务，41岁圆寂。八世第穆呼图克图于1858年经金瓶掣签确定为七世第穆呼图克图转世灵童；1886年，奉光绪帝圣旨出任摄政，掌办政务；因办理印藏通商有功，赏"靖善禅师"名号，十三世达赖喇嘛亲政后辞去摄政职务。由于涉嫌用符咒谋害达赖喇嘛，被革除呼图克图名号，禁止第穆呼图克图系统转世，1910年清朝中央政府恢复第穆呼图克图的名号，准其转世，认定丹增嘉措为九世第穆呼图克图。

策门林

策门林[1]，全称"强曲林吉桑阿策门林"，属拉萨四大林之一。策门林曾为乾隆皇帝祈祷长寿，因而得名策门林（祈寿寺）。

据史料记载，七世达赖圆寂后由六世第穆活佛担任摄政，不久第穆活佛去世，乾隆皇帝让一位年轻的喇嘛阿旺楚臣担当此重要职务，就是第一世策门林活佛。第一世策门林活佛曾在色拉寺麦扎仓擦多康村修习五明，因此与色拉寺建立了特殊联系，修建了策门林后，就自然而然成了色拉寺属寺。到了二世策门林降白崔臣嘉措活佛时期，"图丹仁钦曲科林"改为"策门林"。二世策门林降白崔臣嘉措活佛摄政时遭遇困境，得到了色拉寺支持。

策门林

---

[1] 策门林：位于喜德林寺的东面，处于拉萨冲赛康西北方200米处巷子内，从巷子口直走150米，左拐20米就到，交通很方便。坐出租车或公交20、22、23路在神力时代广场站下车，即可看到前方的巷子。

策门林呼图克图世系曾有几位是清朝西藏四大林中的著名活佛，比如，三世策门林呼图克图阿旺罗桑丹白坚参，因在西藏政局方面处事有方，功绩卓著，被清朝中央政府赐"呼图克图"封号，并颁赐印玺等，同时还赐予多个庄园，他也是清朝中央政府时期西藏地方最后一位摄政。

策门林占地面积6200多平方米，院落呈方形。一楼一底的藏式房环绕着院西侧和前部，上层是住房，下层是回廊，占地面积约1725平方米。庭院后部是主体建筑，分东、西两部分。

东面建筑称白宫，于乾隆四十二年（1777年）由任摄政的第一世策门林活佛阿旺楚臣主持兴建。策门林白宫高三层，建筑面积800平方米。经堂前有明廊，明廊两侧分布有厨房、库房等。经堂后为佛殿，主供泥塑护法神数尊。白宫内原有二世和三世策门林活佛的灵塔。护法神殿位于第二层，主供泥塑马头金刚，此外还有其他八尊护法神，墙壁顶层悬挂有20多幅唐卡。活佛卧室位于顶层，旁有经书室，珍藏寺内文物。

西面建筑称红宫，由二世策门林活佛主持修建。内部分有经堂、佛殿、门廊等部分。经堂有30多平方米，四壁绘满藏传佛教格鲁派重要人物及护法神，堂内供有镀银绿度母、铜铸弥勒、宗喀巴等造像，正中置历代策门林活佛的宝座，此外还供有三世、四世策门林活佛的灵塔。侧室位于经堂两边，经堂与门相通。二层为历代活佛的卧室。

策门林坐落在拉萨最为繁华的街区。每年策门林都举行各种格鲁派宗教仪轨，此外，还要在藏历6月份举行"玛尼达瓦"，可以理解为"念佛节"，是寺庙举行的祈祷仪式，主要是由当地信众与僧人一起在寺庙内念诵咒文，其活动为期1个月。1个月后其积攒的次数合起来达到预期的次数就算活动结束，其间寺庙为信众每天提供一顿斋饭。

【相关链接】

策门林呼图克图：一世策门林阿旺楚臣，在年轻时被三世章嘉活佛邀请到北京雍和宫，1777年，清朝乾隆皇帝亲自颁发敕书，告知全藏，将其派往西藏担任摄政，开创了策门林活佛转世系统。二世策门林阿旺降白崔臣嘉措，于1795年被认定，也是策门林的核心人物。二世策门林一生比较曲折，他

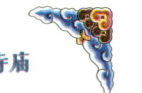

参与寻找十世和十一世达赖喇嘛灵童和坐床仪式，还编著了《铁虎清册》等大量书籍。由于他的显著功绩，清朝皇帝赐给他驻锡地和"策门林"字样的匾额，由于被奸人在皇帝跟前参奏，禁止活佛转世。三世策门林阿旺罗桑丹白坚参，由于前世废除，因此一直未能承认，由于三世功绩突出，后恢复了活佛封号。五世活佛生于1950年，目前是中华人民共和国西藏自治区政协副主席、中国佛教协会副会长、中国佛教协会西藏分会理事。

喜德林

喜德林[1]是热振呼图克图的驻锡地，又称凝禧寺，占地面积约6533平方米。原为吐蕃赞普赤祖德赞在大昭寺周围所修的六座拉康之一，属宁玛教派，主要诵兰乐、密集、金刚等经典。

喜德林于公元9世纪赞普达玛灭佛时被毁。元代时，在原址上修复扩建。四世热振呼图克图时又加以修缮和扩建，清朝皇帝御赐寺名"凝禧寺"，寺庙改为格鲁派，当时属于色拉寺吉扎仓。五世热振呼图克图又对寺庙进行大规模扩建，取名为"锡德贝桑丹林"。咸丰五年（1855年），驻藏大臣淳林代送"翌赞宗源"匾额。同治元年（1862年）因与哲蚌寺发生冲突，寺庙遭到破坏，曾被革除热振呼图克图的名号，后又恢复。

过去寺庙主要建筑有经堂、佛殿、僧舍、僧厨等。寺庙中心为方形庭院，后部为佛殿和经堂，庭院其他三面为僧房和僧厨。经堂面阔9间，进深7间，中部有一天窗直通二层，四壁皆为彩绘。经堂后为佛殿，中为正殿，两侧为偏殿，三殿互通。殿内原有泥塑佛像和彩绘壁画。经堂大门前为檐廊，两侧各有小室。小室有石阶通往二层。寺内僧舍共有100多间，皆为藏式平顶二层建筑。

2016年以前，经堂西南角已塌陷，西边附属建筑亦已无存。如今已得到修复，从神力时代广场四楼靠右边的咖啡屋、甜品店等店铺能够清晰地看到该寺庙的整体规模与历史遗迹。

---

[1] 喜德林：位于小昭寺西南，在策门林西200米处，从神力时代广场4楼咖啡屋一侧方向可以清晰地看到喜德林。

【相关链接】

热振呼图克图：俗称"热振活佛"，是藏传佛教八大呼图克图之一，驻锡于热振寺。热振活佛是有资格在达赖喇嘛亲政前摄政的四大林呼图克图之一（喜德林）。热振寺是藏传佛教噶当派的祖寺，位于拉萨林周县北部，始建于1057年。至今已有近千年的历史，比拉萨三大寺甘丹寺、哲蚌寺、色拉寺早350年以上。热振寺的创建者是噶当派始祖仲敦巴·杰哇迥乃。一世热振阿旺曲登（1677—1751年），二世热振洛桑益西丹巴饶杰（1759—1815年），三世热振阿旺益西赤臣嘉措（1816—1855年），四世热振洛桑益西丹巴建参，五世热振图丹将白益西丹巴建参（1912—1947年），六世热振·丹增晋美土多旺久（1948—1997年），七世热振·洛追嘉措赤列伦珠（2000—　）。

次觉林

次觉林[1]全称"扎西次觉桑丹林"，又称"赤布次觉林"。1790年，由噶钦·益西坚赞创建。

据相关资料记载，1787年尼泊尔廓尔喀人借口西藏地方"新旧钱币混用、商税增额、食盐揉土"等，对西藏发动了首次侵略战争，沿着边界一带的聂拉木、绒辖、吉隆等地方烧杀抢掠，当时吉隆桑丹林的僧众被迫四处逃生，一部分来到上师噶钦喇嘛处避难和诉苦。八世达赖闻讯，允许这些流离僧人在拉萨附近建寺，由噶钦喇嘛卜卦，选中现次觉林寺所在地，修建次觉林，距今有约230年的时间（建寺时间为1790年）。

当地对该地名来源有很奇妙的传说，据说当年拉隆·白吉多杰刺杀了吐蕃最后一位赞普达玛后，为了逃脱追兵的抓捕，他给自己骑着的白马全身涂上炭灰，穿上俗人的黑色袍子，逃亡过程中经过了吉曲河滩（拉萨河），用河水洗掉马身上的炭灰，然后跑向东面的扎叶巴寺。追兵赶到拉萨河时，追问当地百姓："看到有骑黑马的黑衣人从此经过吗？"当地人答道："没有

---

[1] 次觉林：从西藏《文成公主》实景剧场，再往村内行1千米就到达次觉林。自驾游比较方便一些，也可以选择从拉萨到实景剧场坐公交，再徒步往次觉林。

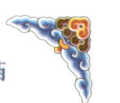

次觉林

次觉林大殿前

看见黑马黑衣人,倒是有个白马白衣人一闪而过。"该地也是当时追捕拉隆·白吉多杰线索中断的地方,从此,这块地方就被称为"曰布",后来逐渐变成了"赤布"。"赤布"在藏语有逃避和躲避的意思。

次觉林结构形式,进大门就是一个庭院,左边是僧舍,右边是佛堂,院中间有一座3米高的白塔。殿内供奉三世佛。后殿则是一层楼高的噶钦益西坚赞佛塔,据说是银质肉身塔,塔两边各供一尊大师像,此外寺中还有宗喀巴大师像。由于该寺受益西坚赞大师当时的影响,据说当时来自不同地方的僧人来此学法,僧人人数可达到几百人。现在次觉林已经得到修缮,佛像摆放在修复后的灌顶佛殿中。寺庙大门前有一棵很大的樱桃树,在夏天还可以采摘,东面山脚是赤布赞的宫堡。

【相关链接】

噶钦·益西坚赞:1713年出生在珞隅,9岁在班禅前出家,受比丘戒,取法名为噶钦·益西坚赞。他建造了次觉林,70岁时担任八世达赖喇嘛经师,向达赖喇嘛教授了显密所有灌顶传承,1793年圆寂。

哲蚌寺

哲蚌寺[1]是藏传佛教格鲁派寺庙,与甘丹寺、色拉寺合称拉萨三大寺,也是格鲁派六大寺庙之一。整个寺庙规模宏大,白色建筑群依山坡而建,远望似巨大的米堆,故名哲蚌。哲蚌,藏语意为"米堆",象征繁荣,藏文全称意为"吉祥积米十方尊胜洲",它是格鲁派历史上重要的寺庙之一。寺庙占地面积20多万平方米,寺内原来有七大扎仓(学经院),后合并为罗色林、果芒、德央、阿巴四大扎仓[2]。

据史料记载,1409年,宗喀巴大师在拉萨大昭寺成功创办了传召大法会,同年他亲自主持修建了格鲁派祖寺甘丹寺,这标志着格鲁派已经形成,并得到了全藏僧俗群众的信奉。由于格鲁派得到历代中央政府扶持,势力日益强

---

[1] 哲蚌寺:位于拉萨西郊根培乌孜山下,可乘24、25、16路到寺站。

[2] 扎仓:格鲁派寺院的学经单位,即学经院。

大，信徒与日俱增，后发展成藏传佛教教派之首。1416年，宗喀巴弟子绛央曲杰兴建哲蚌寺，其门下7弟子分别主持寺中7个扎仓（经院），为历代达赖的母寺。

哲蚌寺殿堂多，其中最著名的是强巴殿和甘丹颇章。强巴殿位于措钦大殿三楼西北侧，规模不大但因主供弥勒8岁等身像而远近闻名。殿内还供有该寺的镇寺之宝——白色海螺。白色海螺是宗喀巴大师预祝绛央曲杰·扎西班丹修建哲蚌寺而赠送。哲蚌寺的甘丹颇章（宫）建于1530年，由二世达赖根敦嘉措主持修建。以后三世、四世、五世达赖都在这里居住过并历任该寺赤巴。五世达赖时期，建立了地方政权，即"政教合一制度"，因政务在该颇章（颇章意为宫殿）处理，故名甘丹颇章政权，由此甘丹颇章成为当时政治权力的中心。

根据史料记载，五世达赖阿旺罗桑嘉措与固始汗推翻噶玛噶举派统治建立甘丹颇章政权。清顺治元年（1644年），清朝取得政权定都北京后，顺治沿袭此前对边疆民族地区的政策，积极扶持格鲁派，数次召请五世达赖进京。五世达赖率侍从3000人前往北京，内务府大臣前往青海境内迎接。清朝中央政府在安定门外修建西黄寺作为达赖居京住所。顺治还在太和殿设宴款待五世达赖，并赏赐黄金、白银等大量的财宝。

哲蚌寺是西藏规模及影响力最大的寺庙之一，寺中藏有许多珍贵文物。寺内所藏历代瓷器甚多，年代早至宋代，以明清时期特别是清朝的瓷器居多。各类唐卡更为丰富，多为明清时期的作品，措钦大殿挂有四幅一组以文房四宝为内容的唐卡。此外，还有一套精装的朱印《大藏经》，共108幅，装在54个特制木箱中，印刷颇工，装帧富丽，夹板精致，至为珍贵。文殊铜镜通高1.29米，两面錾刻文殊坐像，优美生动，镜后有华丽檀木圆雕镜座，雕刻精细，造型精美，传为五世达赖时清顺治皇帝所赐之物。铜造像有数千尊，种类甚多，最多的是佛、菩萨和各种祖师造像。古代兵器铠甲多达上千，确切年代都不详，措钦大殿的铠甲数量最多、最完整。

哲蚌寺的宗教活动较多，每逢佛教纪念吉日，都要举行宗教活动，如藏历每月的15日、30日都要举行活动。还有一些僧俗同庆的活动，其中"哲蚌雪顿"场面最大。早期"雪顿节"是一种纯宗教活动，后来宗教活动和娱

乐活动相结合，规模不断扩大。藏历6月30日"雪顿节"当天，先是以哲蚌寺为中心，清晨展示巨幅佛像唐卡，接着举行藏戏会演，实为僧俗同乐的节日。按照佛教的法规戒律，夏天还有禁足日，僧人需要在各自居所，不得外出，几十天禁止僧人出门的"夏安居"，直到解制为止。

"雪顿节"是哲蚌寺最大的宗教节日，现已成为拉萨地区的最大民俗节日之一。1962年哲蚌寺列为西藏自治区的重点文物保护单位，1982年列为全国重点文物保护单位。

【相关链接】

宗喀巴：格鲁派的创始人，本名罗桑扎巴。他7岁出家，拜高僧顿珠仁青学习佛法，10年后为了进一步学习佛法，前往西藏学习深造。宗喀巴进行了宗教改革，为藏传佛教僧侣规定了基本戒条，特别是为修习密法的僧人制定戒律，对于藏传佛教和西藏社会政治、经济、文化、教育事业的发展，都产生了巨大的影响。其中，最直接的影响就是促使藏传佛教各派争相制定寺规。

绛央曲杰：本名扎西班丹，宗喀巴弟子，1379年生于西藏桑耶。他自幼聪慧，在帕竹噶举派处学习显宗，在泽当寺出家为僧，取法名绛央曲杰。在甘丹寺拜宗喀巴为师，受比丘戒。从宗喀巴大师处闻习许多深广教诫和经论，成为一位大学者。宗喀巴建立甘丹寺后，命他另建一座寺庙。他在乃邬宗宗本南喀桑布的支持下于1416年修建了哲蚌寺。建成后，宗喀巴曾亲往主持仪式。17世纪上半叶，五世达赖喇嘛罗桑嘉措又进行了扩建，哲蚌寺主要由措钦大殿、四大扎仓和甘丹颇章几部分组成。这几部分又有其各自附属的康村、僧舍等，形成了结构严密的单位。在大殿和经堂部又采用金顶、相轮、八宝等佛教题材加以装饰，增强了佛教的庄严气氛，形成了大型建筑群。

甘丹颇章政权：甘丹颇章是达赖喇嘛在哲蚌寺的寝宫。在重建布达拉宫以前，五世达赖喇嘛一直住在这里，并在那一时期执掌了西藏的政教大权，甘丹颇章也就成了西藏地方政府的同义语，故史学界称其为"甘丹颇章政权"。

乃琼寺

乃琼寺[1]，全称"乃琼扎央林"，简称"乃琼贡巴"，即"乃琼寺"，民间称"乃琼角"。据藏文文献记载，乃琼寺最早建于赤松德赞之子牟尼赞普时期，牟尼赞普从桑耶寺迎请一尊度母为镇寺之物，将此寺取名为"乃琼玉罗贵"，意为度母的刹土，由于桑耶寺被称作"乃切"，因此把这里称为"乃琼"。"乃切"意为大场所，"乃琼"意为小场所。后来经过五世达赖扩建修缮，取名"乃琼多杰扎央林寺"，十三世达赖时期再次进行扩建，才有了今天的建筑群。

乃琼寺是历世达赖的首席护法神供奉场所，比哲蚌寺更具神秘色彩。根据史书记载，当时毗卢遮那大译师经过此地时，意外地看见白桦树上的幻象，于是将此处的幻景告诉了莲花生大师。大师确信未来此处肯定会有一座寺庙，白桦树就是白哈尔神的寄魂树，旁边的小湖就是白哈尔神的魂湖。后来正如

乃琼寺

---

[1] 乃琼寺：位于拉萨西郊约 10 千米的根培乌孜山南麓，距哲蚌寺约 1 千米。

大师所预言，牟尼赞普在此处修建了一座寺庙，巴·白央为堪布，并从桑耶寺迎请一尊度母像，因此该寺也被叫作"乃琼玉罗贵"。

乃琼寺名字由来有两种说法。一种是因为寺庙规模非常小，所以被叫作乃琼寺。还有一种说法是乃琼护法神原先供奉在公堂地方，公堂喇嘛祥·宇札巴也叫作蔡巴强巴贡达，取出白哈尔神的塑像装入箱子抛入水中，结果箱子卡在哲蚌寺附近。当时哲蚌寺扎仓的堪布甲布·强久白旦获悉后，告诉僧官："今天，在水面上会漂浮东西，你不要打开，把它带回来。"僧官依照堪布的吩咐找到了箱子，在带着箱子返回寺庙的途中，经过今天乃琼寺所在地方时，发现箱子越来越重，于是好奇的僧官打开箱子，准备探个究竟。箱子打开后，除了飞出一只鸽子，其他什么都没有，而那只鸽子却迅速飞上了白桦树。僧官此刻突然想起堪布的交代，大叫一声"上师啊"，结果这三个字印在旁边的巨石上，今天依然可以看到这块印字的神奇大石。僧官回寺后，将事情说给了堪布。堪布感慨道："可惜呀！如果这尊护法神能够供奉在哲蚌寺是最好不过的，可惜现在供奉的地方太小了。"因此人们就把该寺叫作乃琼。

乃琼寺作为格鲁派最著名的活动场所，是甘丹颇章政权初期所修建的、现存最完整的建筑。同时乃琼寺是格鲁派最重要的护法神寺庙之一。寺内供养着格鲁派红黑护法神的红色护法乃琼多杰扎丹像及白哈尔王的神魂树。护法神白哈尔王在藏传佛教格鲁派中有着特殊的地位。关于白哈尔的历史，相关典籍中记载，白哈尔由莲花生大师从"霍"（蒙古）地方迎请至桑耶寺，成为该寺护法神。乃琼护法神巫，作为甘丹颇章政权的首席神巫，在达赖传承活佛转世过程中起着重要的作用。

该寺第十任法王根敦嘉措，正式请乃琼担任哲蚌寺的护法神。这位法王后来被追认为二世达赖，三世达赖索朗嘉措接着把乃琼抬到格

乃琼神巫

鲁派总护法的高位。三世达赖索南嘉措圆寂以后，格鲁派对其首领的传承采用了活佛转世制度，从此乃琼神巫就被赋予了一项新的职责，那就是在寻找新的达赖转世灵童的过程中进行占卜，预卜灵童的出生方向、父母姓名等，因此乃琼神巫在寻找新的达赖转世灵童过程中起到了非常重要的作用。到五世达赖阿旺罗桑嘉措掌管西藏地方政教大权之后，乃琼寺成为达赖和西藏地方政府的首席护法神场所，代表东南西北中五位护法之首。乃琼神汉传承方法是神选。据说，前世降神师死后，护法神就会离开他的躯体，而去找寻另外的躯体依附，因此要组织专门的班子，发现乃琼神重新附着的躯体。有时西藏地方政府还发布文告，要求各地仔细查访，及时报告，不得延误或隐瞒。因被发现有乃琼神附体或自称是乃琼神附体的消息太多，西藏地方政府难以辨其真伪，只好委托一位大活佛主持查验，或者用比赛降神的办法看谁的本领高强，或者用抓阄的办法确认，最后呈请达赖批准。乃琼护法神巫降神时，身穿金甲战袍，胸嵌护心铜镜，左右各一位助手护持，后面跟着一群随从奴仆，入护法神殿。这时由108位僧人一起诵经、吹法号等，把宗教气氛烘托得极浓。神巫发完神谕，神气消退，瘫软在法座上。随从替他解开盔带，尽快做种种按摩和搓揉。

乃琼寺主要由六个部分组成，分别是乃琼大殿、卓康（卓董拉康）、马圈、噶采、拉章、措钦。其中乃琼措钦大殿是乃琼寺的主体建筑，一共三层，坐北朝南，有两道大门可以进入寺庙。乃琼措钦大殿由宅邸、护法神殿和喇嘛僧舍三部分构成。护法神殿坐北朝南，有三间大殿，挂满经幡、涂满酥油，极具神秘色彩。无论从拉萨去哲蚌寺，还是从哲蚌寺回到拉萨，都要经过哲蚌寺下的乃琼寺。

乃琼寺的壁画艺术是古格遗址壁画、白居寺壁画之外最具特色的，是西藏最具特色的寺庙之一。乃琼寺的壁画，主要分布在乃琼寺回廊的壁面上，以及寺庙的大殿和三层的拉康内。据僧人介绍，壁画中戴头盔、穿铠甲、持兵器、骑骏马的武士，最初出现在西藏艺术造像中是13世纪，这种造型明显带有中亚蒙古游牧艺术的风格；而密宗造像则受到印度艺术风格的影响，内地艺术与邻国尼泊尔、克什米尔的影响集中地表现在俗人造像及饰物方面等。这些融合不同风格造型的壁画是西藏珍贵的壁画艺术遗产。

乃琼寺有两个独特的节日，即"拉茨"节和"乃琼猴月"。藏历每月的2日，乃琼寺有一个被称之为"拉茨"的专门节日，届时哲蚌寺的僧人和广大信徒都会前往乃琼寺进行煨桑、供神等活动，还会将平日里供奉在乃琼寺大殿卓董拉康内的乃琼多杰扎丹像的遮脸布取下，让广大僧人和信徒朝拜。

乃琼寺的历史带有浓厚的神话色彩，表明它的渊源非常古老，几乎贯穿整个西藏的宗教文明史。乃琼护法神担任过藏传佛教各个教派如宁玛、噶举、格鲁甚至萨迦的保护神。

【相关链接】

牟尼赞普（775—798年），于赤松德赞去世后继位。在位1年左右，被生母才崩氏毒死，终年24岁，葬于拉日登保陵。牟尼赞普继位后，遵循父王国策，极力扶植佛教，命令臣民必须向寺庙布施财物。他又三次下令平均臣民财富，试图缓和贫富悬殊的阶级矛盾，但遭到了以才崩氏为首的贵族强烈反对，均未见成效。赤松德赞退位时，曾将颇雍萨赐给牟尼赞普。在赤松德赞丧事期间，颇雍萨仍然浓妆艳抹，毫无悲伤之情。这使才崩氏十分反感。才崩氏要派刺客谋杀她，被牟尼赞普阻止。于是才崩氏心中的恨意转移到了牟尼赞普身上，于公元798年11月乘机在雍布宫毒死了牟尼赞普。

帕崩卡寺

帕崩卡寺[1]又称"成古喀玛乳"或者"帕崩卡强久杏格涅"。帕崩卡宫为吐蕃时期的建筑，俗称普隆喀，藏文意为"巨石宫"，通称"娘陈帕崩卡"，最初为两块形似龟状的巨大岩石。

公元7世纪，松赞干布在岩石上修建了一座9层高的玛如宫殿。宫殿由砖石砌筑，用铜汁浇缝口，四周用4根铁链固定。建成后，松赞干布在此拜吞弥·桑布扎为师，学习藏文、文法等，帕崩卡一度成为吐蕃时期政治、宗教活动场所之一。史料记载，赤松德赞时期，"七觉人"曾在此居住。11世

---

[1] 帕崩卡寺：坐落在拉萨北郊娘热乡。自驾游最佳，若徒步，先乘坐22、23路公交坐到娘热乡总站，再往山上徒步1小时。

帕崩卡寺

纪末,噶当派僧人格西扎嘎娃对宫堡进行修缮,在其废墟上修建两层佛殿,并建起寺庙。萨迦班智达贡噶坚赞受阔端邀请赴凉州,途经拉萨时,曾在此讲经。宗喀巴曾在附近的洞中修行,取名大乘洞,面积约10平方米。宗喀巴弟子在大乘洞西建卓托拉康、宗喀拉康和108座佛塔。五世达赖执政后,再次对帕崩卡进行维修、扩建。自五世达赖后,历代达赖第一次受戒和获得格西学位后,均来此举行庆贺仪式。帕崩卡珍藏有吐蕃时期的观音像,据说是自然形成的,弥足珍贵。

传说当时松赞干布带着文成公主和尺尊公主来到帕崩卡,观音菩萨在空中显灵,告知三人西藏的地形犹如罗刹女仰卧状,必须通过占卜、火炙等方法在罗刹女的手心足掌修建寺庙将其镇住,说完观音菩萨便隐入了一块巨石,据说,这块巨石仍在寺内可见。后弘期,格西博多瓦的弟子扎嘎瓦在此居住期间建立了僧团,并长期负责管理该寺。此后,第一世帕崩卡活佛先后在达典寺、扎西曲林寺以及帕崩卡寺修行,由于在帕崩卡寺期间传法声名远扬,因此,他也就被尊称为帕崩卡活佛。

在帕崩卡寺，吞弥·桑布扎创造了藏文字，此外，还专门撰写有《三十颂论及相转轮》（即《文法根本三十颂》）《文字变化法则》《吞弥谷风声论》（即《文法性别用法》）等八部语言文法著作。这些清晰的历史我们可以在前往帕崩卡时，中途参观娘热乡传统文化展览中心得到了解。该展馆中展示各种藏文字体，还可以亲身体验制作藏纸、习文的内容。到了帕崩卡寺，还可以参观文成公主殿、噶当派108尊佛塔、拉尊拉章等。在三怙主殿的下方，可观赏自然形成的胜乐金刚之眼。此外，在该寺西北面有一山洞，据说建造大昭寺时所需的黄金都是从此山开采的。寺庙北面是拉藏汗妻子兴建的扎西曲林寺。此寺还有泉眼，据说可以医治百病。

【相关链接】

七觉人：也称七觉士（七试人），公元766年，经过四年的艰苦修建后，藏族历史上第一座佛教寺庙桑耶寺建成，请来了印度比丘12人，由菩提萨埵担任剃度僧人的堪布，巴·赛囊、巴·赤斯、昆鲁旺波、白若杂那、累松杰微降曲、玛·仁钦乔、恩兰·杰微乔央七人受比丘戒出家。这是藏族历史上第一次出现本土佛教僧人，此后的1000多年里，佛教文化传遍了整个西藏，信众的思想伦理观点等随之产生了很大的变化。印度僧人寂护与印度佛教密宗大师莲花生在西藏弘法，兴建了桑耶寺。寺庙竣工后，由寂护担任寺庙的堪布，上述七人即于此时随寂护出家，遂被称为"七觉士"。桑耶寺亦因而成为西藏佛教史上第一个剃度僧人出家的寺庙。

吞弥·桑布扎："吞弥"的藏语意为吞巴地方的人，即尼木县吞巴乡人；"桑布扎"的藏语意为土里出来的花虫。据传，吞鲁热江的农户桑珠的土地叫白吞，在耕地时，从地里冒出了一只非常可爱的花虫，耕地人把它捡起放进羊角里，变成了一个非常可爱的小孩子，因此给这小孩取名为吞弥·桑布扎。据传，松赞干布继承王位，各国使节都呈上了用本国文字写的贺信和赠送贺礼的礼单，但当时的吐蕃还没有形成统一的文字，回礼回信只能用他国文字或捎口信。对此，松赞干布认为不仅有失国体，而且没有统一的文字也不能很好地施政，于是先后派出16名大臣之子前往印度学习，但未能学成。松赞干布于公元633年再次派出品学端正、聪慧而又能吃苦耐劳的吞弥·桑布扎前往印度学习，当时他年仅15岁。吞弥·桑布扎到达印度后，拜南部大婆罗门黎钦为师，学习了各种文字。又在班智达拉白日森格处学习了声明学，同时学习了巴尼巴、嘎拉巴、旃陀罗等易懂的王制论书和难懂的班智达制论书以及观音菩萨的21种显、密经典等。71岁那年他学成回国。返回到西藏后，他根据本地语言结构和发音，创造了藏语文字。

普布觉寺

普布觉寺[1]全称"普布觉日松强曲林"，祥·尊珠扎巴似金刚柱形状（藏语为普布或普巴）的山崖上修行，因此得名普布觉寺。

1706年，麻吉拉准的弟子吞弥桑珠对珠康·格勒嘉措提点，认为此处修建一座寺庙日后会功德无量，于是珠康·格勒嘉措来到此处，在原有的佛塔和日松拉康的基础上修建了该寺，随后夏扎阿旺强巴管理普布觉寺。后来，阿旺强巴得到当时政府的资助进行了修缮与扩建，同时开始了普布觉活

普布觉大殿前

---

[1] 普布觉寺：位于拉萨市北郊夺底乡。从拉萨市区乘坐14、15路公交车，到寺底。

佛转世的传承。阿旺强巴圆寂后，他的转世活佛继承法位。1808年，西藏僧俗联名向清朝中央政府请求"第九世达赖喇嘛免于金瓶掣签"的奏折中有强巴呼图克图的名字，强巴呼图克图从此采用转世制度。此时，普布觉寺已有呼图克图的称号，而且名列在四大摄政活佛之后。强巴呼图克图的后一辈罗桑楚臣降巴嘉措（1860—1875年）担任过十二世达赖成烈嘉措（1856—1875年）的经师，那时达赖尚幼，他和钦饶旺秋共同辅助达赖，钦饶代理政务，他主管达赖学经；他还担任过十三世达赖土登嘉措（1876—1933年）的经师和戒师。普布觉寺虽然规模很小，但该寺活佛在旧西藏地方政府中地位很高。

大殿在起初的120平方米的基础上不断扩建。大殿供奉有珠康·格勒加措时期塑造的大威德金刚塑像、白度母等塑像。在日松拉康中供奉有三怙主像。

普布觉寺耸立在山顶上，从该寺可以观赏到17世纪建造的色拉寺全景，周围其他的寺庙也能一眼望见，特别是可以看到远处的布达拉宫，以及拉萨城区全景。

【相关链接】

祥·尊珠扎巴（1122—1193年），藏传佛教塔波噶举派四大派之一蔡巴噶举派创始人。

麻吉拉准（1049—1144年），是藏传佛教后弘期出现的一位著名的女密宗大师，出生在西藏山南的措美地方，父亲名确吉达瓦，为地方领主，母亲名隆姆本尖，为阔门富家之女，从小受过教育。其父母为人和善，崇信佛法。她以今西藏山南市桑日县境内的修行洞为根本道场，广收门徒，传授别具特色的密宗修炼方法，随之创立了独树一帜的藏传佛教觉域派，又称女传觉域派。其教法亦不胫而走，产生巨大影响。

珠康·格勒嘉措（1641—1713年），阿里桑嘎人，17岁时在强巴林寺的寺主洛桑勒巴前受居士戒，19岁赴拉萨学法时得以同扎什伦布寺的班禅喇嘛相见，随后前往日喀则南木林地区格西贵仓处受比丘戒，取法名格勒嘉措。

后来前往色拉寺修行佛法，54岁创建了普布觉寺。

阿旺强巴：阿旺强巴生于1682年，原是一名普通的僧人，通过勤奋学习和苦修成了一名高僧。珠康·格勒嘉措是他的上师同时是六世达赖喇嘛的上师，由于他周围大部分都是知名人物，因此他的声名远播。在扩建普布觉寺后，他开启了普布觉活佛转世传承。

普布觉呼图克图：普布觉呼图克图排列在四大呼图克图之后，第一世普布觉·阿旺强巴，第二世普布觉·降巴，第三世普布觉·罗桑楚臣。

曲桑寺

曲桑寺[1]，全称为"曲桑益嘎曲增日追"。曲桑，为良泉之意。在该寺的修建上有两种说法，其一是在1658年，由第悉·赤列嘉措主持修建，其二是在1696年第悉·桑杰嘉措为其母亲消灾祈福而建，因五世达赖亲临该寺时见有泉水，所以将该寺称为"曲桑日追"。

据说，17世纪中期，甘丹颇章政权建立，五世达赖喇嘛执掌西藏地方政教大权，当时出名的两位第悉就出自曲桑寺附近。曲桑寺的"仲麦"贵族世家，当时很受达赖的信赖，该户出现两位第悉，分别是第悉·赤列嘉措和第悉·桑杰嘉措。三百多年间，曲桑寺高僧云集，帕崩卡活佛、赤江活佛、恰日活佛等都曾在此修习，轮流讲经布道。曲桑寺如何成为尼姑寺庙，说法不一，从20世纪初帕崩卡活佛、赤江活佛、恰日活佛等都曾在此传法这一点来看，当时这里还是向男女僧众同时开放的大型公开传法的道场。

进入曲桑寺，首先要经过数栋依山而建的错落有致的建筑群。这些建筑群是曲桑寺尼众日常生活的地方。寺庙周围是一片粗壮扭曲的桃树和柳树林。这里春天桃花缤纷，夏天杨柳依依。该寺供奉着镇寺之宝——一尊天然石头佛像，针对这尊石头像的由来有两种说法：一是五世达赖开启伏藏所得，二是松赞干布挖掘伏藏所得。大殿内供奉着松赞干布从伏藏中挖取的释迦牟尼石塑佛像等；瑜伽母殿供奉有一层楼高的瑜伽母像；莲花殿摆放有莲花生大师像。据传，20世纪30年代，才华横溢的帕崩卡活佛经常在这里讲菩提道

---

[1] 曲桑寺：海拔3700米，位于拉萨市北郊娘热沟，色拉寺西北山边，帕崩卡寺附近。

曲桑寺

次第广论，吸引了无数男男女女来听经，还成就了一段冲破封建藩篱的爱情佳话。

20世纪初，拉萨街头流传了一首名为《阿久底》的歌，歌词大意为：阿久底啦！（听大哥我来说）曲桑活佛的住地，翠绿的杨柳依恋；依依杨柳枝头，画眉鸟啼声婉转。这是一首有关爱情的歌谣。据说，60多年前，拉萨桑都仓少老板斯曲在曲桑寺法经会上看中了美丽的尼姑色金强巴旺姆，两人坠入爱河，斯曲三天两头往曲桑寺跑，家人以为他是去曲桑寺听经，其实他是去约会。一个是康巴巨商的儿子，一个是贵族家的小姐，于是此事传遍了拉萨大街小巷，也成为当时轰动一时的热门话题，社会各界议论纷纷。为了爱情，两人没有向社会舆论屈服。这桩爱情故事被著名盲人作曲家朗杰古东编唱出来。

色拉寺

色拉寺[1]全称"色拉大乘洲"，藏传佛教格鲁派六大主寺之一。与哲蚌寺、甘丹寺合称拉萨三大寺，是三大寺中建成最晚的一座。15世纪初，由宗喀巴

---

[1] 色拉寺：位于拉萨北郊3千米处的色拉乌孜山麓，交通很方便，乘坐公交20、23、22、16路都能到达大门口。

大师的弟子大慈法王（藏文绛钦曲结）释迦益西修建，占地面积为114000多平方米，规模仅次于哲蚌寺。

据史料记载，在色拉寺修建以前，宗喀巴大师在色拉寺东边的色拉曲顶小寺里讲经说法，认为此处会形成一座弘扬格鲁派教义思想的寺庙，便让大慈法王释迦益西修建寺庙。1419年，绛钦曲结在内乌宗首领南喀桑布的资助下修建了色拉寺，后来逐渐形成了三个扎仓和三十二个康村。

色拉寺主要建筑有措钦大殿、吉扎仓、麦扎仓、阿巴扎仓及康村。早期建筑以麦扎仓和阿巴扎仓为中心，后经扩建才有了如今的规模。色拉寺的建筑密而不挤，杂而不乱，因地制宜，主体突出，体现了格鲁派大寺庙的特色风格。麦扎仓是色拉寺的早期建筑，始建于1419年，面积1620平方米。经堂中有240多平方米，主供释迦牟尼铜像，列供于两侧的造像有强巴佛、无量寿佛、药师佛、妙音菩萨、宗喀巴师徒三尊等佛像。阿巴扎仓是寺内唯一的密宗扎仓，建于1419年，面积约1500平方米。阿巴扎仓的主体建筑高两层，由经堂和四座佛殿组成。底层经堂的西墙为通顶的大经架，其北有石塔，后部有两座佛殿。二层为绛钦曲结的灵塔殿，平面呈长方形，有180多平方

色拉寺

色拉寺内景

米。该殿的东、西、北三面设佛台，北面佛台的正中供奉绛钦曲结和色拉寺第二任住持绛才桑布的灵塔。色拉寺中最大的扎仓（学经院）是吉扎仓，建于1435年，到18世纪初进行过扩建，目前面积约1700平方米，它的经堂由100根柱子支撑，殿内密布着壁画和唐卡。在经堂的西部和北部建有五座佛殿，内有许多活佛灵塔和造像。

位于寺庙东北部的措钦大殿是全寺的管理中心和主要集会场所，也是寺内最大的殿堂。它建于1710年，平面为方形，由殿前广场、经堂和五座拉康（佛殿）组成，占地面积2000多平方米。经堂高两层，中部用长柱顶起为天窗，可以采光。四周为短柱，构成相对低矮的空间，用以供奉佛像。经堂的后部有三座佛殿，居中供奉高6米的强巴（弥勒佛）鎏金铜佛像，其余供文殊菩萨、宗喀巴师徒三尊、绛钦却杰、十一面千手观音菩萨等塑像。大殿的殿顶为汉式风格的歇山式顶，覆以鎏金铜瓦，装饰宝盘、宝珠、神鸟、宝幢等。

色拉寺最为著名的就是"马头明王"像，位于吉扎仓的护法神殿，神殿的主神座供奉的便是威严勇猛的马头明王神像。马头明王是吉扎仓的护法神，也是整个色拉寺的护法神。这尊马头明王像，形体非常高大，底层是身躯殿，上层是头像殿。

色拉寺作为藏传佛教格鲁派的重要寺庙，寺内有很多珍贵的历史文物。寺内有佛像近万座，此外壁画、典籍、唐卡（佛教卷轴画）、经幡、挂幢等遍布各殿。寺内还藏有明朝皇帝恩赐的典籍、佛像和法器。其中最重要的是一套用朱砂汁书写的藏汉文对照《甘珠尔》，在藏传佛教界和藏学领域具有非凡的价值。此外，金汁书写的《大般若经》、白檀木雕刻的十六尊塑像、金汁绘制的释迦牟尼法轮唐卡等都是弥足珍贵之物。

色拉寺一年中最盛大的节日叫"色拉崩钦"，意为色拉寺独有的金刚橛朝拜节，是色拉寺最隆重、最独特、参加人数最多的节日。每年藏历 12 月 27 日，信众纷纷来朝拜吉扎仓主供之一金刚橛本尊神的法器——伏藏传承的金刚橛。据藏文史料记载，每到藏历 12 月 27 日清晨，吉扎仓的"执法者"都会骑上快马将金刚橛送往布达拉宫呈给达赖，等达赖对金刚橛加持后，再快马送回色拉寺。这时，吉扎仓堪布升座，手持金刚橛给全寺僧众及前来朝拜的信众击头加持，以表佛、菩萨及护法神的护佑。每天下午 2 点到 5 点，在色拉寺辩经场所，僧人们聚集起来进行辩经，场面甚为精彩。

1982 年，色拉寺被国务院列为全国重点文物保护单位。

【相关链接】

释迦益西（1352—1435 年），宗喀巴的弟子之一，藏传佛教格鲁派的重要人物。1409 年，他代替宗喀巴应明成祖召请赴北京；1414 年第二次入京，次年受封大国师；1434 年，明宣宗封他为大慈法王（藏文绛钦曲结），从此被人尊称为绛钦曲结。

马头明王：根据《佛学辞典》介绍："马头明王，又叫马头金刚、马头观音。音译作'耶揭利婆'，佛教密宗十一大或八大明王之一，是早期印度佛教的本尊，也是护法神。"

金刚橛：在藏传佛教中，它是一种威力非凡的法器，也是诸佛事业的化身，同时又是密教无上瑜伽本尊神的一种修炼法门。

阿巴扎仓："阿巴"为咒师的意思，在日喀则市较多。扎仓的会供法会仪轨主要有：赞颂密集金刚、大威德金刚、遍知佛、四面护法神等。该扎仓主供灵塔、镀金佛像、各种响铜佛像及金汁书写的《甘珠尔》。

札基寺

　　札基寺[1]，又称"札基丹修曲阔林"。札即札巴，藏语僧人的意思。基，藏语中数字"四"的发音。丹修曲阔林，意为常住法轮洲。札基寺建寺的具体时间不详。据说该地原是一座噶举派寺庙，五世达赖时期改为格鲁派寺庙，建寺初期该寺庙只有四个僧人，因此，寺庙取名为札基寺，当时札基寺为色拉寺子寺。其中一位寺主是二世吉仓活佛强央门朗，曾受大清皇帝召见，前往内地，并游历山西五台山。在西藏诸多寺庙中，札基寺被认为是与内地颇有渊源的寺庙之一。18世纪30年代，寺庙附近为清军营房和校练场。传说，由于札基寺主供护法札基拉姆被认为是来自内地的一位仙女，当时思乡情重的清兵便到札基寺烧香拜佛，为皇帝荐福赈灾。当时，清军成功抗击廓尔喀入侵西藏后，为报答札基寺护法神庇佑之恩，返回拉萨的清军集资重新修缮了该寺。另有一说法，驻藏清军为感念皇恩，捐资修建了札基拉康，当时除

札基寺

---

　　[1]札基寺：位于色拉寺南面，在夺底路朗赛九区处往西拐，再往前200米就到札基寺，或者乘坐公交20、16、15、14、3路从色拉路往民族路就到。

供奉护法神札基拉姆，还供有关帝。实际上，无论是寺主二世吉仓活佛游历内地的经历，护法神札基拉姆源于内地的传说，驻藏清军捐资修建寺庙并供奉札基拉姆和关帝的说法，寺中刻有藏汉文的木匾和铜钟，还是该寺现今仍保留的抽签问卜方式，无不体现了中原文化与藏文化的交流融合。

二世吉仓降央门朗活佛在寺庙原来的规模上将大殿面积扩建150平方米，并在主殿顶层修建格吾仓寝宫，房顶用鎏金黄铜制成金顶。

目前寺庙建筑基本完整。主殿为三层楼，一楼供奉有札基拉姆、密集金刚、大威德金刚、胜乐金刚、无量寿佛、时轮金刚、六臂怙主、土地神等，二楼为吉仓活佛旧日寝殿，三楼供有释迦牟尼、燃灯佛、圣观音、无量寿佛、绿度母、白度母、四臂观音、吉祥天母唐卡、宗喀巴大师及藏戏创始人唐东杰布等。寺内曾有不少清代汉文匾额，以及铸有藏、汉、满3种文字的铜钟一口，其中一块藏汉文木匾被英国人黎吉生收藏。

札基寺的护法神——札基拉姆。札基拉姆面目乌黑、眉头紧皱、怒目圆睁，有蓝色上眼睑和金黄色的眼珠，眼眶和面颊用金色描出怒纹，嘴大张，露出四颗獠牙，血红色的舌头吐至下颌处；头戴骷髅冠，长着一对鸡足，身体其余部分被锦缎衣裳、宝石首饰及哈达包裹，胸前佩戴银色镶宝石的大护心镜；头顶上方有孔雀翎毛制成的华盖。

在当地老百姓中有这样一种说法，札基拉姆可保佑人达成各种心愿尤其是助人财运亨通，该神喜喝白酒，因此每天用白酒供奉札基拉姆的信众络绎不绝。

公堂寺

公堂寺[1]，全称"蔡公堂祖拉康"。1187年，由蔡巴噶举创始人蔡巴·尊珠扎巴建立蔡巴寺之后，在其弟子的帮助下，又创建蔡公堂寺。公堂寺于1507年失火，使该寺庙焚毁殆尽，仅存弥勒殿和蔡巴·尊珠扎巴的灵塔及白度母像。经过3年的筹备，于1549年开始由扎西热旦、敦珠热旦、苏·曲

---

[1] 公堂寺：位于拉萨市区以东拉萨河南岸的蔡公堂乡，蔡巴寺东南约1千米处，距市中心11千米左右。

英仁增、达冈热布杰主持，在原址上重修了公堂寺。

公堂寺主体为两层藏式建筑，方石砌墙，顶饰金瑞、宝幢等物。第一层建筑设有门楼、措钦大殿、五个佛殿和两个护法神殿。措钦大殿面积约为322平方米，殿内四壁绘有释迦牟尼、宗喀巴、达赖及弟子的壁画。措钦大殿原供有铜佛像。措钦大殿四周为佛殿和护法神殿，其中北面有一殿、西面两殿、东面和南面各两殿。北面的佛殿面积约为181平方米。殿内供有释迦牟尼塑像，南侧还供有无量寿佛、白度母、尊胜佛母等镀金铜像。西面内北侧佛殿面积约为56平方米，西面南侧佛殿面积约为124平方米，东面北侧佛殿面积约为161米。南面东侧有约20平方米的护法神殿，供有毗沙门天王等两尊手持法器的泥塑像；东面南侧佛殿约20平方米；南面西侧约120平方米的单间护法神殿，供有四臂依怙神、邬摩天女、吉祥天母等泥塑护法神像。大殿二层主要有谢热佛殿、度母佛殿以及历代活佛的卧室。目前护法神拉康中的四臂怙主、鸦面怙主下半身以上都已经重新塑造，该寺壁画完好无损。

公堂寺的北边原有13座土筑石砌的大佛塔，据说是蔡巴·尊珠扎巴所建。现仅存一座，为当地信教群众朝拜的地方。公堂寺还有4座附属建筑，如省嘎扎仓位于寺庙东南约100米处，曲果林位于寺庙西面40米处。

公堂寺在每年藏历4月15日要举行"鲜花供佛节"，跳"羌姆"的传统节目，并同拉萨藏历15日"酥油花灯会"、桑耶寺的"多德修供"、热振寺的"杜鹃修供"合称为藏地四大修供。据说，公堂寺的吉祥天母同赤布地方的神祇宗赞一年一次的相见机会就是在"公堂花供"节日当天。

吉祥天母与赤布宗赞的爱情故事也是拉萨人人皆知。传说在该寺大约2千米处的"直"村，有一位神名叫直宗赞，要专程赶来与公堂寺女神相会。据说直宗赞原是跟随文成公主护送释迦牟尼佛像进藏的武士，死后成了大昭寺的护宝将军，因为和美丽的护法女神白拉姆相爱，被赶出大昭寺成了拉萨河对岸"直"地方的乡土神。在这里他与附近的公堂寺女神发生了恋情，引起拉萨诸神不满，不准他们生活在一起，只有藏历4月15日梅朵曲巴节时可以有一天一夜的欢聚时光。于是4月14日"直"村人要用最隆重的礼仪把他送到公堂寺。有10位村民轮流抬着脸色鲜红、金盔金甲的神像，撑吉祥宝伞，沿途收取布施，临近公堂寺时，女神由一位僧人背负在路边迎接。当晚同住神殿，第二天被移到神舞场，接受信徒香客的膜拜。两神并肩而坐，观看维林扎仓僧人跳的法舞"羌"，接着由"直"村村民背直宗赞神，女神由公堂寺僧人背负，离开观众席，走进跳神场，双双跳起独具一格的舞蹈。男神在前，女神在后，时左时右，忽东忽西，踩着强烈的节奏，应着跳荡的鼓点，进行一场神的表演，把整个节日氛围推向高潮。

【相关链接】

蔡巴·尊珠扎巴：藏传佛教蔡巴噶举派创始人。本名尊珠扎巴，一般称其为公堂喇嘛，是塔布噶举派创始人塔布拉杰·索朗仁钦的法嗣。蔡巴·尊珠扎巴出身于宁玛派家庭，自幼随父学习藏文，受到宗教的熏陶，9岁开始学经咒，18岁学禅定，24岁依止诸大师修习般若、论藏、因明、密宗等教法，26岁受比丘戒。后从塔布噶举派创始人塔布拉杰听受大手印密法，得噶举传承加持。南宋淳熙二年（1175年），在拉萨东部蔡豁卡地方建蔡巴寺。淳熙十四年（1187年），又在蔡巴寺附近建公堂寺，自任寺主。他以蔡巴寺、公堂寺为该派主寺，形成蔡巴噶举派。

蔡巴寺

蔡巴寺[1]是藏传佛教蔡巴噶举派的祖寺。当地群众称"杨庚寺"，在1175年，由蔡巴·尊珠扎巴创建。

现在的蔡巴寺是20世纪50年代初修缮的。蔡巴寺的附属建筑有三座小寺，即西南约150米处的卫林寺，东北约80米处的乃琼殿，西南约500米处的居敏寺。

经堂后有三座神殿：中间佛殿供有三世佛、无量佛、八药师佛塑像，西边佛殿内供有四臂怙神等，东边佛殿供有护法神等。蔡巴·尊珠扎巴圆寂后，蔡巴噶举派的宗教活动由蔡巴寺和公堂寺的堪布主持。在桑杰额珠继任蔡巴寺和公堂寺寺主时，正是元世祖忽必烈派人到西藏分封十三万户的时候，当

---

[1]蔡巴寺：位于拉萨市区以东拉萨河南岸的蔡公堂乡，距市中心10千米左右。

时蔡巴受封为一万户，万户长为桑杰额珠，其子仁钦坚赞继任万户长后，曾亲自到北京朝贡，忽必烈封赐其土地，并赐金印、诰命，此时蔡巴已成为拉萨一带实力较大的三个万户之一，而蔡巴噶举派已是蔡巴万户的附属。蔡巴寺和公堂寺在元朝末年改为桑普寺的属寺。格鲁派兴起后又改为格鲁派寺庙，从此蔡巴噶举派的传承终结。

【相关链接】

蔡巴噶举派：蔡巴系地名，在今拉萨市东郊，全名蔡贡塘。12世纪后叶，塔布拉杰的再传弟子尊珠扎巴在蔡贡塘修建了蔡巴寺和公堂寺，从此兴盛发展起来的教派称蔡巴噶举，其后得到元朝中央政府支持，不断扩大其势力范围。该教派主要教授内容是《唯一白法》。此法由修明空双运定，复依《方便道》，最后成为乐空双运大手印。

第二章
DI ER ZHANG

拉萨西北线寺庙

从拉萨沿着西北线方向，是堆龙德庆区和当雄县，这一带共有15个乡(镇)、64座村庄。我们在这里可以观赏到茂盛的农业区、大自然的风景、一座座遗迹，以及羊八井地热奇观等，这些景观组成了这条线路独具特色的旅游景点。据资料统计，在这条线路附近有70多座藏传佛教寺庙、拉康、日追等，其中99%的是格鲁派的寺庙、拉康、日追，其余的是萨迦、噶举、宁玛教派。

堆龙德庆区简介

"堆隆"这一地名很可能源自小邦时期的"堆茹隆松"的地名。古今藏语中四字形成的人名地名简称时只取第一个字和第三个字是一种惯例，如是"堆茹隆松"可简称为"堆隆"。史料记载："堆茹隆松之地，有堆杰仲鲁"，且巴桑旺堆先生等权威人士研究结果显示，这一小邦国大致位于今堆隆德庆区境内。另外，在古藏文本史料中，在吐蕃时期，和"堆隆"相关的地名就有"堆之蒙布晒宗"，此处由吐蕃宰相禄东赞主持议事，吐蕃治下的百姓分为"果"和"雍"两大类，其实质可视为兵农分开，便于内政外政有效管理与推动。又据传世文献资料记载，松赞干布迎娶了"堆之蒙地方的一位妃子"，被其称为"蒙萨赤江"。

据有关文献记载："堆龙"一词早在一千年前就已存在。公元7世纪，吐蕃赞普松赞干布迁都拉萨后，堆龙就成为吐蕃主要的经济开发地之一。元朝中央政府时，堆龙德庆地区被划归西藏十三万户的蔡公堂万户所辖。14世纪中叶，帕木竹巴政权取代了萨迦政权在西藏地方的统治地位，相传从这一时期开始在堆龙德庆区内修建寺庙。2015年11月28日，国务院批复同意撤销原拉萨市堆龙德庆县，设立拉萨市堆龙德庆区，这是拉萨市继城关区后第二个区。

堆龙德庆区[1]面积为2679平方千米，西北部为典型的高原山地，占全区总面积的67%，人口5万左右。堆龙德庆区与城关区相连，东南与山南市贡嘎县相连，南与曲水县相接，西与当雄、尼木两县接壤，北靠林周县，由7个乡（镇），35个村组成。在历史上，该区多次出现过被中央政府赐封的"大宝法师""阐化王""灌顶大法师"等重要的藏传佛教人物，同时建立了很多寺庙、拉康、日追。目前，堆龙德庆区有大小不等的寺庙、拉康、日追50

---

[1] 堆龙德庆区：位于青藏高原腹部地带，念青唐古拉山西段南麓，拉萨河下游以南拐弯处及其支流堆龙河两岸。全区地势西北高，东南低，四周高山环绕，中间河谷宽阔，整体地形呈"s"状。在拉萨市的西北部，仅距市中心12千米，为拉萨近郊县。

多座。在堆龙德庆区，我们既可以游历邱桑寺、其美龙寺、热果寺、觉木隆寺、桑普寺、朗杰色康寺、措麦寺、楚布寺、乃朗寺等藏传佛教寺庙并感受其独有的寺庙文化，同时还可以了解噶尔东赞、宇妥·云丹贡布、噶玛巴·都松庆巴、噶玛巴·噶玛拔希、噶玛巴·让琼多杰、扎巴僧格等西藏历史人物与寺庙的关系。

堆龙德庆的温泉与泉水是区内负有盛名的治疗型温泉，藏身于蜿蜒的山路之后，因其所处之地富含石炭、硫黄、雄黄等各种矿物，所以对治疗高血压、胃病、风湿性关节炎、皮肤病等都有较好的效果。

主要寺庙简介

邱桑寺

西藏因有圣水而远近闻名，在拉萨以圣水来取名的寺庙较多，其中有堆龙德庆邱桑寺[1]。"邱桑"，藏语意为"干净的水"或"圣水"，因此邱桑寺即"圣水寺"。邱桑寺，又被称为"邱桑图登塔杰林"。虽与拉萨市中

邱桑寺

---

[1] 邱桑寺：从拉萨坐车出发约需 1 小时 50 分钟。从青藏线 109 国道向北行驶 6 千米便到该寺，从德庆镇一直沿着柏油马路到邱桑寺坐落的山背面就是邱桑温泉。

的曲桑寺同音，但非同一座寺庙。

该寺庙由宗喀巴大师弟子西穷洛珠在 15 世纪修建，据《黄琉璃宝鉴》记载，该寺僧人修密基本法则与拉萨上密院一致，平常到哲蚌寺郭芒扎仓和色拉寺去学习显宗。16 世纪，章嘉·若贝多吉将此寺赠送给热振活佛，此后该寺属于热振寺的管辖寺。邱桑寺占地面积 800 多平方米，寺内主供西琼罗珠、宗喀巴师徒三尊、释迦牟尼等塑像，寺内还有一座西琼罗珠的灵塔。

该寺如今已是声名远播，主要还是邱桑温泉的缘故。邱桑温泉[1]在邱桑寺背面的半山坡上。据说，该温泉十分神奇，有独特的疗效，能使身患疾病者从病魔的折磨中得以解脱，主要治疗风湿关节炎、胃病、骨折等，另外还有养生功效，甚至能达到减肥的功效，是一处寂静而舒适的养生圣地。人们通常在春秋时节去该温泉洗浴治病。据传，格鲁派创始人宗喀巴大师在去往西藏途中，走到林芝时脚不慎被刺伤，尽管当时已是疼痛难忍，但他依然坚持拄着竹子拐棍，瘸拐而行走。当宗喀巴大师走到堆龙邱桑时，看到山上有一个温泉即现在的邱桑温泉，心想这温泉说不定能治自己的病。这时，他看见一只双脚受伤的乌鸦飞到温泉边，把双脚泡了又泡，不一会儿，乌鸦的脚竟奇迹般地好了起来。于是他也把双脚泡在温泉里，他的脚竟然也好了。后来，宗喀巴大师顺利抵达拉萨，那根伴随他一路走来的拐棍则被留在了山上。当地人认为，温泉东北方向的一根"竹子"就是当年宗喀巴留下的拐棍。在温泉的中间有一个"面吉"，据说这是天然形成的岩石。相传松赞干布时期，藏医创始人宇妥·云丹贡布在此采过药材，

邱桑温泉

---

[1] 邱桑温泉：为方便广大游客，温泉管理处不仅在沿途设有醒目的方向提示牌，还有从拉萨至邱桑温泉的专线车，每天中午 12 点从拉萨鲁古车站发车，次日早上 9 点从温泉返回拉萨，交通极为方便。

而这"面吉"就是宇妥·云丹贡布留下的药箱。此外,温泉内还有自然形成的白度母像。

邱桑温泉的南边,还有泉眼,世人称之为"亚曲"。据说,这泉水能治鼻炎,人们通常到这里洗头,同时喝上几口。

【相关链接】

宇妥·云丹贡布:生于公元708年,公元833年去世,终年125岁(有西藏史书称与赤松德赞同龄),藏医学鼻祖和藏医世家。曾祖父洛哲希宁为松赞干布的御医,祖父斋杰加噶尔巴和父亲宇妥·琼布多吉均精通医理和医疗技术,分别担任赞普芒松芒赞和都松芒波杰的御医。云丹贡布在3岁时便聆听教诲,开始习字。后来,他留心父亲治病,并护理病人,深受家风熏陶,加之自身刻苦钻研,最终成为西藏名医之冠和医学界的先师。据传,赞普赤松德赞聘请印度医师希丁嘎巴以及从3000名医学生中选8名,总共9位名医向云丹贡布考问各种疑难杂症问题,他都能引经据典,予以对答,使在场名医信服,并称他为天上下凡的药师佛。他也是赤松德赞的保健医师。他曾先后三次赴印度投拜班钦·赞达尔比等多位导师门下,钻研医理医术,后把西藏原有的医学理论精华充实完善,历经数十年编撰了30多部医学论著,奠定了藏医学理论基础,创立了比较完整的藏医学体系,还创办了工布门龙医学寺庙,收徒千余人,潜心讲授和研究医药学,为藏医学开创、奠定和发展做出了卓越的贡献。

三世章嘉·若贝多吉(1717—1786年),乾隆皇帝的灌顶国师,出生于今天甘肃省天祝县旦马镇境内,4岁的时候被认定为三世章嘉活佛,当时在佑宁寺进行坐床仪式。三世章嘉·若贝多吉从8岁开始进京,驻京62年,一直受到雍、乾两朝皇帝的特殊恩宠。18岁那年,他被授予灌顶普贤广慈大国师衔,乾隆十年(29岁,1745年)晋封为帝师。宫中举行盛大法会,章嘉国师给乾隆皇帝和后宫妃嫔、皇子进行胜乐灌顶,并传授修道仪轨。乾隆皇帝给章嘉国师破格赐黄轿、龙袍、黄龙伞,上朝免跪拜礼等,给予很高的地位,可以说,章嘉活佛当时是朝中地位最高的活佛,连达赖喇嘛、班禅也要靠章嘉国师在皇帝面前美言。章嘉·若贝多吉70岁圆寂。

其美龙寺

其美龙寺[1]，又称"确隆嘛呢寺"，是格鲁派的一座尼姑寺。"其美龙"，藏语字面意为往回看的地方，另一种理解是此处景色诱人而让人重复回望。在一些史料中该寺名称也有"齐米隆"的写法。据史料记载，该寺建造时间约为1940年，建造者是噶班家族的一员，具体是哪位修建，史料不详。据传，其美龙地方本是一片万鼠之地，宗喀巴大师到此后，往回看时发现师尊们正在持法轮、金刚起舞，认为该地将来会是佛法弘扬之地，由此该地有了其美龙之名。

史料记载，其美龙尼姑寺原先是尼姑寺庙，后该寺由下密院分管。当时该寺设有大经堂、萨瓦康赞、嘉荣康赞、安多康赞、止乌康赞等，僧舍则安置在如今的嘛呢寺后面。每年的7月15日至8月30日，下密院夏季法会在其美龙寺举行仪式，从下密院前往其美龙寺的僧人多达百人。据说，当时噶厦政府[2]专门派一名僧人前去其美龙寺任孜中[3]，当时寺庙周边有下密院分管的农田，农田收获的粮食专门为其美龙法会所用。目前，该寺大殿有360多平方米，主要供奉有释迦牟尼、宗喀巴、瑜伽母等，可供朝拜及参观。该寺后山有其美龙天葬台。

热果寺

热果寺[4]，全称"热果尊木官巴"，"热果"在藏语中意为被羊群围绕的地方。热果寺属于宁玛派，是一座尼姑寺。据史料记载，热果寺于12世纪创建，建寺者是温敦杰岗巴。传说，11世纪中期，有三位密教大师从印度飞来，第一位飞到了雪绒地，第二位飞到了萨隆地，而温敦杰岗巴飞到了如

---

[1] 其美龙寺：位于堆龙德庆区德庆镇仁青岗村，距拉萨大约有56千米。从拉萨坐车出发需约1小时50分钟。从青藏线109国道向北行驶6千米便到该寺。

[2] 噶厦政府：旧西藏地方政府组织，1959年西藏和平解放后解散。

[3] 孜中：当时噶厦政府的审计管理员名称。

[4] 热果寺：位于堆龙德庆区德庆镇邦村，距拉萨大约有20多千米，从拉萨坐车出发需要50分钟左右，与嘎东寺很近。

今热果这个地方。温敦杰岗巴到达此地后，利用当地的羊群，搬运土石创建了该寺，于是有了"热果"这个寺名。最初只有温敦杰岗巴一人在此修行，故此地又被世人称为"杰岗巴"，后来向温敦杰岗巴求学的人越来越多，其中也有许多尼姑在此修行，温敦杰岗巴去世后，该寺便由尼姑管理，逐渐演变成了宁玛派尼姑寺，并成为当时邱桑寺的分寺。该寺所在处为"邦"地方，藏语中，"邦"就是"接"的意思。据传，莲花生大师从林周来到该地后，因口渴而四处寻找水源，最后在一个小山坡上找到了仅有的一小口水，于是这个地方便有了"邦"这个名字，是指此处的水接了一口就没了。

目前该寺大殿180多平方米，主要供奉有黑石头雕琢的六臂大威德金刚伏藏和金刚橛伏藏，以及千手观音、莲花生大师等塑像，还有各种灵塔。据传，当年该寺尼姑一贯传承宁玛派僧人头戴红帽的传统。当准噶尔部队进入西藏并对宁玛派寺庙洗劫时，该寺尼姑为躲避这一劫，便戴上黄帽，将自己伪装成格鲁派尼姑，热果寺也因此避免了准噶尔部队的毁坏。后来，该寺尼姑重新恢复戴宁玛派红帽的传统习俗，使宁玛派传承延续至今。

热果寺的主要宗教活动有：每年的藏历12月，寺庙都要按照宁玛派仪轨，进行驱鬼食子仪式和跳神活动；藏历每月的8日、15日、30日，该寺主要念诵《静猛经》等。

觉木隆寺

"觉木隆寺"[1]，全称"觉木隆甘丹曲觉林"，该寺是格鲁派三大寺形成前西藏中部噶当派六大寺庙之一，其建寺时间甚至早于拉萨三大寺。1169年，噶当派格西巴尔蒂阿罗汉·尊追旺秋在堆龙河谷西面的小山坡上修建了觉木隆寺。"觉木隆"这一名称的由来，据传是因为寺庙所在地被众多佛塔环绕，由此得名为觉木隆。此外，据当地民间传说，当时为了防止水患而在此处修建了一座大堤坝，因此这个地方得名为觉木隆。还有一种说法则认为，该地因护佛法而得名为觉木隆。据第悉·桑杰嘉措所著的《格鲁派教法史——

---

[1] 觉木隆寺：位于西藏自治区拉萨市以西的堆龙德庆区乃琼镇觉木隆甲热村，以圣泉清水而闻名。从拉萨坐17路公交车出发，需要1小时左右便能到达觉木隆寺。

觉木隆寺

《黄琉璃宝鉴》记载，觉木隆寺的历任寺主由噶当派的僧人担任，堪钦罗色之后，先后出现了法王贝桑、勒巴桑布、鲁本罗桑加央等20多名寺主。后来，宗喀巴大师在觉木隆寺举行过很多宗教活动。自堪钦曲杰娃成为宗喀巴大师的弟子后，觉木隆寺便成了格鲁派的寺庙，隶属于哲蚌寺洛赛林扎仓。觉木隆寺设有三个扎仓，分别是羌巴扎仓、普康扎仓、因明扎仓，其中较为著名的是羌巴扎仓，羌巴扎仓是由旺·益西桑格创立。

17世纪，甘丹寺第30任赤巴堆龙巴·达龙扎巴罗追加措认为，巴尔蒂阿罗汉[1]于1615—1618年间担任过甘丹赤巴职位，并曾向五世达赖呈献《菩提道次第广论》等经论的传统讲解密法。觉木隆寺大殿内壁画是该寺的主要特点之一。据了解，这些壁画所用颜料主要为稀有金属——钨金，迄今已有800年历史，已被列为自治区级重点文物保护项目。壁画具体的布局是，

---

[1] 巴尔蒂阿罗汉：在第悉·桑杰嘉措所著的《格鲁派教法史——黄琉璃宝鉴》中记载，因明扎仓（即思辨院）是由巴尔蒂阿罗汉修建，师徒传承自白丹阿罗汉开始一直延续到第17任寺主朗卡曲桑为止，由历任寺主亲自主持研读以《律学》和《般若经》为主的经典。大概在班禅索朗扎巴前，该扎仓的师徒传承走向衰落。

东侧的墙壁上绘有 8 大药师佛和 16 尊者,以及天女持光者、金刚手菩萨以及绿度母等;南侧的墙壁上绘有地母三尊,以及夜叉、六臂大威德金刚以及天女等;西侧的墙壁上绘有长寿三尊。扎仓周围的壁画主要以传记为主要内容。

觉木隆寺次巴拉康供奉有长寿三尊佛,其历史甚至早于城关区次巴拉康。觉木隆寺次巴拉康曾在 2008 年地震中遭受部分损坏,但目前已修复得很精致。在觉木隆寺大殿中,我们还可以看到 5 根极为显眼的柱子,被称为"静修柱"或"入定柱"。传说,在一次早课结束后,一位铁棒喇嘛留在最后,当时他靠在其中一个柱子旁,突然被该柱子吸了进去。最早该柱子有 7 根,其中 2 根被送至布达拉宫,其余的留在了该寺内。传说,该柱子有让修行者凝神的功能,所以很多外地信徒为此前往觉木隆寺朝拜。

大殿内的场景

在觉木隆寺,既有旧的因明室和僧舍的单色复古的魅力,又能领略新的辩经院与僧舍鲜明色泽的冲击。二世达赖根顿加措和甘丹寺第 15 任赤巴班禅索朗扎巴之后,班禅索朗扎巴的历代转世活佛对该寺进行管理。

该寺每年的主要宗教活动有:在藏历 1 月,进行"驱鬼食子"仪式;2、3 月,对尊者进行礼供;4 月,按照格鲁派的传统,进行大威德自受灌顶仪式;5 月,对六臂护法、金刚空行母、法王、多闻子进行酬谢仪式;6、7 月,进行"坐夏"仪式；9月，进行"天神降凡"的宗教活动和供奉遍知佛坛城仪式；12月，以跳神活动为尾声，结束寺庙一年的宗教活动。

觉木隆寺还是藏戏觉木隆派的创始地。据说宗喀巴大师曾来到觉木隆寺，长期师从于噶喜娃觉邑，并从他那里广听律学方面的知识。当时，寺里召集有家室的僧人和村中信众、各地来的支差者组织藏剧戏班，其中有不少人都会宰杀牛羊，又被人称为"鲜巴拉姆"，意为宰杀者戏班。"觉木隆巴"是藏戏班子的称呼，属于蓝面具藏戏，是过去唯一带有官办色彩的职业戏班，归属旧西藏地方政府中布达拉宫内务机关"孜恰勒空"来管理。当时演员无薪俸，除参加雪顿节献演时可获一部分赏银和食物，其他时间以到西藏各地卖艺为生。旧西藏地方政府规定他们可以在任何一个民间戏班子中挑选演员。过去在堆龙德庆境内还出现过桑木、德庆、古荣、岗村等许多戏班，可是后来除德庆，其他几个戏班都先后解散，在解散后的那些戏班里有一些技艺好的年轻骨干演员都进了觉木隆藏戏班子。据说该戏班子的成员几乎都是中青年男子，女角色也由男子扮演，于是戏班成了"达独拉姆"，即青壮年戏班。

目前，觉木隆寺已经全面修缮，同时周边有特色民俗家庭旅馆旅游区，园区内有唱藏戏、烤全羊、生产藏刀等特色产业链，在当地非常出名。

大殿内保存的用昂贵颜料绘制的壁画

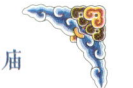

雄巴拉曲

雄巴拉曲[1]，藏语意为雄巴地方的神水。顾名思义，雄巴拉曲是以泉水而得名的一座拉康。

据《五部遗教》记载，公元7世纪，莲花生大师途经雄巴拉曲这个地方时，见百姓无饮用水，便用法杖开了一个泉眼，此后当地逐渐成为以泉水而闻名的藏传佛教宁玛派圣地之一。传说，当时一队商人赶路经过此地，准备做饭时却因缺水而一筹莫展，莲花生大师看到后便问道："你们为什么不做饭？"众商人回答："此处没有水。"听后，莲花生大师当即用法杖在地上点击，并对众人说："神泉即涌，端盆来！"很快泉水从地下源源不断地涌了出来。因此，"雄巴拉曲"又被称为盆中圣水。

雄巴拉曲

---

[1] 雄巴拉曲：地处拉萨近郊的堆龙，布达拉宫以西15千米处的乃琼镇色玛村中央。从拉萨坐17路公交车出发，需要1小时左右的时间到达觉木隆寺终点站，再往北500米左右就到达雄巴拉曲。

雄巴拉曲于 1989 年开始进行修复，目前院内建有莲花生大师本尊佛堂和靠泉水动力转动的转经筒。

　　地质学家称这里的泉水为温泉，常年保持在 16.5℃，冬暖夏凉，从不结冰。泉水清洌甘甜，无异味，人畜均喜欢饮用，甚至拉萨市区的一些茶友们会自驾车到雄巴拉曲取水煮茶，为此拉康备有 5、7、10、20 元大小不等的水桶，以供提水。由于雄巴拉曲的泉水具有治疗皮肤病、头痛等功效，从古至今吸引着众多群众前来洗浴，国内外游客也经常慕名而来。这里的泉水也是灌溉周围千亩良田的唯一水源。泉中鱼种奇特，鱼身色纹鲜艳。泉水周围绿树环绕，百鸟朝鸣，清澈的泉水映照着秀丽的山色，嬉戏的鱼儿清晰可见，动中有静，静中有动。

　　这里地势开阔，水草丰美，幽静秀丽。近年来拉康附近开设了集旅游、餐饮、休闲、藏医保健功能于一体的雄巴拉曲藏医疗养院和民俗度假村。如今，这里已然是一个风景优美、令人心旷神怡的休闲旅游之地。

殿内莲花生大师塑像

【相关链接】

莲花生大师：公元8世纪印度僧人，乌仗那地方人（今巴基斯坦境内），因而又称乌仗那大师。出生于东印度提婆波罗王时，于大众部出家受具足戒，遍参善知识，博学显密，云游四方，化缘众生，人称释迦狮子或莲花王。其时，吐蕃佛教处于初传时期，寂护在藏弘法，建议赤松德赞延请莲花生入藏。唐天宝十年（751年）前后，莲花生入藏传播佛法。他以密宗法术一一收服了土著神祇，使之立誓护卫佛法，并与重返吐蕃的寂护创建了桑耶寺。他还教导弟子学习译经，从印度邀请无垢友等大德入藏，将重要显密经论译成藏文，为赤松德赞及王妃益西措杰等传授无上密乘八法，创建显密经院及密宗道场，发展出家、在家两种僧团制，奠定了西藏旧派密宗初兴之时的大阿阇黎（轨范师），开创了藏传佛教宁玛派，是宁玛派的第一位祖师。莲花生著述收入《藏文大藏经》的《圣青衣金刚手修法广释》《吉祥空行世间怙主修法》《普遍怡悦修法》《照明宫殿现观除暗灯》等。他和遍照同译的《金刚畏怖具言集根本续》也收在《甘珠尔》中。各地流传有众多版本各异、繁简不同的木刻本《莲花生传》。

桑普寺

桑普寺[1]，全称"桑普内邬托寺"，是藏传佛教因明学的主要道场。桑普寺以提倡因明、辩论而在西藏佛教历史上占有一定地位，备受藏传佛教人士推崇，曾是藏传佛教噶当派的重要寺庙之一。

桑普寺由阿底峡的弟子俄勒贝西绕于1073年创建，在藏传佛教历史上产生过重大的影响，甚至一度成为藏传佛教文化的中心，吸引不同派别的高僧学者前来深造佛学知识。桑普寺在藏传佛教因明学的开创和传播中具有重要作用，在15世纪该寺开始讲授因明学，其最初的辩论经书方式也逐渐被

---

[1] 桑普寺：沿拉萨河南岸，一路观光到达堆龙德庆区一处名为邬托的地方，远远地看到一座寺庙，那就是桑普寺。在堆龙德庆区东南方向的桑达乡桑普村。从拉萨坐车出发，到该寺需要1小时左右的时间。

藏传佛教其他寺庙吸纳。

该寺殿堂内供奉有许多佛像，其中供奉着护法神和恰巴大译师（本名却吉森格，曾任桑普寺第六任座主）的灵骨塔。恰巴·却吉森格（1109—1169年）担任堪布时，在讲解因明学方面十分重视，恰巴·却吉森格之后，桑普寺分为了上下两院。萨迦政权时期，该寺的几个扎仓归萨迦派管辖。随着15世纪格鲁派的兴起，该寺跟其他噶当派寺庙一样成了格鲁派寺庙。

过去每年藏历4月举行夏季法会，是哲蚌寺、色拉寺、甘丹寺等寺庙必须参加的重要佛事活动，也被称为"桑普亚却"。法会期间，各寺僧人除了诵经和研习因明学，辩经也是一项重要的活动内容，法会结束那天还有展佛仪式等。夏季法会时间是每年的藏历4月1日至5月15日。

桑普寺占地面积约有600平方米，大殿按老僧人们的印象设计修复，共上下两层。第一层中间为颂经大堂，可容纳百人，里面正中设有一座法台，夏季法会时主持堪布就坐在上面。

大殿内是释迦殿，里面供奉着三世佛。右边为护法神殿，左边是放有各种经籍的书架，从左侧的梯子通往大殿二楼，中间是主殿，左右有僧人们的

桑普寺

卧室及小佛堂。主殿门朝北，里面的塑像坐东朝西。从大殿走出来往左是寺庙的厨房，这间占地面积约 100 平方米的厨房据说是寺庙最古老的建筑之一，迄今仍沿用着一口直径约 2 米的古老铜锅。

【相关链接】

辩经：藏传佛教教学方法中相当独特的一环，在藏传佛教中若想成为佛学家，必须具备善讲、雄辩、著书三个条件，所以在寺庙修习的过程中，辩论是必修之课。辩经有一定的原则和逻辑，而不是愤怒之下的争执。它要求辩论双方语言流畅、简明扼要、深入浅出、言之有据、符合逻辑，从而通过反复辩论，达到深刻理解佛教教义的目的，进而增进思辨、精进学修、通达显乘、融会贯通。

俄·勒贝西绕：11 世纪人（生卒年不详），时称"大俄译师"。幼年时跟从鲁梅十人中的征·益西云丹出家，后到康区向赛尊学法。1045 年他与枯敦·尊追雍仲等人回到前藏，在拉萨附近修建了扎纳寺，讲经传教。阿底峡到前藏后，他拜阿底峡为师学法，后于 1073 年建立了桑普寺。他与仲敦巴是兄弟，很敬重仲敦巴，曾几次到热振寺向仲敦巴求教。由于他本人翻译和修订过大量的佛教经典，后人称他为"译师"。

俄·罗丹西绕：从小跟随噶当派高僧俄·勒贝西绕学习佛法。17 岁时前往克什米尔广拜名师，求学修法，系统研习佛法达 17 年。留学期间曾同班智达噶丹嘉布一起翻译了《量庄严论》。返回故乡后，依然拜师学法不辍，还曾赴尼泊尔拜阿都拉亚巴寨等大师专门修习密法。俄·罗丹西绕翻译了大量梵文经典，并校订了诸多旧译，成为当时吐蕃译经最多的人之一，被后世尊称为俄大译师。并将他所弘传之因明，称为"新因明"；将后弘期玛善慧译出《释量论》及诸注释，称之为"旧因明"。1096 年，他在桑普寺创办了五部经学院（五部经是因明学、般若、中观论、俱舍论和律学）。他主要传授《因明学》《慈氏五论》《中观》等佛教经论，以桑普寺为中心，在拉萨、桑耶、聂谷那、聂岗土、藏绛喀等地讲经说法，广收徒弟。俄·罗丹西绕转世系统确立于 17 世纪。扎巴加措是第一个俄·罗丹西绕转世活佛。由于他生前具有与常人不同的梦兆和奇异的病症，游学前时经常梦见桑普寺和色墀巴护法神。一些大师卜卦认为是桑普寺的护法神色墀巴所致，与该寺结下佛缘。

恰巴·却吉森格：长期主持桑普寺，刻苦专修因明学、《中观论》等。他首先依经部师规范概括量学要义，分门别类，成为专科，名"摄类学"。学习显密经论时，他要求弟子先学习辩理，再修习因明、中观、般若、俱舍、律论等五部大论；学经时还实行问答形式，即一人提出观点，另一人回答问题，进行辩论，声音要洪亮，并以拍掌增强语气，由此开创"辩经"学法的新方式。恰巴·却吉森格一生勤于著述，先后写成《慈氏五论释》《因明释》《中观二谛》《中观饰》《中观明论》《人行论》注释及《量论摄义》等。直到15世纪，在其弟子们的共同努力下，桑普寺一直是西藏因明学的中心教场。

恰巴·却吉森格"八大弟子"：藏纳巴·尊哲僧格、丹布·玛瓦僧格、恢夏·东南僧格、玛夏坯白僧格、殁·昂秀僧格、娘占·却吉僧格、丹玛·官却僧格、涅娃·云丹僧格。

楚布寺

楚布寺[1]，全称"白吉堆龙楚布"，在一些史料中也采用"楚普"的写法。对"楚布"这一词的说法很多，大致有三种：一种说法认为"楚布寺"是"飞来寺"的意思，相传楚布寺是从印度飞来的；另一种说法是在《藏族文化大观》写道："相传都松钦巴路经此处时，认为这是一块风水宝地，决定修建楚布寺，'楚布'是富裕的意思。"第三种说法是来自佛法中的"伏藏"，是指西藏苯教和佛教徒在其信仰宗教受到劫难时隐匿起来，一位苯教大师将施了法术的经文埋在了这里，后来该经文被后人挖掘，于是人们就把这里命名为"楚布"，是"浮出的谷"的意思。该寺是噶举派最有代表性的寺庙，是历代大宝法王的驻锡地。藏传佛教活佛转世最早就源于这里，随后才被西藏其他教派采纳沿用至今。

1159年，第一世噶玛巴都松钦巴来到这一僻静幽娴的地方，修建了一个

---

[1] 楚布寺：位于堆龙德庆区，楚普河上游北岸的峡谷中，海拔4400多米。距拉萨市40多千米。大昭寺西侧花圃往南200米巷内有楚布寺中巴，还可租车前往。

楚布寺

楚布寺全景

小居所，此举为今后修建楚布寺拉开了序幕。1189 年，楚布寺正式修建。1263 年，噶玛拔西的弟子丹贡修建了楚布寺大堂和配殿，用三年时间塑造了十三尊大佛像，每个佛像内均藏有舍利子，此时寺庙规模已具。据传，当时佛像虽然造成，但是有些歪斜，工匠们感到束手无策，于是噶玛拔西三次施法将佛像摆正并亲自加持。此后又逐步修建了大悲殿和藏经阁。楚布寺在 20 世纪 80 年代全面得到修复。目前，其规模基本恢复原貌。

据史书和珍贵文物记载，楚布寺噶举派高僧从元朝起就与中原皇帝有讲经传法和相互沟通往来。1407 年，五世噶玛巴得银协巴应明朝永乐皇帝邀请，到南京讲经说法，弘扬藏传佛教，并在灵谷寺主持盛大法会为明太祖朱元璋祈福。永乐皇帝让画师画出了超度大会情景，此画卷至今仍保存在楚布寺。皇帝对五世噶玛巴得银协巴推崇备至，敕封他为"万行具足大宝法王"。从此，历辈噶玛巴活佛均被封为大宝法王，并成为噶玛巴世袭的无上荣耀。

楚布寺坐北朝南，南、西、北三面环山，是一个规模庞大的建筑群，其建筑面积约有 14766.15 平方米，以背山面水的杜康大殿为中心，四个扎仓分在其周围，有经堂、佛堂、神殿、护法殿、佛学院、密宗修习院、活佛私邸、僧舍、拉章、静室等。寺庙周围的山上长满了灌木丛，给峡谷带来了生机，

楚布寺白塔

一座高大的展佛台矗立于南边高山北麓。楚布寺佛殿内供有龙树菩萨亲手泥塑的释迦牟尼佛像、观音菩萨、五佛（毗卢遮那佛、阿閦佛、宝生佛、阿弥陀佛、不空成就佛），此外还有那洛巴、玛尔巴、米拉日巴、岗波巴、历代噶玛巴的造像，以及岗波巴、塔布拉杰等诸多成就者的舍利。都松钦巴和噶玛拔西的灵塔内藏有他们的心、舌和眼舍利等。此外，楚布寺内还保存有建寺碑、空住佛像、楚布拉钦灯、米拉日巴的锛和法杖、用纯金汁书写的《丹珠尔》一百五十函、扎巴森格赠送曲吉绕炯多吉的吉祥法螺等物品。

据史书记载，二世噶玛巴到五世噶玛巴都曾前往内地觐见皇帝，并成了皇帝的经师和上师，被称为帝师。一同前往的除了活佛，还有活佛的经师、四位贴身高僧、三位司膳、司寝、司祭等僧人，有活佛学习佛经和日常起居等方面需要的僧人。曲贡拉章是由六世噶玛巴的大弟子、第一世杰操[1]郭西·白觉顿珠创立。六世噶玛巴圆寂后，他被任命为摄政，肩负寻找七世噶

大殿内法会仪轨

---

[1] 杰操：藏语音译，指摄政，即噶玛巴的代理摄政。

玛巴的重任。自噶尔拉章为摄政的转世灵童罗布桑布安排了内佛堂后，罗布桑布便从最初的伟色林搬到内佛堂，从此有了曲贡拉章的名字。

过去楚布寺的噶尔扎仓僧人规模扩大，主要有大殿的堪布、堪布赤巴、领经师、小师父、铁棒喇嘛，以及铁棒喇嘛的助手等。曲贡扎仓当时僧人数量也达300人之多，其中有堪布、领经师、铁棒喇嘛的助手等。丹苏日扎仓等扎仓中的僧人主要从化缘僧人中挑选。在珠扎林即修行处，历代大德修行者须闭关修行3年3个月零3天。在修行期间，修行者进行一系列修行步骤，自身生起殊胜的证悟。楚布寺僧众期盼闭关修行，为取得证悟而一直努力学习佛法。僧人来源较为广泛，有林芝、嘉绒、木雅、蒙古、那曲、昌都等地，其中僧人人数最多的是来自昌都、那曲、拉萨、山南。噶玛噶举派教义、教理的发展及对藏传佛教界产生影响，主要始于八世噶玛巴·米久多吉，当时噶玛噶举对其教义教理进行了修正、补充和完善，其中最主要的是对教派传承做出了一系列规定并形成了完整的体系，为涅槃及大手印等法门做了理论奠基。自此以后，噶玛噶举派正式开始传承。

楚布寺拥有大量珍贵文物。现位于楚布寺大殿前的碑，高约2.5米、宽约0.5米，上刻古藏文，对研究吐蕃时期政治、经济、宗教等有着重要的史料价值。八世噶玛巴为纪念其上师而塑造的银塔是楚布寺镇寺之宝，故有"空住佛"之说。此外，楚布拉钦（即大佛）高约6米，为二世噶玛巴所铸。

这座有着800多年历史的寺庙，每年都有许多传统宗教节日，其中冬季法会和夏季法会最为重要。夏季法会于藏历4月10日举行，冬季法会于藏历11月29日举行，主要活动是跳羌姆[1]，即金刚舞。夏季法会的羌姆称为"亚羌"，在举行亚羌期间，主要以金刚舞和藏戏表演为主，法会最后一天举行展佛活动。冬季法会的羌姆称为"古朵噶羌姆"，意为二十九驱鬼神舞，由希拔扎仓的僧人表演，是属于噶玛噶举派金刚舞。楚布寺是噶举派的主要寺庙，在藏传佛教史上占有重要的地位，1962年楚布寺被西藏自治区列为自治区重点文物保护单位。

---

[1] 羌姆：独具西藏特色的宗教舞蹈，佛教传入西藏后，在与苯教的对立斗争中逐渐形成。

【相关链接】

噶玛噶举派：噶举派形成于11世纪中叶，以教法传授特点命名。"噶"，特指师长的言教；"举"，意为传承。此派远祖玛尔巴、米拉日巴、塔波拉杰等人修法时穿白色僧衣、僧裙，故又称"白教"。始创有两大传承：香巴噶举和塔波噶举。香巴噶举兴盛400多年后消失，通常所说的噶举派是指塔波噶举。塔波噶举形成四个支系：噶玛噶举、蔡巴噶举、帕绒噶举、帕竹噶举。其中帕竹噶举又分出八个小系：止贡噶举、竹巴噶举、达隆噶举、雅桑噶举、雄赛噶举、绰普噶举、叶巴噶举、玛尔仓噶举。

大宝法王："大宝法王"尊号起源于五世噶玛巴得银协巴，由明成祖永乐皇帝赐封，成为噶玛巴的专有称号，一直沿袭至今。大宝法王是藏传佛教噶举派最高活佛。

奢摩他：止、寂静、能灭等。止，即止寂之义，止息一切观念的意思。止息者根恶不善法，能减一切散乱烦恼。禅定七名之一。

噶玛巴·都松钦巴：塔波拉杰主要弟子之一，噶玛噶举派创始人。1110年（藏历第十二绕迥铁虎年），出生于康区遮旭的一户中产家庭，俗名为格培。都松钦巴16岁那年，在曲郭扎拜70岁欧译师的得意弟子德欧觉和恰森为师，并出家为僧，取法名为确吉扎巴。据传，因当时达吉玛女神和众神将都松钦巴受戒时剃度的头发编织到黑帽中，噶举派黑帽系由此而得名。此后都松钦巴在如来弟子云曲旺和云曲弟子札绕瓦跟前亲听并全面掌握修习胜乐法和多种密宗教派内容。19岁那年，都松钦巴来到了拉萨。20岁时，都松钦巴在拉萨堆龙北部一个叫铁桑的地方，拜当时有名的佛学大师嘉玛瓦及其弟子恰巴·确杰森格大师、巴擦译师尼玛扎巴等为师，主要修习般若、俱舍、中观、因明及噶当派教法教理和显教大手印，开始在中观方面声名崛起。后来，都松钦巴又师从萨迦、宁玛等宗派的多位大师，学习显密教经论，在麦堆巴谐巴、益西洛追等名师处受比丘戒。受比丘戒后的都松钦巴更加业勤精进，先后师从格西夏巴、定觉巴西绕多吉、嘎大译师、康巴阿森和丘曲旺荣巴嘎格等，学习当时非常盛行的教派理论和知识，如噶当派的道果论和希解派理论。都松钦巴30岁那年，正式见到了岗波巴叔侄，并在三年的时间内接受了显密要义，最终获得"大手印"要旨。在接受完整的密法教授后不久，他经由岗波巴大师指示，进行为期九个月的闭关，专修奢摩他。在岗波巴的指导下，身着单薄棉衣进行断巴[1]禅修，尤其是在修习拙火定[2]上有了更深层次的觉悟和明显的成就。依照岗波巴大师的预示，都松钦巴周游了桑浦、堆卡和门巴卓达仓等地，并在这些地方修习佛法。拜日琼巴大师为师后，都松钦巴接受了米拉日巴传承，并学习印度佛学大师和那若巴底格巴所传的《那若六法》和《大手印》等教法教义，从中获益匪浅。50岁时，都松钦巴来到楚布地方进行较长时间的修行。此后，又前往康区传教说法，得到了千名弟子的跟随，创建了噶玛寺，噶玛噶举派由此扬名。后人也将此寺视为该派的初创驻锡地。后都松钦巴来到拉萨，在拉萨河西北部的堆龙古荣楚布地方，开始修建楚布寺。该寺逐渐成了噶玛噶举派黑帽系的主寺。1193年（藏历水牛年），84岁的都松钦巴圆寂于楚布寺。

乃朗寺

乃朗寺[3]全称"乃朗平措曲林"，"乃朗"藏语又称"昨日"，具有法力的意思。乃朗寺，亦称"乃囊寺""奈囊寺"。据《贤者喜宴》记载，1321年，三世噶玛噶举黑帽系噶玛巴让穷多吉之弟子、噶玛噶举派红帽系第一世活佛噶玛巴多丹扎巴僧格创建了该寺。该寺为噶玛噶举派花帽系巴沃活佛的主寺。

1333年，扎巴僧格修建乃朗寺，聚徒一百多名。此寺在修建羊八井寺以前一直是红帽系的主寺，位于今西藏自治区堆龙德庆境内的那嘎地方，离楚布寺不远。一些汉文史料称该寺为乃朗寺："楚布寺、乃朗寺，去召北70里之浪子地方，各有掌教呼图克图主之。"此寺虽然规模不大，但地位却很高，后来成为巴沃活佛的驻锡地。都松钦巴曾在今四川省甘孜冈布地区修建了一

---

[1] 断巴：苦修的一种，仅着单薄衣服在冰雪寒冷中进行苦修。

[2] 拙火定：利用类似气功原理之苦修苦练（练气、脉、明点等生理作用），以达抗饥寒之功用。此为传承专大法中之基础行法而教授。据传米拉日巴即修拙火定而得成就。

[3] 乃朗寺：位于堆龙德庆境内，在楚布寺东面，距拉萨大约有56千米的半山腰上。

第二章 拉萨西北线寺庙

乃朗寺

大殿正面

座寺，也叫乃朗寺，但此乃朗寺在八思巴去蒙古地区时，寺主把此寺供献给八思巴，从此该寺成为弘传萨迦派传规的寺庙。克珠达玛坚参曾担任过乃朗寺的住持。

乃朗寺不仅是噶举红帽系第一世至第九世活佛冬季修行的寺庙，也是大学者巴沃·祖拉陈瓦主持过的地方，其历代转世常驻此寺，也是红帽系活佛的坐床处。如今，乃朗寺的巴沃·祖拉玛威扎央活佛是十一世巴沃活佛。乃朗寺成为巴沃活佛坐床寺有两种不同的说法：一种是乃朗寺在一段时间是由噶玛噶举派管理，后被八世噶玛巴赠给了巴沃·祖拉陈瓦，从此该寺由巴沃活佛世系管理，也是巴沃活佛的祖寺。另一种说法是：五世达赖喇嘛阿旺·罗桑嘉措时期，把洛扎拉隆寺改为格鲁派，为了安置该寺的噶玛噶举派系中的旁支巴沃活佛，把乃朗寺改为历代巴沃活佛的法脉传承中心，从此该寺由巴沃活佛掌管。

乃朗寺大殿面积700多平方米，主供弥勒佛塑像，如今也增添了不少佛像；二楼有度母殿、护法神殿，其中护法神殿禁止女士朝拜和参观。寺外两座白塔藏有噶举红帽系第 世法王和巴沃·祖拉陈瓦的灵骨，极其珍贵。

【相关链接】

扎巴僧格：红帽系一世扎巴僧格（1283—1349年），即称狮子，出生在今四川省甘孜州西南部的乡城，父名达穷，母名扎贵萨。他13岁时受居士戒，拜至尊柯瓦的弟子洛哲扎巴为师，受优波塞戒；17岁时师从都松钦巴的再传弟子益希僧格出家，闻习《俱生》《觉莫舍生法初生要义》，经修习生起了特殊的温火，人称"章谷热巴"（意为章火单衣师）；26岁时到楚布寺，依轨范师楚仁闻习《密集灌顶》教法，依索南僧格求得"五大灌顶法"，依邬玛巴求得《喜金刚》等灌顶法。28岁时拜让迥多吉为师，学习噶举派教法。扎巴僧格后从喇曲巴·绛央释迦循和洛哲聪科上师闻习《慈氏五论》《量决定论》等噶举派教法，通晓《般若波罗蜜多经》。30岁时他向上师让迥多吉求得《六法导释》，后到拉萨向绛生嘉耶求得《六支瑜伽导释》，向译师罗哲丹巴求得《胜义念修法》，向译师罗哲丹巴求得《胜义念修法》和《成就法海》。他曾师从觉囊寺主杰哇益希学习《时轮六加行》和《大圆满》等教法。他在楚布德庆寺专修5年，拜噶举派黑帽系第三代祖让迥多吉为师，在此期间受比丘戒，参与弘扬噶玛噶举派教法，三世活佛让迥多吉因曾得元帝室成员赠予的一顶红帽，其传承遂称为"噶玛巴红帽"系。据载，他是让迥多吉的八百名大禅师中证悟最高者。他还曾在桑普寺学习显教经论7年。让迥多吉委任他为楚布德庆寺住持,但未就任。扎巴僧格得到中央政府的封赏之后,不久,自己独创噶举派红帽教派,被称为"红帽噶玛巴"。扎巴僧格的弟子很多,最有名的四大弟子是道丹贡杰哇、绛央曲多瓦、雅德班钦、克珠达玛坚参。其中雅德班钦(1299—1378年)是显密两通、学修兼成的大德,人称雅德班钦(雅德地区的大学者)。他于1359年修建了艾旺寺。

巴沃:巴沃之名称来源为第一世巴沃活佛曲旺伦珠拜根本上师七世黑帽噶玛巴曲扎嘉措和经师论德热强巴等尊前,博学多闻,且成为禅定的实修成就者,故此奉"巴沃"之美誉。后来其传承体系惯用巴沃之名称。

巴沃·祖拉陈瓦:1503年生于西藏,不久被确认为噶玛噶举派乃朗寺巴沃活佛转世灵童,成为二世巴沃活佛,后师从噶玛噶举派黑帽系八世活佛米久多吉学习佛法。他博览群书,苦心钻研,经过十年苦修,终于成为通晓大小五明的高僧。巴沃·祖拉陈瓦一生著述颇丰,著有八行论大疏和历算数学论、佛教史等,其中,以史学名著《贤者喜宴》最为著名。经过多次修改,1564年修订完成,因为书刻于山南洛扎拉隆寺,故又称《洛扎教法史》。

十一世巴沃活佛·祖拉玛威札央:1994年,十一世巴沃活佛出生于西藏。1995年7月19日以喇嘛才旺札西为首的18位僧徒组成迎请团,从楚布寺前往巴沃活佛诞生地。1995年8月1日,迎请团从巴沃活佛出生地出发,迎请巴沃活佛前往乃朗寺。1995年8月2日,巴沃活佛抵达乃朗寺。1997年,3岁的巴沃活佛发掘出八世巴沃活佛所岩藏的珍宝,有珍贵的天珠、自然形成黑色石头佛像。2003年12月22日上午,西藏自治区人民政府授予巴沃活佛"第十一世巴沃活佛"证书,在堆龙德庆乃朗寺举行坐床典礼。

热擦寺

"热"取自大译师热洛擦瓦(即热译师)之名,"擦"是浮雕花纹的意思。

热擦寺[1]是规模较小的寺庙,其建寺有不同的记载。在寺前石碑上记载,该寺由热·班弟云丹杰布在"雅布"地初建经堂;据《青史》记载,该寺于

---

[1] 热擦寺:距堆龙羊达街道7千米,在半山腰上,海拔3773米。

热擦寺上方佛塔

11世纪初，由鲁美·崔臣西绕亲传弟子纳囊多吉旺久修建；据《卡纳教法史》记载，该寺由冲西巴大师修建。益西僧格所著《热洛擦瓦传》中介绍道，热洛擦瓦因原先咒杀了以达玛多德为首的7名金刚持，后来为了赎罪修建了多座寺庙，其中包括热擦寺；据第悉·桑杰嘉措所著《黄琉璃宝鉴》记载："热洛擦瓦为了消除他原先施用咒致死7位登地菩萨，立誓建造108座寺庙，当建完热擦寺之时还愿得圆满，故此该寺取名为热擦。"

该寺主要供奉有铜质金刚瑜伽母和两层楼高的弥勒佛塑像；在大殿的二楼，设有空行母殿和热译师的修行室；在热译师的修行室里，供奉有独雄大威德金刚和阎魔等护法神像；寺庙上方有座佛塔。

11世纪后半叶，热擦寺碑与热擦寺同时修建，碑高310厘米，宽35厘米，厚24厘米。目前，只能看到三分之二的碑文，该碑其他三面无字，亦无任何纹饰。正面刻古藏文39列，13列和14列之间刻有一条横线，占去一行字的位置，把碑文分成前后两部分。碑文除两三个字难辨，其余均清晰可识。

碑文大意是说：今于此地，建立佛法僧佛殿；此后并由其子孙后代供奉，永不背离，对于神殿不得毁坏、更换、弃置等内容。这座修建于11世纪后半叶的石碑，在当时是独一无二的，是研究西藏这一时期政治、经济、宗教、文化的重要实物资料。

【相关链接】

热洛擦瓦：拉堆洛聂朗地方的人，是藏传佛教著名佛学家译师，曾5次到印度、尼泊尔学习佛法。热洛擦瓦修持藏密无上瑜伽部五大本尊之一的大威德金刚法，因此热洛擦瓦是大威德密法的首传宗师。有学者推定，热洛擦瓦生于1017年，传说他活了100多岁。

大威德金刚密法传承：共有五大传承系统，分别是热系、觉系、象系、摩系和纽系。其中热系是五系之首。

嘎东寺

"嘎东"，藏语字面意思是"喜欢在前面"，此处应理解为"喜悦的地方"。该寺过去是噶当派在卫地六大寺之一，如今是格鲁派寺庙。

关于嘎东寺[1]的创建有两种说法。一是史料记载，由噶当派喇嘛喜布西绕桑布（也称中观活佛）于11世纪创建；二是贾丹白·赤烈旺久创建，据说哲蚌寺果芒扎仓有文字记载。

传说，宗喀巴大师曾一度认为在西藏找不到一位高僧大德，于是产生了前往印度的念头，但上师洛扎朗卡劝宗喀巴，一定会有一位本地中观大师出现。当宗喀巴来到曲水与山南之间的路段，遇见了嘉木滚·阿旺尊珠并拜其为师，向其学习中观思想，并一同来到嘎东寺闭关修行。传说，嘉木滚·阿旺尊珠与宗喀巴二人于1390年在此修行时，亲眼见到普贤菩萨示现，而且有宗喀巴与普贤菩萨进行佛法的辩论问答等说法。他们修行过的山洞至今留存，是属于拉萨六大修行闭关圣地之一。

相传嘎东寺供奉的护法神云丹杰布是五世达赖阿旺罗桑嘉措在山南琼杰

---

[1] 嘎东寺：位于堆龙东嘎街道，距拉萨大约20千米。

出生时的吉拉[1]。五世达赖前往拉萨哲蚌寺时途经嘎东寺，将云丹杰布护法神留在该寺，第二天就前往哲蚌寺。建立政教合一制度以后，该护法神也成了当时旧西藏地方政府的护法神。

嘎东曲迥[2]属于西藏著名的四大护法[3]之一，据说哲蚌寺乃琼与嘎东曲迥在一起降神时会相互握手。嘎东曲迥是嘎东寺的一大特点，旧西藏地方政府每遇到旱灾、水灾时，都要请他降神，寻求解决的办法。此外，一些小活佛转世灵童的寻访过程中，也请该护法神来指明大概降生方向。嘎东曲迥虽为普通僧官，但允许娶妻生子，嘎东曲迥一职采取家族传承的办法继承。

嘎东寺因是宗喀巴大师等藏传佛教高僧的修行地而享有盛名，同时因嘎东曲迥的影响力而吸引了众多的信徒。我们可以在大殿左侧佛堂内参观1.5米左右端坐的护法神塑像。出于对寺庙规定的尊重，我们未能拍下护法神照片，如果游客们想领略护法神的魅力与敬畏，可以亲自去嘎东寺体验。寺内

嘎东寺

[1] 吉拉：某区域的地神。
[2] 嘎东曲迥：即嘎东护法神。
[3] 四大护法：包括嘎东寺嘎东护法、乃琼寺乃琼护法、拉穆寺拉穆护法、桑耶寺桑耶护法。

还供奉有莲花生、赤松德赞、寂护师君三尊，以及21尊度母、宗喀巴大师、喜布西绕、嘉木滚·阿旺尊珠、千手千眼观音等塑像，护法神除嘎东曲迥，还有大威德金刚、丹玛女神三尊、马头明王等。此外，寺内还保存有较早的壁画。

措麦寺

"措麦"藏语字面是"湖面下游方向"，全称"措麦平措林"，应该理解为湖面下游方向茂盛的地方。措麦寺[1]是由松赞干布于公元7世纪创建。后弘期拉萨、山南一带十大学者之一鲁美·次成西饶曾在此寺召集僧人进行佛事活动，后由嘎瓦·释迦旺久大规模扩建。现存寺殿多为近代重修，据说当时措麦寺的建筑风格与拉萨大昭寺十分接近。

据史料记载，措麦寺最初是宁玛派修习者的居点，嘎瓦·释迦旺久去世后便改为噶当派寺庙，后又改宗为萨迦派寺庙，最后改宗为格鲁派寺庙。据传，措麦寺的密宗传承与下密院接近，学经僧徒需前往哲蚌寺洛色林扎仓学习经书。

现在的大殿约有480平方米，殿内主要供奉有释迦牟尼佛、千手千眼观音、鲁美大师、嘎瓦·释迦旺久、阿底峡、胜乐、本尊、五世达赖和第悉·桑杰嘉措等造像，还有金汁书写的《甘珠尔》和《丹珠尔》，以及《般若八千颂》等佛教经典；大殿转经走廊的墙壁上绘有千佛壁画，大殿四周墙壁上主要有二胜六庄严壁画；大殿二楼的佛殿中供奉有约2米高的十三尊大威德金刚塑像等；护法殿中有玉珍玛、曲珍玛、纳云玛三位护法神的造像，还有一尊由大理石做成的汉地和尚雕像，据说这尊汉地和尚雕像在夜里会呈现红色并发出闪闪红光。

措麦寺传统的主要宗教活动有：藏历1月，全寺僧人前往拉萨大昭寺参加祈愿大法会，按照惯例，参加法会时措麦寺僧人就坐于大昭寺的转经廊里；藏历2月，全寺僧人到大昭寺参加会供法会（传小召）；藏历3月，寺庙进行大威德等护法神的答谢仪轨；藏历4月，僧人们要守禁食斋15天；

---

[1] 措麦寺：位于堆龙马镇境内。

藏历6月，全体僧俗汇集于措麦寺并与当地信众共同举行供奉护法神仪式；藏历7月，全体僧人前往哲蚌寺参加"坐夏"；藏历12月，在为期9天的时间内，对信众讲经布道，同时进行驱鬼食子仪式，并跳神舞。

尼玛塘寺

"尼玛塘"藏语字面意思是"太阳普照下的地方"。尼玛塘寺[1]三面环山，周围鸟语花香，因这里有数量较多的国家一级保护动物藏马鸡，深受区内外游客的喜爱。

据传，尼玛塘寺建造于11世纪，由译师热洛擦·多吉扎巴修建；另有史书中有关于译师热洛擦·多吉扎对寺庙进行维修的说法，但并没有提到与佛殿相关的内容。该寺历史上，曾出阿旺旬努、曼杰、罗布林等相继担任寺主，后来聂·格玛桑珠也担任了很长一段时间的寺主。据说该寺修建时所用石头，

尼玛塘寺

---

[1] 尼玛塘寺：位于堆龙德庆区柳梧乡，距拉萨市区约29千米，海拔3070米。

第二章　拉萨西北线寺庙

寺庙周边丛林

都是该寺僧人从山下背来的。传说，僧人一开始只能背一块石头，得到佛法加持后，越干越有劲，背三块石头都不会觉得累。

原先尼玛塘寺由1个扎仓和5个康仓组成。其中，5个康仓分别是阿里康仓、古若康仓、丹玛康仓、聂巴康仓、洛扎康仓。现在的扎仓约有180平方米，里面主要供奉有弥勒佛、无量寿佛（即阿弥陀佛）、八大药师佛等塑像，以及众多银质佛像、印度响铜灵塔等，还有手写本《甘珠尔》以及有着藏式思辨哲学开创者之称的恰巴·曲吉桑格的银灵塔。

如今，新修的大殿有400多平方米，殿内主要供奉有一尊3米高的千手千眼观音菩萨，大殿左侧和右侧为药师佛殿和护法神殿。院子约占500平方米，左侧为僧舍，右边为善堂。尼玛塘寺周边环境优美，夏季很多群众来此观光过林卡。

尼玛塘寺后山有药谷之说，很多藏药医师在季节合适的时候都会来此采药。山上怪木参天，灌木林森，与山下相比，完全属于小气候地。

丁嘎寺

丁嘎寺[1]，全称"强乔维色贝丹丁嘎寺"，由于该地属于平地，在藏语中"丁嘎"为平地，因此寺庙的名称也就称为"丁嘎"。12世纪，由桑普寺喇嘛雅隆巴·扎巴坚赞在此处创建丁嘎寺，由桑杰罗追、罗追扎巴、曲却白桑等高僧担任住持，原先该寺属于萨迦派寺庙，后成为哲蚌寺洛赛林扎仓分寺，改宗为格鲁派寺庙，该寺的修行与下密院一致。

目前，丁嘎寺在原先的基础上，建立的大殿供奉有药泥制成的三世佛像，右侧是莲花生大师像、左侧是文殊菩萨像。一楼左手处为护法神殿，此护法神殿拒绝女性朝拜。此外，还供奉有雅隆巴·扎巴坚赞的新塑像，有《甘珠尔》和《丹珠尔》印本等。寺后有一处岩洞，据说是松赞干布当年修行过的地方。如今该寺占地面积约为1000平方米，规模虽然不大，但仍有活佛，该寺庙是堆龙区内唯一具有活佛转世系统的寺庙。

大殿下方有三棵巨大的柏树。传说，当年松赞干布命令禄东赞迎请文成公主，禄东赞不知是否应当去迎请公主，因此在西面埋了三粒柏树的种子，结果就长出了三棵柏树，他认为是吉兆，于是领命迎请文成公主。

达隆札寺

达隆札寺[2]，全称"达查潘迪桑丹林"。该寺后山酷似老虎俯卧样子，因此寺名取为"达隆"，即老虎俯卧之意。

库顿·尊珠旺久曾在达隆札寺东面罗布日隆的地方修行，后来他创建了达隆札寺。根据隆堆喇嘛的旨意，第七十任甘丹赤巴·阿旺群培接管了达隆札寺。经过几代人的扩建与修缮，寺庙才具有了一定的规模。

目前，在原先遗址上进行了修复，面积600多平方米，大殿主要供奉着第三任主管堪布金铜制成的佛塔，大殿右侧是金铜制成的狮面护法主仆，左

---

[1] 丁嘎寺：堆龙德庆区德庆镇邱桑村朝西北方向走3千米，行至嘎荣镇北面的山脚下就到丁嘎寺，从邱桑寺可以观望到该寺。

[2] 达隆札寺：从赤桥前行四五千米，行至拉姆齐镇附近就到该寺。

达隆札寺

侧是白伞盖佛母，一肘高的持戒佛，大赤巴阿旺群培依奉的大威德金刚十三式等。二层是由纯金、玉石、玛瑙、九眼石、珍珠等打造的门房，还有金铜质弥勒佛像、洛桑丹巴坚赞的药泥像、银质第三任主管喇嘛塑像、大赤巴阿旺群培的银质佛塔等。如今，在该寺下方新建了面积300平方米的大殿，里面供奉有释迦佛祖像、堪布塑像、无量寿佛、师徒三尊、十六罗汉等。单柱护法神拉康则供奉护法神像。

当雄县简介

"当雄"依据古藏文本史料记载，现今被称为"当雄"一词词源为"当"，"当"词延伸的地名就出现"当之唐嘎"，与赞普皇妃一起的说法就有"当之觉茹萨"。后弘期时出现"当之宁仲"和"当秀嘎莫"等地名。"当"之藏语本义及其现今地理地貌特征结合，其意解释为"沼泽地"较为贴切；"雄"为"平原"；"当雄"合意为"平原草地"。当雄县古为苏毗部落属地，吐蕃时期为卫茹当雪域参管辖，元代属蔡巴万户府，明朝隶搽里巴都指挥使司，清代由西藏地方政府的雪列空所设羊八营、达木牛场营分管，民国时期设羊八井宗、玛林豀卡等分治。

据史料介绍，明末清初时西藏地区曾发生了一起重大的历史事件，蒙古和硕特部族首领固始汗协助五世达赖阿旺罗桑嘉措，于1639年率兵东征歼灭第悉藏巴政权的援军白利土司顿永杰（四川甘孜白利土司）。1642年年初，固始汗再次率兵攻打第悉藏巴政权统治者藏巴汗，支持五世达赖建立了政教合一的甘丹颇章政权，因而五世达赖令其选择一地作为封赏，固始汗选中了当雄草原，故为"当雄"名称的来历。

当雄县位于拉萨市北部的念青唐古拉山脉，地处西藏中部的青藏线一侧，地势呈东北高、西南低，境内有1093万亩左右的天然草场。自然资源尤为丰富，矿产资源主要有自然硫、高岭土、石英石、火山灰、石膏、砂锡、泥炭、水晶石、玉石等；同时地热资源蕴藏丰富，如著名的羊八井地热；野生动物资源主要有雪豹、狼、棕熊、猞猁、狐狸、草狐、野驴、鹿、野兔、雪鸡、鹰等多种珍贵稀有动物，是国家重点野生动物保护区之一。当雄县旅游景点主要有纳木错[1]、羊八井地热温泉[2]、念青唐古拉山脉[3]、藏北八塔[4]、古墓葬群[5]、古建筑等。

当雄县面积约为10234.45平方千米，平均海拔约4100米，距拉萨市区170千米。人口在5万左右。当雄县由8个乡（镇）、29个村组成，有大小不等的寺庙、拉康、日追20多座。

---

[1]纳木错：藏语"天湖"之意，蒙语称为"腾格里海"，与羊卓雍错和玛旁雍错并称西藏"三大圣湖"。纳木错是西藏自治区第一大湖，仅次于我国青海湖的第二大咸水湖，以湖水纯净、水天一色、景色瑰丽著称。纳木错海拔4718米，是世界海拔最高的大湖。在西藏人民的心目中具有非常神圣的地位，特别是每逢藏历年，朝圣者不远千里前来参加纳木错盛大的转湖节。

[2]羊八井地热温泉：位于拉萨市西北90千米的当雄县境内，海拔约4300米，温度保持在47℃左右。羊八井有规模宏大的喷泉与间歇喷泉、温泉、热泉、沸泉、热水湖等。

[3]念青唐古拉山脉：西接冈底斯山脉，东南延伸与横断山脉伯舒拉岭相接，中部略为向北凸出，同时将西藏划分成藏北、藏南、藏东南三大区域。长700千米，终年白雪皑皑，云雾缭绕。

[4]藏北八塔：位于青藏公路当雄至那曲的大草原上，这组塔群使草原带上了几分神秘的色彩。

[5]古墓葬群：墓葬一般建在依山向阳的高坡或阔面处，大小不一。板筑间宽0.6～1米，各级间垫有石板。最大墓高9米，前长36米，后长25米。小墓埋葬在低洼的平地带或大墓周围，封堆小而不是夯筑，墓葬状有方形、圆形等。

主要寺庙简介

嘎洛寺

嘎洛寺[1]，全称"桑丹嘎洛卡居塔巴林"，在一些史料文中有"噶罗寺"的写法，是当雄县四大寺庙之一。"嘎洛"即嘎译师的简称。

12世纪，由白钦·嘎洛图多旺久创建。到1381年蒙古固始汗进军西藏时，该寺改为楚布寺的分寺，并成为噶举派尼姑学经修行的场所。传说，噶玛巴都松钦巴在此地听见乌鸦叫，并看见一只乌鸦吐出了一块玉，于是认为这是一处福地，不久他在此处修建了一座小庙，后得到噶玛巴·瑞白多吉扩建。

嘎洛寺内主供观音菩萨，此外还有噶玛巴·瑞白多吉塑像，以及新立的莲花生、三世佛等泥像。该寺占地面积为13660平方米，现大殿面积480平方米左右，藏式平顶，前有明廊，东边是仓库及茶房。大殿四周环绕尼众居住的僧舍。

嘎洛寺

[1] 嘎洛寺：位于羊八井镇恰玛村，由羊八井朝当雄方向行30千米，斜向北面走四五千米，沿山脚公路左侧到嘎洛寺，全程约5千米。

远看嘎洛寺与哲蚌寺略有些相似。由于寺庙在半山腰上，而且周围一片是僧舍，僧舍整体墙面是白色，只有中心寺庙主殿是红色墙体，在形态上与哲蚌寺有异曲同工之妙。寺庙周围是一片山清水秀的修行之地。虽然寺庙的规模不大，但大殿内有着庄严肃穆的佛堂，南面是两组大鼓，北面是一组长铜号，宗教仪轨法器一应俱全。

每年鲁孜峰登山爱好者都要经过该寺庙。鲁孜峰登山大本营通常会有两种情况，人数比较多的队伍一般在嘎洛寺建大本营，而人数相对较少的队伍，则会在嘎洛寺后山一道平坦开阔的古冰川终碛上建大本营，而前者则把这里作为前进营地。

【相关链接】

噶玛巴·瑞白多吉：1340年，生于昌都的阿拉邦葛村。又名拉朱索朗顿珠，母名扎萨尊追坚。3岁开始识字学习，习字读书十分用功，从7岁起拜朵丹贡布坚赞为师，接受纳若六法（脐火瑜伽、光明、幻身、中有、往生和夺舍）、胜乐和喜金刚等密乘的灌顶和指导经义，从朵丹叶杰巴、扎雄巴西绕，拜桑洛追森格大师处接受了新旧密法理论和般若经等。1352年，宗喀巴途经前藏东部的贡布、达布来到拉萨北边的楚布寺，在曲杰顿珠和杰尊索南处受了居士戒，还拜当时在前藏非常有名的密宗大师雍顿多吉，在他跟前潜心学习新旧密法知识。1357年，宗喀巴又在曲杰顿珠和杰尊索南处受了沙弥戒。自此他不但刻苦学习，还严守戒律，受到老师的好评，成了学友们学习的榜样。1358年，宗喀巴收到了元顺帝的邀请，从楚布寺启程，途经康区南部和青海前往大都（今北京）。到青海时宗喀巴年仅3岁，瑞白多吉给他受了沙弥戒，并取法名为贡噶宁布。还预示他将成为弘扬佛法的顶尖人物。

羊八井寺

羊八井寺[1]，全称"土登羊八井"，又称"羊八井大乘佛教院"，该寺

---

[1] 羊八井寺：位于当雄县西部的羊八井镇恰玛村右边山坡处，距拉萨市区约95千米。从拉萨坐车出发需要1小时50分钟左右，还可以乘坐火车到该寺。

羊八井寺大殿

名称在一些史料中也有"羊巴井"的写法。

　　羊八井寺历史悠久，有近 500 多年的历史，曾属噶玛噶举红帽派，是当雄一带学习佛法的最大场所之一。羊八井寺由噶玛噶举派红帽系四世活佛曲吉扎巴益西于 1503 年创建。羊八井寺建造之前，乃朗寺一直是红帽系的主寺，此后主寺便从乃朗寺迁到了羊八井寺。史料记载，噶举派红帽系活佛是西藏地区出现得较早的活佛转世系统之一。

　　该系统的创始人是噶玛噶举派高僧扎巴僧格。扎巴僧格圆寂后，红帽系便通过寻认转世灵童的方法开始了该系活佛转世传承，截至 17 世纪末，红帽系共产生 10 位活佛，到了 18 世纪下半叶，红帽系十世确珠嘉措活佛被清朝中央政府废除转世之后，该派系主场寺庙羊八井寺不再属于噶举派红帽系。

　　羊八井寺在达擦活佛摄政时期，改宗为格鲁派，历史上还曾得到过功德林寺庙的资助，目前为止已修复了大殿、禅堂、讲经院、僧舍、佛像、佛经及佛塔等。修复后该寺庙占地面积约 61500 平方米，大殿 900 多平方米，位于该寺中心地段。大殿里面有长寿三尊、噶玛噶举三祖师（玛尔巴、米拉日巴、冈波巴）、噶玛噶举三本尊（红观音、胜乐金刚、金刚亥母）、释迦牟尼等身像、三世噶玛巴让迥多吉、四世红帽系活佛确吉扎巴、密宗事部三

羊八井温泉

怙主（佛部文殊、金刚部金刚手、莲花部观音）、千手千眼观音等；护法神殿里有护法三尊（吉祥天母、马哈嘎拉、多杰列巴）、狮面金刚、多闻子、祥寿仙女、祖婆护法等佛像，二楼的三世诸佛殿内有三世诸佛、法身报身化身三尊、弥勒佛、文殊菩萨、观音三尊等佛像，莲花生殿内有莲花生八身佛像，度母殿内有二十一度母、镀金无量光佛像等；三楼上有部分合金及镀金的珍贵佛像、百余噶当派佛塔。大殿内有无量光佛稀有的壁画和几十幅唐卡，距今有500多年历史。

另外，羊八井寺主供有四世红帽系活佛确吉扎巴肉身银塔，五世红帽系活佛的金塔，能仁王及十六尊者佛像，噶举派历代祖师像，佛陀诞生时被母亲攀扶过的树枝做的响木，第四世红帽系活佛确吉扎巴修建的弥勒佛殿墙面上有天然生成的诸佛身语意之精华"翁、啊、吽"之藏文，现在仍清晰可见，还有第四世红帽系活佛的脚印等，以及《甘珠尔》《丹珠尔》及众多红黑帽系活佛的著作。每年藏历5月进行宗教活动仪式。

【相关链接】

曲扎益西（1453—1524年），意为"法慧"，生于多麦（今康区）哲雪康玛地方，从小便能分辨噶玛派文集和阿赤经教，10岁时赴康青地区闻习经教。1462年12月15日，噶玛噶举黑帽系七世活佛却扎嘉措（1454—1506年）为其赐法名"扎巴益西"，并赐红冠一顶及印枚。此后曲扎益西赴青海、蒙古云游，返藏后在羊八井地方官仁蚌巴·敦悦多杰的大力支持下，修建了羊八井寺，并由仁蚌巴·敦悦多杰拨给该寺豁卡（庄园）和农奴作为供养。

历代噶举派红帽系活佛修建的寺庙：达孜天王寺、工布噶木扎西饶丹寺、工布巴游寺、工布东嘎查日曲德寺、工布热比刚玛母新扎西饶丹寺、工布卫虚永顾晓讲经院、察隅达孜土岗禅堂、曲水寺、山南塔林僧院、乃国堂噶布扎僧院、蔡公堂土登尼吉林讲经院、桑扎多吉尼吉林寺、贾桑扎中式佛堂、萨当尼吉林讲经院、哲贡贡都桑布僧院、洛扎尼德寺、拉其曲哇撒吗多寺、曲迥登吉寺、襄甘登曲廊等19座分寺。

禁止红帽系活佛转世历史回顾：史料记载，红帽系十世活佛确珠嘉措（1738—1791年）是六世班禅班丹益西（1738—1780年）的同母异父兄弟，六世班禅的哥哥是格鲁派的仲巴活佛。1780年，六世班禅应邀进京为乾隆皇帝70寿辰祈福庆寿，不久因出痘圆寂于北京。乾隆帝以及满、蒙、汉各族王公大臣对六世班禅的馈赠甚多，达数十万两白银。仲巴活佛当时担任扎什伦布寺的总管，因该寺不同意将这笔钱财分给确珠嘉措，确珠嘉措对此愤愤不平，便逃到尼泊尔诱惑廓尔喀发兵侵入今天的日喀则，大肆抢劫扎什伦布寺的财宝。当清朝派遣大军进藏驱逐廓尔喀侵略军时，确珠嘉措畏罪自杀。清朝大将军福康安命令廓尔喀王归还确珠嘉措的尸骨及妻子儿女、门徒随从，作为停止战争的条件。后来，乾隆帝谕旨将确珠嘉措的尸骨分别挂在日喀则及昌都的各大寺庙，以为叛国者之戒，并废除了其名号，红帽系僧人一律改宗格鲁派，禁止红帽系活佛系统转世。

康玛寺

康玛，藏语意为"红房"。康玛寺[1]坐西朝东，在日玛山脚下。1750年，由落桑尼玛主持创建，属格鲁派寺庙。相传，寺庙最初是果洛康玛的仓巴夫妇之子康玛玛追·圣乘晋美巴沃为追祭母亲修建，于是"康玛"之名由此而来。

15世纪初，宗喀巴创立的格鲁派在西藏兴起后，康玛寺便由色拉寺密宗院直接管理。当时寺内主供帕巴鲁古西热佛，活佛为仓追洛桑尼玛。

康玛寺总占地面积几千平方米，大殿有400多平方米，主供大威德金刚、释迦牟尼、空行母、罗汉、赤江仁布切、宗喀巴师徒塑像；护法神殿中供奉着阎罗王、多闻天、吉祥天母、大梵天等塑像。

康玛寺主殿原为三层，一、二层曾作为公社粮食仓库，部分佛殿和僧舍等建筑房屋当时分配给农牧民居住。在康玛寺的建筑群中，一处小庭院坐落在主殿左侧，这便是玛尼拉康，也是"盛世石刻千佛殿"。民间传说，玛尼拉康能够保存至今是当年在玛尼拉康居住的两位老夫妇的功劳，当时两位老夫妇为了避免浮雕被破坏，把玛尼拉康用作晾干牛粪的地方，把每一个浮雕的佛面用牛粪盖住，浮雕才能够保留至今。玛尼拉康如今是康玛寺的镇寺之殿。

玛尼拉康历史悠久，是寺庙佛殿里最古老的建筑，外观虽然普通，但在面积仅20多平方米的阴暗密室内，完好保存了300年前的石刻造像。这些墙3米多高，40多平方米，墙上整整齐齐地贴满了1213尊各式各样的浮雕石刻板。这些造像采用石料为一种红褐色玉石，每块石料在精雕后全部打磨。小面积的石板上通体以浅浮雕手法雕刻着佛尊祖师、莲花生、噶玛巴、玛尔巴译师、米拉日巴、宗喀巴师徒三尊及其五变相、唐东杰布、阿底峡尊者师徒、拉隆白多、多尊不能确切断定的高僧大德等；八十位成就者、佛母、空行母、三怙主、智行佛母、长寿三尊、千手观音、尊胜佛母以及供养天女等；各类大威德金刚、德西竹巴噶杰、喜金刚、时轮金刚、密集金刚、胜乐金刚、金

---

[1]康玛寺：位于当雄县公唐乡，距拉萨市区约135千米，从拉萨坐车出发需要1小时50分钟左右。从青藏线109国道向北行驶6千米便到该寺。

盛世石刻佛殿内的场景

刚手、马头金刚等；大黑天、吉祥天女、降阎魔尊、四大天王、战神等；固始汗·旦增曲杰及无名施主等；佛教八塔及六字真言等。其造型方式、优美的动态和高度简练概括的雕刻手段达到了出神入化的地步，造像形态或庄严寂静，或愤怒怖畏，表情和身姿极为生动形象，开创了寺院立体壁画的先河，为藏族地区石刻艺术中独特的品种。

　　造像成像时间约为18世纪，清朝中央政府时期固始汗·旦增曲杰视当雄为圣地，是属于他的夏居地。目前，寺庙每天由两名专职僧人守夜，严格控制酥油灯的盏数以及控制朝圣者的频繁活动，不允许随意拍照、抚摸。康玛寺玛尼拉康的存在，对于西藏传统雕刻文化发展的研究方面具有不可估量的价值，特别是丰富的内容和数量均属罕见。

江热寺

江热寺[1]在藏语里是骡子的意思。1779年，由六世班禅罗桑巴丹益西创建，属于格鲁派寺庙。

相传当时六世班禅罗桑巴丹益西来到此处，坐在草滩上休息，正好一头骡子躺在了他的身边，因此他给这头骡子系了个链子，随后这头骡子消失在对面的半山腰上，于是六世班禅罗桑巴丹益西认为这是一处福地，故在此修建寺庙，并取名为"江热"。据说六世班禅罗桑巴丹益西长期在江热修行并给僧人及信众弘扬佛法。相关资料显示，过去江热寺归属于色拉寺的桑阿扎仓。

1985年，江热寺在遗址上进行了修复。目前该寺庙占地面积400多平方米，大殿100多平方米，主要供奉吉祥天母以及释迦牟尼、宗喀巴师徒三尊等塑像。

【相关链接】

六世班禅罗桑巴丹益西：1738年，出生在今日喀则市南木林县境内。父名唐拉，母亲尼达旺姆，是拉达克王之女。另一个同母异父兄弟确珠嘉措，即噶玛噶举红帽系十世活佛确珠嘉措。寻访五世班禅转世灵童时，寻访者得知日喀则市南木林县有一聪慧伶俐孩童，便派卓尼罗桑尊追携带前世班禅法物，借沐浴之名，往该地密访。此后，经报告噶厦政府及各大寺庙高僧，呈请驻藏大臣转奏中央政府批准。1741年，罗桑班旦益西被朝廷钦定为六世班禅，迎入扎什伦布寺"坐床"，当时的内、外蒙古王公、官员均遣代表顶礼供养。1750年，西藏郡王珠尔默特那木扎勒妄图发动叛乱，被驻藏大臣傅清和拉布敦觉查正法，可惜两位大臣均遭陷害。此时六世班禅年仅12岁，尚未获得

---

[1] 江热寺：位于公唐乡拉根多村5组。从当雄县朝东北方向走7千米左右，断崖之边就能见到江热寺。

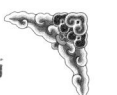

实权，但他立即派人前往拉萨慰问驻藏官员等。次年，新任驻藏大臣班第、那木扎尔等人抵拉萨后，他又派员前往欢迎祝贺，并再次赠送了大量礼品，表达了他亲近祖国、倾心中央政府的诚意。在此后的几年里，六世班禅得到了七世达赖格桑嘉措及章嘉国师若必多吉亲授之密法灌顶、比丘戒和时轮金刚大灌顶。1774年，英属东印度公司与不丹发生战争，不丹首领请求六世班禅从中调解，强调不丹于中国的藩属地位，西藏属中国领土，一切要听从中国皇帝的命令办事。然英国驻印总督哈斯不顾班禅一再抗议，利用这一机会擅自闯入扎什伦布寺。

　　1779年，六世班禅入京朝觐，为弘历皇帝70生辰祝寿。班禅罗桑巴丹益西这次进京队伍甚为隆重，还有大量的祝寿礼物。弘历皇帝对六世班禅跋涉万里进京祝寿，倍感欣喜，仿照西藏扎什伦布寺在今河北承德兴建了福寿庙。据说，为了交谈方便，弘历皇帝还学习了藏语。在京期间，中央政府对他给予了无微不至的关爱，并赏赐其大量物品，诸如金表、珍珠念珠、金套金鞍、坐骑、银币、银茶桶罐、袍料。在京期间，六世班禅罗桑巴丹益西畅游了颐和园、昆明湖、万寿山，并前往雍和宫、白塔寺、玉皇寺等地朝圣，在具有西藏建筑风格特点的香山宗镜大昭庙（又名昭庙，专为六班禅来京修建）中进行了一系列的法事活动，如弘法受戒、为国为教祷祈。同年10月23日，班禅不幸突染天花，乾隆帝闻讯后速派御医进行看望，并亲临问候，为其送来貂皮大氅、皮褥等物，尽管国事繁忙但一直关注六世班禅的病情。11月1日下午4时，六世班禅圆寂于北京黄寺，享年43岁。六世班禅罗桑巴丹益西进京朝觐，是清朝时期民族关系史上一次重要的历史事件，起到了加强西藏地方与清朝中央政府的联系、促进多民族国家的统一和民族团结的积极作用。为缅怀他的功绩，乾隆帝谕旨特令于西黄寺内建"清净化城塔"院，院内由两座琉璃瓦大殿、南座碑亭和一组精美的石塔建筑群组成（藏文译作"清净幻化宫塔"）。石塔群内藏有六世班禅生前用过的衣履及经书，故又称为班禅塔。

当雄十座嘎巴

　　嘎巴是藏语的音译，其主要意思是帐篷寺庙。在西藏，嘎巴就是负责处理周边居民家中的佛事活动和丧葬仪式，主要还是服务于丧葬。在当雄的这十座嘎巴，是属于堆龙德庆区丁嘎寺的管辖范围，由于这些嘎巴在当雄区域内，因此分类到当雄中讲解。"嘎巴"为当地群众服务，满足当地信教群众日常佛事和丧葬上的需求，同时还可以给信徒以心理上的慰藉。

塔纳嘎巴[1]，始建于1438年，属格鲁派。寺内主供杰吉巴乌久吉佛。

恰噶嘎巴[2]，始建于1438年，属格鲁派。寺内主供杰吉巴乌久吉佛。

郭尼嘎巴[3]，始建于1848年，由三世热振活佛热振阿旺益西次成坚赞创建，属格鲁派。寺内主供世间神。

郭庆嘎巴[4]，始建于1712年，属格鲁派。寺内主供加瓦强巴佛。

拉多嘎巴[5]，始建于1418年，由丁嘎益西罗布创建，寺内主供莲花生大师像，属格鲁派还是宁玛派还需证实，因为从主供佛像看是宁玛派，而有关资料显示是格鲁派。

桑巴萨嘎巴[6]，具体始建不详，目前寺内主供莲花生大师像，属格鲁派还是宁玛派还需证实。

曲登嘎巴[7]，始建于1848年，由丁嘎益西洛布创建，属格鲁派。

麦林嘎巴[8]，始建于1705年，由色拉寺杰扎仓堪布克钦强巴木朗主持修建，属格鲁派。

曲才嘎巴[9]，具体始建不详，属格鲁派，寺内主供莲花生大师像。

巴林嘎巴[10]，始建于1158年，属格鲁派，寺内主供杰吉巴乌久吉佛。

---

[1] 塔纳嘎巴：位于纳木湖乡达布村二组。

[2] 恰噶嘎巴：位于纳木湖乡恰嘎村八组。

[3] 郭尼嘎巴：位于乌玛塘乡郭尼村三组。

[4] 郭庆嘎巴：位于龙仁乡郭庆村二组。

[5] 拉多嘎巴：位于羊八井镇拉多村七组。

[6] 桑巴萨嘎巴：位于羊八井镇桑巴萨村一组。

[7] 曲登嘎巴：位于当曲卡镇曲登村三组。

[8] 麦林嘎巴：位于宁中乡麦林村四组。

[9] 曲才嘎巴：位于宁中乡曲4村四组。

[10] 巴林嘎巴：位于宁中乡巴林村。

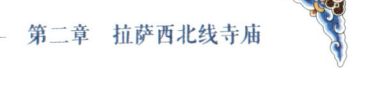

【相关链接】

丧葬仪式：在西藏丧葬文化中，除葬高僧大德的塔葬，还有水葬、火葬、天葬、土葬等。

塔葬是有名望的活佛圆寂后采用的一种丧葬方式。活佛圆寂后，将其肉身用盐水抹擦，风干以后，涂上香料等贵重药物，使肉身能够得以长期保存，然后放在灵塔之内。这种葬法只有极少数人才有资格采用，如达赖喇嘛、班禅大师及大活佛。这些活佛圆寂后塔葬除了保存经过防腐处理的肉身，也有肉身火化以后将骨灰存进灵塔内的情况。灵塔的种类很多，有金灵塔，即外包金箔的灵塔，也有银灵塔、铜灵塔、木灵塔、泥灵塔。灵塔种类的不同，主要是根据活佛的地位高低而定，如达赖、班禅用金灵塔，其他活佛一般只能用银灵塔。灵塔制成后，分别存放在寺庙的大小宫殿内。

水葬是一种旧社会身份低下的人采取的丧葬方式。解放前，西藏的乞丐、寡妇、孤儿等经济地位十分低下的人多使用这种丧葬方式。水葬时，将死者背到河边，节节肢解，投入洪流之中，也有的地方用白布裹尸，然后将整个尸体抛进江河中。如今在日喀则、山南、雅鲁藏布江沿河乡村还延续这一习俗。

火葬通常是活佛及达官贵人采用的一种丧葬方式，和内地火化不同的是，焚尸完毕，将逝者骨头灰烬捡起，带到高山之巅顺风散开，或者撒到大江大河之中，让流水带走。如今，城镇部分市民也开始选用此种丧葬方式，目前拉萨已在西郊外建有火葬场。

天葬是藏族最普遍的丧葬方式。一般人死后，尸体送到天葬台，由天葬师肢解尸体，将切成一块块的肉块喂鹫鹰。信教群众一般认为这是合乎菩萨舍身布施苍生，能使死者的灵魂升天。

土葬一般用于传染病死者，以及死于刀枪者，将此类死者挖坑埋入地里。信教群众认为土葬会使灵魂被土地吸收，不得升天而无法投胎转世，是一种对死者的惩罚，因而被视为最不光彩的葬法。

第三章
DI SAN ZHANG

拉萨西南线寺庙

从拉萨沿着西南线方向是曲水县和尼木县。这两个县城一共有14个乡（镇）、52座村庄，总占地面积约63734平方千米。其境内有雅鲁藏布江，丰富的自然资源、丰富的人文景观、野生动物等组成了这条线路景观。据资料统计，在这条线路的曲水县和尼木县境内有70多座藏传佛教寺庙、拉康、日追等，其中99%是格鲁派的寺庙、拉康、日追，其余的是萨迦、噶举、宁玛教派。其中个别寺庙历史可追溯至公元8世纪莲花生来藏弘法时期。

曲水县简介

曲水藏语意为"流水沟",是藏文音译,对其藏文有两种不同的写法,分别是"chu shul"和"chu shur"。本人认为前者较为正确。理由如下:一是在古藏文中后加字"l"和"r"可替换,"shur"应是"shul"的另外一种写法;"shul"在藏文古词释义文献中解释为"路";"chu"和"shul"两者合意为"流水渠道",引申义为位于江流域之地,符合其今日地望。古藏文本史料中出现"塞(gzad)"之地名,当属今曲水县之塞乡之塞。邦国时期,曲水属于吉曲河下游之吉茹江恩邦国之辖区,吐蕃时期在"吾茹"治下。曲水县最先属于苏毗部落的属地;吐蕃时期为卫如古麦尔迪管辖,开设昌布城管理;元朝中央政府时隶属蔡巴万户府;明朝中央政府时归伦珠孜宗;清朝中央政府时为西藏地方政府的雪司空所设楚舒尔城分管;民国时设曲水宗;西藏和平解放至民主改革前,设为曲水亚松论布孜宗,属西藏地方政府拉萨山南一带总管。

曲水车站

曲水县位于拉萨市西南面的雅鲁藏布江中游，面积为1680平方千米，海拔3500米，距拉萨市区64千米，距贡嘎机场15千米，由1镇、5乡、17个村组成。人口4万左右，由藏、汉、回等民族组成，其中藏族占全县总人口的96.4%。

曲水县有"拉萨西大门"之称。曲水水资源十分丰富，依拉萨河，临靠雅鲁藏布江，还有山溪、沼泽、高山湖泊等。县境内资源丰富而独特，矿产资源主要为非金属矿刚玉、石灰岩、花岗岩、草炭、泥炭等。曲水高山连绵，水草丰茂，繁衍着成群的野生动物。

全县主要山峰有岗日白吉、培拉、料玛日等，同时有大小不等的20多座寺庙、拉康、日追。曲水县文化景点主要有噶当派祖师阿底峡创建的聂当卓玛拉康；萨迦派寺庙聂当扎西岗寺；格鲁派隆多喇嘛冬居点及其灵塔所在寺庙热堆寺；藏巴杰热创建的竹巴噶举寺庙南竹寺；拉萨三大寺庙冬季辩经场所，由姜·恩钦建立的姜寺；吐蕃赞普额达赤热在公元9世纪建造的乌香拉康等。其中聂当大佛雕刻在山壁上，高4米左右，其工艺精湛，吸引着许多游客前来拍照留念。俊巴渔村是藏族渔民生活的地方，有着"世外桃源"的美称。另外，游客可以选择西藏特色的牛皮船漂流娱乐，既颇具风险又刺激。

主要寺庙简介

雄色寺

雄色寺[1]全称"雄色恩芯日追"，是柏树林意思。雄色寺是一座有900多年历史的寺庙，该寺在改教派上经历了噶举派、宁玛派、格鲁派再到宁玛派的历史脉络。

由于雄色寺地处偏僻，亦称"休色""雄色""秀色""修赛"等，它

---

[1] 雄色寺：位于拉萨曲水县才纳乡才纳村柏树林的半山坡上，距拉萨市30千米左右。从拉萨坐车出发，经高速路需要1小时，每天在江苏路鲁固处可以坐寺庙班车前往该寺。

雄色寺

原本的意思是"柏树林深处"。寺庙海拔 4300 米，距曲水县才纳乡 13 千米。雄色寺是西藏自治区境内最大的尼众寺庙，也是当前宁玛派尼众从事宗教活动的主要场所之一。

　　雄色寺始建于 1181 年，由帕竹·多吉杰布的亲近弟子吉贡·楚臣森格建此寺，在雄色形成噶举组织形式，后人将其法门划分在噶举派八小系之一。雄色噶举，以雄色寺为根本道场，维持了 100 多年的历史。雄色噶举派由此寺得名，吉贡·楚臣森格在此弘扬密法，广做利他事业，弟子日渐增多。据史料记载：雄色寺由吉贡·楚臣森格主持了 24 年左右，弟子多达上千。吉贡·楚臣森格本人在此著有《希解派的觉具佳希》《夏林》《努林》《奥林》，雄色噶举的名称也从此传遍了西藏。据说，该派比较重视希解派教法的修习，

故有人又将该派划分为希解派。因一开始雄色寺的根基较其他教派而略显不足，加之势力扩张范围狭小等，雄色噶举逐渐衰退，以致最后完全消失。

14世纪，宁玛派著名大师贡钦·隆钦绕绛从桑耶青浦（今西藏山南扎囊）来到雄色的山坡上修行闭关（今雄色寺上方的"岗日脱噶"就是隆钦大师当时的修行洞）。据说隆钦绕绛大师在桑耶钦普寺见到了地方神"玉卓玛"的身影，玉卓玛神邀请隆钦绕绛到她的地方，并在他眼前示现雄色岗日脱噶的景色。隆钦大师来到岗日脱噶时，雄色寺尚是噶举派的寺庙，但寺庙的僧人甚少，仅有极少部分僧人在此修行及学经而已。其余的僧人们因上师去世后，长期无法证悟上师法门，而选择离开寺庙寻找新的上师或返乡传法，只有少部分继续留在寺庙，后来这些僧人选择到隆钦大师跟前学习法门。据《隆钦

吉尊仁布切

绕绛巴传》记载，当时雄色寺的一部分噶举派僧人，得知一名宁玛派僧人在寺庙上方修行洞内修行时，心存疑惑与反感，甚至对下山到雄色寺的隆钦大师持排斥的态度。随着到雄色寺拜隆钦大师为师的弟子日趋增多，雄色噶举寺逐渐演变成为宁玛派的修行场所之一。今天，"隆钦宁提"传承依然在众多宁玛派弟子中延续着，是宁玛派大多数信徒的学习内容之一。

1717年，扬言扶持格鲁派的蒙古准噶尔部落首领策零敦多布领兵进入西藏，对整个西藏的宁玛派和噶举派进行

这张照片是和平解放前，雄色寺法事完成后几位贵族子女穿着法事的装束，与雄色丹增仁布切和几位吉尊仁布切的弟子的合影。

了清理。在这场佛教劫难中，雄色寺也未能幸免，寺庙遭到蒙古军的践踏，经书、佛像被洗劫一空，僧人遭到驱逐、杀戮，能够存活者则四处逃亡，致使当时寺庙空无一人。

七世达赖格桑嘉措时期，格鲁派白斯寺将雄色寺纳为其管辖的分寺，每年派4名僧人在此进行管理，而供养这些僧人的费用则由当地尼普庄园的庄园主承担。随着时间的推移，雄色寺逐渐变成无人管理甚至无僧居住的地方，只能从一些坍塌的痕迹中依稀辨认出这里曾是一座寺庙。后来有一位名为桑尼东丹的修行者到此修行，关于这位修行者的具体资料暂未在史料及相关文献中见到，目前只知其本人名称及所属教派是希解派。

1912年，一位比丘尼，即达哈玛森格的弟子仁增曲尼桑姆，初次来到雄色寺时，正好遇见了桑尼东丹，遂拜他为上师，就地修行。这位比丘尼便是日后雄色寺著名的自修女活佛"吉尊曲尼桑姆自修活佛"。她改变了雄色寺的命运，在西藏地方势力的大力资助和大小贵族信众的布施下，雄色寺得到了重建，并正式成为一座宁玛派尼姑修行场所。据说，雄色吉尊仁布切因其在修行上的成就，曾多次被十三世达赖召见。后来时任噶厦地方政府官员阿沛·阿旺晋美路过雄色下游的村庄时，听到老百姓对吉尊仁布切赞不绝口，于是阿沛·阿旺晋美便亲自来到雄色寺接见了吉尊仁布切，并给寺庙布施，随后雄色寺女性弟子中贵族子女逐渐增多，寺庙也得到了整体规模的修缮，正式成为宁玛派尼众寺庙。雄色寺信众主要以女性为主，信徒从无到有，影响力从周边村庄扩展到拉萨地区，到该寺出家的女性也逐渐多了起来。雄色寺之所以能够成为西藏自治区境内最大的尼姑寺庙，以及目前宁玛派尼众从事宗教活动的主要场所之一，与信众供养大量财物有着直接的关系，同时当时社会上层人士为其后盾，使得寺庙有着基本的经济保障。

现有雄色寺占地面积共约30亩，由佛殿、僧舍、闭关处所三大部分组成。佛殿主要包括经堂和白塔各一座。经堂对面是一栋两层的客房，后面是制造藏香与藏药的地方。此外还有一座小型佛学院，一间小型商店和一间饭馆。雄色寺经堂有两层，高约3米，长、宽各30米左右。和其他藏传佛教寺庙一样，雄色寺经堂屋顶用金色法轮装饰，法轮两侧分别站着一只金鹿。在阳光的照射下，经堂显得格外光彩耀人，使整个寺庙更加气势非凡、庄严肃穆。

隆钦绕绛巴修行洞

经堂供奉有宁玛派祖师莲花生大师、宁玛派大师隆钦绕绛巴、晋美林巴、仁增曲尼桑姆女活佛的塑像，以及多吉森巴、吉尊卓玛、千手千眼菩萨等造像，此外还有唐卡、壁画。经堂二楼的小佛殿里供奉有宁玛派护法神。白塔周围共有48个小经轮，在小型佛学院内另有1个大经轮。经堂藏有全套《甘珠尔》《丹珠尔》，其余各种宗教用品也十分齐全。僧舍围绕佛殿而建，呈弧形，有270多间，均为该寺尼众及其家庭自费修建。佛殿右上方的200米处为该寺尼众闭关修行的地方。

【相关链接】

隆钦绕绛·次臣罗哲：又名隆钦绕绛巴，幼名智美沃色，又尊称其为"遍知法王隆钦绕绛桑布"或"第二佛吉祥桑耶巴遍知语自在"，简称"隆钦绕绛巴"。他生于元朝至大元年（1308年），原籍是前藏约如的札恰多地方。他5岁学习阅读、写字，7岁时，父亲给他传《寂怒咕噜》和《修部八尊善逝集》的灌顶、窍诀和实践，同时在父亲前学习医学、天文历算学。12岁在桑耶寺堪布善智仁钦前出家授沙弥戒，法名次臣罗哲。他学习精通了规范出家人道德行为的律藏《毗奈耶》，14岁时开始说法；16岁时，在扎西仁钦等上师处，学习了很多新译密咒的密续，如《道果》《六法》。他一生中大部分时间，

都在山洞里闭关修行。早先是在桑耶钦普，后来主要在雄色寺上方的岗日脱噶修行。隆钦绕绛大师在雄色岗日脱噶写了著名的《七宝藏论》《精义四支》《三安息》《三自解脱》等佛教书籍，其中《七宝藏论》后来成了宁玛派僧人必读的书籍。

吉贡·楚臣森格：他生于山南雅砻地方，是昌珠巴王族后代。他11岁时出家为僧，赠法名"楚臣森格"，曾做过察珠长官的管家，后拜格西霍尔为师，学习"密集灌顶"，取密号"多吉嘉布"（金刚王）；19岁（1152年）开始在帕珠·多吉杰布跟前学法，并成了帕珠·多吉杰布的亲近弟子，求得"方便道六法"。帕木竹巴圆寂后，他拜嘎玛坚巴为师，闻习"义传心要教授"；后从瑜伽师曲央研习《大手印》《至尊二面母加持法》（亦称"光明母子加持法"，是噶举派密宗修证中的一种境界）等密法，这时他已摆脱了世间八法。他30岁时到各地云游，并求得《垛哈》三法导释的所有教导讲解。

仁增曲尼桑姆女活佛：又称吉尊仁增曲尼桑姆仁波齐，是父亲顿珠朗杰和母亲边巴卓玛（尼泊尔人）二人赴印度、萨霍尔等朝圣途中，在印度日瓦萨的班玛措地方生的。由于家庭生活十分贫穷，她自小以四处行乞为生；5岁时，与母亲一同侍从瑜伽母次仁布赤；6岁开始讲述唐卡佛教故事谋生，被称为"玛尼洛钦"；13岁那年，从赤扎班玛嘉措处习得诸多甚深密诀，在黑波日等地苦行，并苦修三年；19岁时，随嘉姆、嘎托二位瑜伽母一起前往尼泊尔朝拜，同时刻印了"确丹恰茸卡雪"之目录，当时尼泊尔佛教正处于衰落时期，所以仁增曲尼桑姆返回西藏，在夏嘎巴之弟子南泽多杰跟前修习密法，游历西藏各地。36岁时，大活佛夏嘎·措如朗杰为她赐法名仁增曲尼桑姆，后在达龙寺默顿活佛前获得隆钦宁提教法，获准带发出家修行，成为藏传佛教女性出家留发的尼僧之一。此后与几位尼僧一起，赴青浦、桑日、香波雪山、冈底斯雪山等许多著名圣地修持宁玛派、觉域派等各种密法。据丹增仁布切口述：在吉尊仁增曲尼桑姆没来之前，在雄色只有一位希解派的桑尼东丹僧人在此修行，当时吉尊仁布切在不同上师跟前求法，到处寻找新的上师。吉尊来到雄色，在雄色山坡上遇见了桑尼东丹修行师，便拜桑尼东丹为上师，就此修行，从此把雄色定为自身修行的驻锡地，再也没有离开。吉尊跟随桑尼东丹在雄色静坐达数年之久，获得大成就。

乌香拉康

乌香拉康[1]，全称"乌香夺绎扎西嘎贝祖拉康"，该寺名在藏语中有迅速建起之说，因此得名"乌香"。乌香拉康属于格鲁派，西藏和平解放前属甘丹寺分寺，当时该寺僧人由甘丹寺派出。

乌香拉康是公元9世纪，由赞普赤热巴巾（赤热巴巾是三大法王之一，或称祖孙三法王）修建。据史书记载，赞普赤热巴巾为弘扬佛法，下令扩建学经院和寺庙，并且规定每7户供养一位僧人。当时赤热巴巾自身是一位虔诚的佛教徒，同众僧人一起学习佛经，允许僧人坐于自己左右，甚至给予众僧同等的待遇。为建乌香拉康，赞普赤热巴巾从各地邀请了许多建筑、工艺方面的能人巧匠。

最早乌香拉康有九层楼高，据说顶部是石头建筑，中间三层是砖瓦建筑，底下三层为木质建筑。到了十三世达赖土登嘉措时，对乌香拉康进行了扩建，

乌香拉康石碑

---

[1] 乌香拉康：位于曲水县才纳乡境内，距拉萨市30千米左右。

同时他的母亲甚至亲自布施该寺，如今的乌香拉康在原先旧址上仿照和修复，于1990年经县人民政府批准开放。

拉康内主供释迦牟尼，佛像胸口有一颗罕见的宝石，四周协侍为八大随佛弟子。乌香拉康主殿右侧是护法神殿。据传，护法神殿有一尊护法神会说话，后来修复拉康时被迎请到了雄色寺。另一尊佛像则放于布达拉宫主供观音菩萨像前。

拉康所在山顶有一个脚印，据传是当时赤热巴巾到此参观拉康全景时留下的。该拉康共有三层围墙，此外东南方向有去疾佛塔、西南方向有镇魔佛塔等。寺内外各有一石碑，里面那块刻有吉祥八宝图案，外面的那块则刻有乌龟图案。乌香拉康附近的山与其他山并未相连，因自然火灾引发山火，使得山顶呈黑色，远看犹如一个戴着帽子端坐的人。

扎西岗寺

扎西岗寺[1]，全称"聂当扎西岗达杰曲廓林"，1285年，由帕巴·洛追坚参创建，属于萨迦派。

关于扎西岗寺建寺的缘起，有这样一个传说，大约在13世纪，八思巴大师从大都将忽必烈赐的释迦牟尼佛像迎请至萨迦寺途中，经过扎西岗寺附近的一座桥。大师的坐骑和迎请佛像的马车怎么也不肯过桥，认为这个地方有不祥的东西，然而当时唯有经过这座桥，才能将佛像送往目的地，为了顺利通过，便在此修建了寺庙。另一种说法是，佛像到了此地后，突然开口要留在这儿，八思巴便在此修建了寺庙，即扎西岗寺，并把忽必烈赐的这座释迦牟尼佛像作为扎西岗寺的主供佛，被世人称为"释迦牟尼米卓多吉"，意为"不动金刚佛释迦牟尼佛"。相传，八思巴大师所乘坐的马车不肯过桥，这时铃铛从桥上坠落了下来，发出叮叮的声音，因此该桥被取名为叮叮桥。

前往扎西岗寺途中可以参观著名的摩崖石刻聂当大佛，该大佛面向拉萨河，坐落在路旁。聂当大佛，又称大菩萨，通高9.83米，宽7.9米，坐高1.3米，

---

[1]扎西岗寺：位于曲水县聂唐乡德吉村境内，由聂塘卓玛拉康向东走2千米，再向南走500米就到了扎西岗镇，该寺就坐落于镇中。

扎西岗寺

手长1.4米，腿长1.9米，偏袒右肩，呈悲悯寂静状，双脚跏趺安坐莲花上，左手定印托钵，右手结降魔印，即以右手覆于右膝，指头触地，以示降伏魔众。该大佛形象出自释迦牟尼在菩提树下降魔成道的典故。据传，这尊石刻释迦牟尼佛像也是在八思巴修建扎西岗寺时期雕刻的，有着悠久的历史。大佛右侧摩崖壁上雕刻有长寿三尊。

扎西岗寺大殿的面积有360多平方米，主供有释迦牟尼不动金刚像，以及尊胜佛塔和噶当派的佛塔。如今大殿佛像和佛塔得到了修缮。大殿楼上的护法屋内供奉有贡云多吉曲旦塑像。大殿东侧为新建的甘珠尔经殿。扎西岗寺的护法神拉康供奉有八思巴大师亲自塑造的喜金刚8岁等身像。据说当时在造这尊像时，大师每捏一块泥团就念诵十万次陀罗尼咒，具有甚深功德，该护法神也成了当地信众最信奉的护法神。护法神拉康内还供奉有萨迦派的主要护法神四方怙主等。经曲水县人民政府批准，扎西岗寺于1985年开放。

传说1953年左右，林周县那烂陀寺的森沃·贡嘎单增来到聂当时，恰遇疫情，于是森沃·贡嘎单增随即为当地人们举行了"白伞盖解脱法"法会，并向大家开示道果法以及道果教学释，其间僧人不论老幼均不间断地持咒念诵经文，使当地的疫情奇迹般得到了缓解。

第三章　拉萨西南线寺庙

【相关链接】

八思巴：全名八思巴·洛追坚赞，藏传佛教萨迦派第五位祖师，元代著名的宗教领袖、政治家和学者。日喀则市昂仁县人。八思巴幼年在伯父萨迦班智达贡噶坚赞处学习读写及佛学。他3岁能念咒语，8岁能背诵《佛本生经》，9岁在法会上领诵《喜金刚续第二品》，被众人称为"八思巴"，意为圣者。10岁时随萨迦班智达赴凉州，途经拉萨时以萨迦班智达和苏浦巴为师受沙弥戒出家，起法名为洛追坚赞。12岁他到凉州后继续师从萨迦班智达学佛，萨迦班智达临终时授予法螺及衣钵，将教法及弟子托付给他，使他成为萨迦派第五位祖师。1252年，忽必烈奉蒙哥汗之命攻四川，为进攻云南大理，召请八思巴至军中相见，商谈宗教首领与蒙古皇室关系，八思巴被奉为上师。次年，八思巴为忽必烈一家传授灌顶。忽必烈率军南下后，八思巴返凉州为萨迦班智达建塔超度，动身回藏后受比丘戒，行至康区，得知蒙哥汗将西藏分封给诸弟，萨迦派为首的地位不保，即中途折回，会见从云南军中返回的忽必烈，并随忽必烈至中原。1254年5月，忽必烈赐给日喀则一带寺庙的诏书，宣布奉八思巴为上师，自任其施主。1256年，忽必烈营建开平府（后称上都），八思巴随幕府至开平。次年五月至七月，在忽必烈支持下八思巴朝礼山西五台山，开创元、明、清三朝藏族高僧与五台山的联系。1258年，八思巴作为佛教代表之一参加忽必烈奉蒙哥汗之命在开平主持的释道辩论，对佛教获胜起了重要作用。次年初蒙哥汗病故军中，忽必烈从湖北军中北返，11月抵达中都（北京），八思巴也于此时到达中都与忽必烈相会。1260年3月，忽必烈在开平即位，12月在初步战胜争夺大汗位的阿里布哥后返回中都，立即封八思巴为国师，授以玉印，令其统领天下佛教。经他参与筹划，忽必烈改变蒙哥汗将西藏分封给诸王的办法，派人前往西藏清查户籍，设立从河州至萨迦的驿站。1264年，忽必烈设总制院（后改为宣政院）管理全国佛教事务及藏族地区行政，命八思巴以国师领总制院事，并赐珍珠诏书明确宣布八思巴以国师身份管理西藏各派僧众，要僧众遵照其法旨行事，形成了元代"帝师之命与诏敕并行于西土"的格局。同年八思巴与其弟白兰王恰那多吉一起离京返藏，次年初抵萨迦。八思巴与僧人首领商议后，划分管辖地界，设置万户、千户、百户，明确世俗领主占有农奴（米德）、寺庙和宗教领袖占有的农奴（拉德）的领属关系，规定米德对元朝驿站承担赋税差役，僧人免除兵差劳役，拉德供奉僧众，由国师提名报元朝任命各级官员，并设萨迦本钦管理乌思藏行政和司法，仿照蒙古制度建立宗教领袖的13种侍从官职，由此形成封建农奴制基础上的政教合一统治。1267年，动身前往大都，行至拉萨时同意萨迦本钦释迦桑布的请求，决定兴建萨迦大殿。当年冬，西藏各派僧侣首领齐集藏北当雄为他送行。1269年，八思巴抵大都时，皇太子真金率百官出城迎接。朝后，他向忽必烈呈献奉命创制的八思巴字，忽必烈即下诏颁行。次年八思巴再次给忽必烈传授灌顶，被晋封为"皇天之下大地之上西天佛子化身佛陀创制文字辅治国政五明班智达八思巴帝师"。八思巴奉命造太庙木质金表牌位并存佛事于太庙七昼夜，又倡建每年2月举行规模盛大的迎白伞盖佛周游京城内外的活动，并撰写《根本说一切有部出家授近圆羯磨仪轨》，译成汉文后刻版印行，颁发各路僧人遵行；又命弟子阿尼哥塑麻曷摩河（大黑天）神像，指向南方；命弟子胆巴于像前修法，并亲自为神像开光，宣称以此护佑元军渡江南灭宋。1272年，八思巴离开大都到临洮居住，建临洮大寺，又遣弟子建卓尼寺，在甘、青等地传萨迦教法。1274年，八思巴在皇太子真金护送下回萨迦，次年8月在康区听到元军节节胜利的消息，写信祝贺忽必烈统一海内；1276年年底到萨迦，次年正月在曲弥仁莫（今西藏自治区日喀则市）召集7万多人参加的大法会，皇太子真金给每个僧人布施黄金1钱。八思巴还收集各种藏文佛教经论和古籍，组织抄写，有不少是泥汁书写，以求长期保存。萨迦大殿现存的大量华贵经典，大多数为当时写造，为保存和发展藏族文化做出了重要贡献。八思巴还支持雄译师多吉坚赞学习梵文，翻译印度经论和文学作品，为藏族文学的发展提供了良好条件。本人著书也多，有《喜金刚续第二品注流》《喜金刚要义》《道果法经义论》《上师瑜伽论》《大手印七支法》及各种修习法、念诵法等。他为皇太子真金所说佛法也被汇成《彰所知论》，由沙罗巴汉译，收入汉文大藏经中。1280年，11月22日八思巴在萨迦圆寂，由达玛巴拉主持，萨迦派举行了盛大的追荐法事。消息传到朝廷，忽必烈赐号为"皇天之下一人之上宣文辅治大圣至德普觉真智佑国如意大宝法王西天佛子大元帝师"。1320年，元仁宗因沙罗巴建言，认为八思巴之功可比孔子，应庙享祭，下诏令各郡建帝师八思巴殿，岁时致祭，"其制视孔子有加"。1324 年，元泰定帝令"绘帝师八思巴像十一，颁各行省"，让各地塑像祭祀。

聂唐卓玛拉康

在经历吐蕃政权末期灭佛事件后，藏传佛教沉寂了相当长一段时间，11 世纪再度兴盛，开始进入后弘期，当时著名的阿底峡尊者，被弟子仲敦巴等人迎请至聂唐后，在此开设道场收徒授法，1054 年圆寂于此。后来，聂唐卓玛拉康改为格鲁派寺庙，由色拉寺管理并成为它的分寺。

卓玛拉康[1] 意为度母殿，现存度母殿是 20 世纪 30 年代热振活佛主持重修的。正殿前有宽敞的檐廊，北面有两座修在地坪以下的白塔，形制较为特殊，分别是阿底峡的衣冠塔和仲敦巴嘉瓦迥乃的衣冠塔。

卓玛拉康

---

[1] 卓玛拉康：位于曲水县境内聂唐沃尔村西面，距拉萨市 33 千米左右。

卓玛拉康内主供铜质释迦牟尼、无量寿佛塑像和班禅那若巴灵塔等，以及拉藏汗秘书颇罗鼐捐造的铜质度母像等。据司徒·确吉加措所著《古迹志》记载，该寺21尊镀金度母像由拉藏汗捐造。此外，卓玛拉康内还珍藏有阿底峡大师生前用过的法螺、化缘钵和他一生形影不离的木塔哲美曲登。这座木塔用白檀香木制作而成。

聂唐卓玛拉康坐西向东，大门内有一铺石庭院，院落南北两侧是寺庙僧尼住房。殿堂呈"一"字形，共两层，正对寺庙大门，由主殿卓玛拉康、南配殿朗杰拉康、北配殿扯巴拉康组成。因主殿供阿底峡生前本尊度母铜像（即卓玛像），遂名卓玛拉康，又名聂唐度母殿；卓玛拉康主供度母21尊，佛塔供放着释迦牟尼像，两侧协侍为十大弟子塑像；朗杰拉康主供佛塔为朗杰曲登，系八大佛塔之一，高10米，朗杰拉康的侧面是一座灵塔；扯巴拉康主供长寿三尊，即无量寿佛、白度母、尊胜佛母，佛龛雕有飞天等天神。

聂唐大佛

聂唐卓玛拉康建立至今，已近千年，虽然建筑规模很小，但该寺在西藏的佛教传播史上有着非常重要的地位。

聂唐卓玛拉康不远处有西藏最大的一尊摩崖造像。造像为释迦牟尼佛在菩提树下降魔成道的坐像，通高9.83米，宽7.9米，座高1.3米，手长1.4米，腿长1.9米，系高浮雕，其造像洗练，比例适度，气势雄浑，被誉为西

藏石刻之最。属藏传佛教后弘期早期作品，该作品粗犷豪放，充分表现了石质特有的质感和力度。

【相关链接】

阿底峡（982—1054年），古印度佛学大师，藏传佛教噶当派祖师。本名达哇宁波，法名迪班噶罗室外利扎那。"阿底峡"为梵文，意为殊胜，是阿里小王加给他的尊称。藏文史籍中称他为"觉卧杰"（意为尊者）或"觉卧钦波"（意为大尊）。生于萨霍尔国（亦译萨护罗国，在今孟加拉国达卡地区），其父为小国国王。他在阿里托林寺时著有《密宗道次第解说》，以解答绛曲沃等人对密宗教法的疑惑；著有《菩提道次论》，讲说从学法到成佛的修习的内容；还著有《中观教授论》《摄菩萨行炬论》等，对藏传佛教教理的发展起了重要作用。同时在西藏培育了大批弟子。1054年（北宋皇祐六年），他在聂唐圆寂后，仲敦巴成为众弟子之首。次年，仲敦巴集合众人在聂唐为他举行周年供，并集资修建了古朋寺以做纪念。阿底峡还是一位多才多艺的学者。他的绘画作品很多，最为珍贵的是他用自己的鼻血画成的两幅唐卡，分别保存在热振寺和聂唐寺。他在西藏各地讲学达17年之久，不但留下佛学显密论著55种，在医学方面还著有《医头术》等医学理论和医术著作。他的弟子仲敦巴修建热振寺，并依据阿底峡所传的教法创立了噶当派，广为传播300多年。宗喀巴以阿底峡《菩提道次论》为基础创立了新噶当派即格鲁派，现今格鲁派的寺庙中大都有他的塑像或画像，因此阿底峡的佛学思想体系在西藏佛教史上占据了重要的地位。1978年，中国政府应巴基斯坦政府的请求，西藏自治区筹备委员会将其部分骨灰经北京，运送至孟加拉国，在其家乡达卡举行了隆重的安放仪式。

热堆寺

热堆寺[1]全称"聂唐德瓦坚达仓色桑囊支尔扎仓拉瓦堆推桑罗布林"，

---

[1] 热堆寺：位于曲水县聂唐乡热堆村，从聂塘卓玛拉康向西走3千米，再向北走4千米左右就能在镇中见到该寺。

也被叫作"恰车贡邦扎仓"。1205年,由庆热瓦创建,据说庆热瓦是一位汉族僧人。热堆寺属于藏传佛教格鲁派,是噶当派六大寺[1]之一,历史上是当时三大寺德瓦坚、桑普、贡唐的分寺,共有九个康村,即娘拉康村、泽当康村、尼夏康村、密宗康村、穷结康村、坚叶康村、觉丹康村、强林康村、曲巴康村,后逐渐成为辩经场所。该寺具有代表性的活佛是热堆寺第二世次久追古。

根据资料记载,该寺的旧址上有一叫作色秦德瓦坚的佛殿。阿底峡尊者在聂当开设道场时,其弟子噶瓦·夏嘉旺久将其改为日喀则寺庙,随后寺庙逐渐得到扩建,由创建桑普寺的俄·勒白西绕将热堆寺学经书院进行了扩建,此后以三大寺为主的因明学高僧也经常前往该寺讲经说法。

寺内主供拉巴索巴佛,原先300多平方米的大殿内主供甲瓦·强白嘉措本尊和两层楼高的三世佛泥像。三世佛泥像周围协侍为八大弟子等;三楼的铜像拉康,顾名思义,所供奉的佛像均为铜质。目前得到修缮的扎仓大殿中供奉有原先佛像的仿制品;还有《甘珠尔》、宗喀巴大师的卧室及

辩经场景

---

[1] 六大寺:桑普、热堆、蔡公堂、嘎东、觉罗、隋普。

宝座、隆堆喇嘛使用过的桌子，以及旧壁画。此外，各康村也供奉有各种神佛造像。

一年一度的姜贡曲法会由热堆寺主办。该法会是目前西藏最大的藏传佛教辩经法会之一，各大寺庙均会派出优秀佛学僧人前往该寺进行辩经。法会具体时间是每年藏历11月3日至28日，来自哲蚌寺、色拉寺、甘丹寺、大昭寺、热堆寺的僧人在此主持姜贡曲法会，主要内容是诵经辩经，检验僧人的佛学造诣，并考取学位。

珠寺

珠寺[1]属竹巴噶举派，初建该寺庙时，雷声巨响，藏语雷为珠札，后遂以珠命名。1651年，由噶举派藏巴嘉热·益西多杰创建。该寺在历史上遭受

珠寺

---

[1] 珠寺：位于曲水县驻地东北的拉萨河下游，曲水镇北面4千米公路处。

过准噶尔破坏，据说当时损失很严重，后来珠寺改宗为宁玛派寺庙。

据史料记载，藏巴嘉热·益西多杰是家中最小的儿子，从小聪慧。他在12岁到22岁聆听了许多藏传佛教密宗的内容，23岁时师从喀隆巴大师研习教法，后拜林热·白玛多吉为师，修习噶举派的"拙火定"（密宗的一种修定方法）。竹巴噶举起初以珠寺为根本寺庙，后来转到热垄寺。从热垄寺传出来的竹巴噶举支系被叫作中竹巴，从中竹巴又分出一些支系，其中以上、下竹巴较为有名，这些支系均以珠寺为祖寺。此派以注重苦修为特点，后期传入不丹，又形成南竹巴一系。由于藏巴嘉热·益西多杰本人佛法精进，并且得到多位密宗大师的指点与授法，很快有了他人无法突破的成绩。

目前，该寺占地面积约为13000平方米。该寺集会大殿有960多平方米，主供贡布藏巴加热佛、药泥塑制的释迦牟尼佛像和诸菩萨塑像等；珍藏有大量的历代竹巴噶举派大师们的注疏全集和印制全集的经板，故该殿又被称为竹巴噶举派的印经院；殿内还珍藏有在暗蓝纸上用金汁书写的全套《甘珠尔》

珠寺大殿内

经籍；大殿的内殿中央供奉有克什米尔响铜制作的释迦牟尼佛像，两边协侍为八大佛子的立身像，供奉有四座装饰考究的灵塔及为数众多的青铜质佛、菩萨像，工艺精巧，形制各异，有很高的艺术史研究价值。寺庙周围还有甲热禅洞、巴日强曲林的遗址、竹巴衮立的手印等。

【相关链接】

林热·白玛多吉：生于今江孜县地方，属下林麦家族，"林热"意为林麦家族中一个能穿布衣御寒的人。他的父亲嘉布甲哇波是一位通晓密咒修法和以医卜为生的人。他幼时取名"白玛多吉"，童年时即已学会书法和念诵；17岁时在轨范师林师处受居士戒，后在格西俄玛塘巴前出家为僧，修习觉敦禁戒苦行，又到色巴隆师从热译师闻习《时轮》《胜乐》《能怖》诸法；38岁时来到丹萨替寺拜帕木竹巴为师，帕木竹巴给他传授了修法导释。帕木竹巴圆寂后，他便到拉萨山南一带地区云游。年近六旬时倡建了纳普寺，收徒传教，世人称他为"纳普巴"。林热·白玛多吉最得意的弟子是卓衮藏巴嘉热，跟随他学习了《那若六法》和《俱生和合》等密教知识。

藏巴嘉热·益西多杰（1161—1211年），娘堆人，属甲氏家族。他12岁时师从洛尼克哇学习藏文；13岁时师从轨范师达塘西学习《现对法》《瑜伽》等教法；15岁时拜轨范师喀隆巴、柯热哇、藏察等为师，学习《因明论》《大悲观音秘藏法》等；23岁时师从轨范师喀隆巴研习教法，后拜林热·白玛多吉为师，学会了噶举派的"拙火定"（密宗的一种修定方法）。林热·白玛多吉去世后，他又接触了止贡噶举、蔡巴噶举的一些高僧，在33岁时从向蔡巴受戒出家，后在今江孜县境内修建了热垄寺，继而又在拉萨西南曲水地方修建了寺庙，因闻雷声而得名"珠寺"。

竹巴噶举派：创始于帕木竹巴的弟子林热·白玛多吉，形成于林热·白玛多吉的弟子藏巴嘉热·益西多杰，后来又由藏巴嘉热的两位弟子洛热巴和郭仓巴分成上竹巴和下竹巴。该派成就者们的悟道境界非常高，均能修成内外风息合一，用毅力控制一切烦恼，得到平静而空的境界。藏巴嘉热及其弟子奠定了坚实的教派基础，影响力迅速扩及四方。藏巴嘉热的弟子很多，这些弟子后来在不同地方进行佛法的传播，形成了上、下和中三个支系。上竹巴以阿里三围为主要传播区域，下竹巴或南竹巴，以现在的不丹为中心，中竹巴则以拉萨河下游北边的珠寺为祖庭，形成了各自的传播特色。

绛寺

绛寺[1]在13世纪，由绛·温堪巴主持创建。该寺最早属宁玛派，后改宗格鲁派，是热堆寺的分寺。历史上，每年藏历11月，来自哲蚌寺、色拉寺、甘丹寺、大昭寺、热堆寺的等近千名僧人均会前往该寺举行为期1个月的冬季辩经大法会。法会由热堆寺主持，主要内容为诵经辩经，目前仍保持此法会传统。

目前，该寺占地面积约为600平方米，有一座大殿，主要供奉释迦牟尼，相传大殿底下埋藏着文殊菩萨的利剑。辩经活动通常要通宵达旦地举行。辩经，藏传佛教中僧人学习佛法的独特方式，具有上千年历史，在西藏格鲁派寺庙中尤为出名。绛寺冬季法会，是比较大型的法会，因此会引来很多信众，非常热闹。

曲果央仔寺

曲果央仔寺[2]最早是噶玛噶举派的修行处，具体创建时间不详。1648年，五世达赖下令对该寺进行修整，将其改宗为格鲁派寺庙，由地方政府管理。寺内主供释迦牟尼。相传，准噶尔部队经过当地，对该寺进行大肆毁坏，当在度母像手掌上钉钉子时，度母像叫了一声，从此这尊度母像就被称为启口说话度母像，至今仍保留在寺中。

原先大殿供奉有三层楼高释迦牟尼像，右边是弥勒佛像；各有一座罗汉堂和度母殿。曲果央仔寺还保存有历代达赖文书等珍贵文物。该寺僧人修行显密二教。每年夏冬两季该寺都要举行法会，在每年藏历12月29日进行跳大威德金刚法舞、抛朵玛食子等宗教活动。

目前新建的大殿中供奉释迦牟尼、文殊菩萨、弥勒佛等佛菩萨造像，护

---

[1] 绛寺：在曲水县南木乡江村境内。

[2] 曲果央仔寺：位于曲水县达嘎乡，中尼公路边。

法神拉康供奉大威德金刚、多闻天王以及本寺护法神退敌天母等的塑像。

塔巴林寺

塔巴林寺[1]始建于 17 世纪，由五世达赖修建，目前为格鲁派寺庙。塔巴林寺最早属于宁玛派寺庙，在七世达赖时期改宗为格鲁派寺庙，后来由布达拉宫朗杰扎仓管理。据资料介绍，康萨活佛曾长期住在塔巴林寺，并圆寂于此。

寺内主供宗喀巴大师，大殿一层供奉释迦牟尼像、弥勒佛像、莲花生大师像、宗喀巴大师像等，还珍藏有珍奇异宝做墨抄写的《甘珠尔》《丹珠尔》。距离此寺 7 千米左右处是赤列甲布的护法神寺，从护法神拉康步行 4 千米就是仁青林寺，里面供奉有该寺堪布强久琼乃和塔巴西绕等人的塑像。

历史上，塔巴林寺每月要派出 5 名僧人到布达拉宫参加会供，同时还要支付朗杰扎仓一名僧人的酬金。此外，该寺还要负责派僧人服侍达赖起居，并协助地方税务部门做一些类似于搬运物品的琐碎杂务。

桑亚南喀宗寺

桑亚南喀宗寺[2]被称为西藏的五台山，是群山环绕的修行圣地，其景观有自然形成的沙地大象，南面有自显 21 位度母，西面有形如雄鹰般的巨石梵天大仙神湖，北面有乌香古寺。1645 年，在掘藏大师独堆多吉、贡布归仓活佛、贤者白玛列珠等人要求下，尊者南卡晋美修建了桑亚南喀宗寺及修行居室。

据说，莲花生大师曾在此修行达 3 个月之久，后来掘藏大师古如觉孜来到修行洞。相传，古如觉孜从法洞的岩石中挖掘出了 30 多部佛教经书和莲花生大师 108 尊像等。据《五部遗教》记载，塔米贡尊在莲花生大师即将返回之际，面对着大师，用金银铜器铸造了拇指大小的大师像。当大师准备为这尊精美绝伦的佛像灌顶时，天空出现了五色云彩，到处洋溢着神奇的香气，让人分辨不出大师的真身与佛像。

---

[1] 塔巴林寺：位于距曲水县 8 千米处的达塔巴林镇，寺院就坐落在镇中。

[2] 桑亚南喀宗寺：坐落于拉萨河东岸乌香西南 8 千米处，离拉萨约 30 千米。

桑亚南喀宗寺

桑亚南喀宗寺有一块形如雄鹰的岩石，还有一块形如大象的岩石，此外还有几块巨石林立于寺中。寺庙中央是莲花生大师修行处，至今仍可见当时莲花生大师修行时留下的脚印。相传，雄色寺吉尊仁波切在此向观音菩萨祈祷时，岩石自然流淌出甘露，因此后来吉尊仁波切又被称为甘露大师。桑亚南喀宗寺还保留有宁玛派隆钦绕绛大师的修行洞，历史上有许多上师贤者亲临此处，修行、讲经、传授佛教知识。相传，空行母益西措杰等人也曾来到这里，埋藏了佛教密宗经典，后来被掘藏大师们挖了出来。

在原有寺庙和修行洞的基础上，近代著名竹巴噶举传人德庆曲廓恩师、七世活佛阿旺吉齐成为本寺主管后，在密修殿东面修建了隐修处，并对寺庙进行了修缮和扩建。如今，莲花生大师修行洞内供奉有莲花生大师等身像、空行母益西措杰像及其他两位密友像，莲花生塑像中存放着由掘藏大师古如觉孜挖掘的莲花生大师代表法像、宗喀巴大师师徒三人铜像、金刚手菩萨像、千尊度母身像等，山顶可见自然形成的两块绿松石。寺庙前的石板广场岩石

桑亚南喀宗寺殿内所供莲花生大师等塑像

上清楚显现出白玛旺杰尊者的脚印。

目前，桑亚南喀宗寺的尼姑潜心研修佛教密法，严格遵守清规戒律，继承和发扬历代佛学大师的"闻、思、修"和"讲、辩、著"的学经规律。在这里，寺庙尼众首先掌握诵经要领和礼佛手艺、绘制坛城、吹奏法器等内容，然后开始系统学习诗词文法、藏医藏药、天文历算、佛教经典等。

藏历每月的8日、10日、15日、25日、30日，桑亚南喀宗寺都要举行持明修命大法会。每年1月至4月，寺庙要祈颂10万遍《度母经》；5月，祈颂《甘珠尔》全套；6月，再次祈颂10万遍《度母经》。实际上，桑亚南喀宗寺每年祈颂的《度母经》达50万遍。此外，该寺还提供寺庙内外名胜古迹的讲解服务。

【相关链接】

南卡晋美：大班智达比玛喇与贡钦赤美维色弟子南卡晋美或通称拉尊贡桑南杰，生于藏历第10绕迥火鸡年，西藏山南市隆子县雪萨乡境内，出生时祥云朵朵、吉祥遍地。南卡晋美在日卓活佛前出家为僧，取法名为贡桑南杰。懂事后，南卡晋美起初在唐卓扎仓学习佛教经典；后来，云游各地，向各地高僧大德学经，掌握了许多密宗教义，特别是在宁玛派大圆满尊者索郎旺布处学习佛经长达17年，得到了宁玛派大圆满密法的所有修行传授，领悟到了高深的佛学内涵。为检验自己的修行成果，南卡晋美在上师尊者索郎旺布前展示了阴阳窍诀大法，从此声名大振，成为远近闻名的修道者。他先后到西藏各地的寺庙广为学经，集众家之长，成为佛学造诣很深的大学者。他一生云游四方弘扬佛法，培养了仁增赤列伦珠、赤列南杰活佛、大成道者益西平措、贡布归仓活佛、宁普仁增宁布、塔顶巴赤列伦珠、荣巴左钦巴等众多大乘密法学者。大师悟道的持明命修法和金刚云道歌的灌顶、传法、讲授至今得以继承。大乘密法主要流传于西藏及锡金各地。他为后人留下了五部佛教著作，1472年圆寂于雅隆协扎。转世活佛在哲木雄继承上师佛业继续弘扬佛法。

掘藏大师古如觉孜：掘藏大师古如觉孜是一位莲花生大师亲自预言的大佛学家。大师出生于拉萨河下游地方。由于小时候家境贫寒，以为本村大户

人家放牧为生。此后，找到了掘藏密要，在拉萨河"五峰神山"（西藏五台山）之西桑亚南喀宗扎岩缝中掘藏了 30 多部佛经、128 尊佛祖舍利、莲花生大师身像等众多稀有珍宝。其伏藏主是杰日拉巴，许多人慕名瞻仰伏藏物品，古如觉孜声名大振。部分伏藏经和伏藏物保留至今。总之，掘藏大师古如觉孜是八思巴时期西藏著名的大乘密法传承者之一。

尼木县简介

很早以前，人们认为青稞有雌雄之分，并且认为尼木的青稞是雌性，而藏语称母青稞为"乃木"，因此被当地百姓称为"尼木"地。为什么认为青稞都是雌性并以此命名家乡地名，其一，大概是源于当地先民对雌性之物有刻意溢美之化，而尼木的青稞尤其肥美，因此将当地称为"乃木"；其二，由于译音的差别，尼木在历史上曾有多种称谓：元代译为"聂摩"，明代译为"聂母"，清朝中央政府后又译作"尼莫""尼冒""尼穆"，现确定为尼木。

尼木县位于西藏中南部，雅鲁藏布江中游北岸，拉萨市西南 140 千米处。全县地形西高东低，系拉萨、山南、日喀则的交界处，东南西北分别与拉萨市当雄县和曲水县，以及日喀则市的南木林县、山南市的浪卡子县、那曲市的班戈县山水相连。尼木县历史悠久，元朝时期即已设宗。尼木作为藏文创始人吞弥·桑布扎的故乡，曾先后出现过吞弥·桑布扎、西藏三大译师之一毗卢遮那（贝若杂纳）、天文历算家益西群培、香巴噶举派益西宋等人物。

尼木县面积为 3275 平方千米，平均海拔约为 4000 米，距拉萨市区 140 千米，距贡嘎机场 15 千米。全县人口总数约 3 万人，由 8 个乡（镇）、35 个村组成。写到尼木不得不提其历史来源，尼木是一个古老的地方，在雅砻部落未崛起之前，它是苏毗部落的属地。松赞干布祖、父、子三代在雅砻河谷崛起后，先后以武力征服了娘、蔡、达波、工希、苏毗、羊同、吐谷浑等部落，最终统一了吐蕃，扩大了疆域。为便于统治，松赞干布将吐蕃划为五个行政区，称之为五茹，即卫茹、夭茹、也茹、茹拉、苏毗茹。其中卫茹是吐蕃的中心区，以拉萨为核心，尼木是卫茹的西界。

尼木土地肥沃，土质优良，当地所产的青稞远近闻名，蛋白质含量较高，磨出的糌粑口感好。在旧社会，这里产的青稞专供达赖喇嘛和贵族食用。尼木境内还有高山灌木林、人工林等，植物资源有黄花紫萱、龙胆草、黄连、贝母等药材。尼木的主要家畜品种有牦牛、黄牛、山羊、绵羊、犏牛、猪、马等；野生动物资源主要有豹子、狗熊、猞猁、獐子、黑颈鹤、野鸡、野猪、蟾蜍、壁虎、水獭等；矿产资源主要有铜、钼、泥炭、大理石等，尤以铜矿最为富集。

近年来，尼木区域发现地热，属拉萨境内中高温地热区较多的县之一。该县旅游资源丰富，境内可参观藏文文字创造者吞弥·桑布扎故居，西藏造桥专家唐东杰布[1]建造的尼木铁索桥等。尼木县人心灵手巧，西藏手工艺人大部分出自尼木。藏香和藏纸等产品大部分出品于尼木县。目前资料显示，全县有10多座大小不等的藏传佛教寺庙、拉康、日追。

主要寺庙简介

比如上下寺

比如上下寺[2]全称为尼木穷仓查寺，比如上寺为僧众寺，下寺为尼众寺。该寺距今已有1300年的历史，属宁玛派的早期寺庙。

比如上下寺有一段非常有趣的历史渊源。据说，公元8世纪，莲花生大师告诉赞普赤松德赞，在尼木一带有一名8岁男童，其父亲名巴果黑堆，母亲名柴斯嘎杰。这个男童非常聪明，建议赤松德赞将其找来，并认为他父母

---

[1] 唐东杰布：藏传佛教香巴噶举派的一位著名高僧。唐东杰布吸收民间和宗教中各种戏剧因素编排节目，设计唱腔和动作，改进鼓钹伴奏，进一步发展、丰富了白面具戏。他以僧人修行不能只待在寺院或山洞里，而应云游各地帮助众生解除一些实际危难的主张和实践闻名于世。

[2] 比如上下寺：位于塔荣镇巴古村，尼木县县城向东走1千米就到该寺。

比如上下寺

也一定会非常赞成。于是,赞普带着随从前往尼木寻找该男童。他们在孩子群中一眼就认出了男童,随即向他提问,男童都能一一应答。随后,一行人来到男童家中,发现其父亲已经酩酊大醉,母亲则点着油灯。一行人向这对夫妻提出了他们此行的目的,由于这个男童是独子,加之家庭生活困苦,于是赞普承诺解决夫妻俩的一切生活所需,之后将这个孩子接到了桑耶寺。这个孩子日后成了翻译大师毗卢遮那(贝若杂纳)。后来,毗卢遮那同赞普赤松德赞、莲花生大师来到今天尼木比如寺的位置一起闭关修行。莲花生大师进一步扩建了修行洞,又用塑佛像剩下的泥造了马头明王像。之后,马头明王像被迎请到了布达拉宫。当僧人不知将该像安放于何处时,马头明王像居然开口说:"我不待这儿,请把我送到尼木穷仓(比如寺)。"就这样,它又被迎请到了比如寺。在历史上,西藏地方政府每年都向该寺庙提供三斗大麦来供养。

目前,寺庙内主建筑有经堂、佛殿、护法神殿和僧舍等。该寺附近有三个西藏传奇大法师莲花生的修行洞。

【相关链接】

修行洞：莲花生在中间修行，毗卢遮那、赤松德赞各在左右两边修行，主供为马头明王像。在仿照旧样新建的六柱大殿中供奉有莲花生像，右边为赤松德赞像，左侧为毗卢遮那像，此外，还有很多仿照旧样塑造的神佛塑像。

毗卢遮那：毗卢遮那是赤松德赞最初命受戒出家的"预试七人"之一。桑耶寺建成以后，赤松德赞继续派人到印度去迎请佛教名僧，同时也派出一批人到印度去学法取经。从印度请来的僧人中有大乘佛教高僧大德无垢友、克什米尔的阿难陀等。派到印度留学的第一批人中即有遍照护，印度人称他为毗卢遮那若希达，被认为是一个聪明敏慧并且具有语言天才，对佛教有虔诚信仰的人。毗卢遮那的尊号即由此得来。毗卢遮那到印度后，看到当时大乘佛教密宗尚盛，而显宗已日益衰落了，于是他拜了一些密宗名僧为师，学到了印度佛教密宗中的"金刚乘"等教法，密宗知识相当渊博。毗卢遮那从印度回到桑耶寺以后，就遭到两派人物的反对，一派是寺里的印度僧人。因为住在桑耶寺的印僧主要是学显宗的，莲花生大师也是先学显宗，以后才兼通密宗的。寺院堪布寂护是学小乘佛教的，小乘佛教中只有显宗，没有密宗。因此毗卢遮那学密宗回来，首先受到了印僧们的不满和反对。另一派是吐蕃传统的苯教及其代表势力。他们给毗卢遮那加上罪名，说他在印度学到的一切，将要给整个吐蕃政权带来灾难，要求将他处以死刑，后被赞普暗藏起来，让他翻译经文。但后来苯教势力发现他并迫使赤松德赞把毗卢遮那流放到康区一带。相传，毗卢遮那大师被流放到四川阿坝藏族羌族自治州一带时，当地嘉绒王和苯教势力同样对他进行过精神和肉体上的各种折磨和摧残。曾将他投入装满青蛙的地牢里，企图以传说青蛙聚会能放出一种毒素将人毒死的方法治他，但他安然无恙；又放进许多虱蚤和蚊虫去咬他，但由于他修法已深，在洞中仍念经不止，说教不息，因此用什么办法也奈何不了他。最后嘉绒王放他出牢，并积极支持他在阿坝一带建寺收徒，译经传法。当地的佛教即从此时由他传播开来。

第三章　拉萨西南线寺庙

桑日寺

桑日寺[1]全称米吾伦珠托米林寺，又称米吾丹萨钦木巴丹桑日。在1096年，由米吾·崔成白钦修建。据史书记载，当时该寺有近千名僧人，并讲授《般若经》等典籍，一段时间出现过许多密宗修炼者，后来由于苯教衰落，该寺的状况也大不如从前，因此米吾·崔成白钦将寺庙交给郭伟色坚才，后其前往香锦孔之地修行，之后在历代法嗣的精心打理下该寺才免遭变成废墟的下场。据说，以前在寺庙里供有印度佛像、苯教典籍与壁画。该寺历史上先后出现了巴郭伟色坚赞的弟子香郭唐巴、香郭崔成落丹、松郭拉邦、松郭堆瓦桑布、松郭桑布白等四十多位高僧大德。

桑日寺一年当中最隆重的法事当属藏历12月29日的祭神仪式，藏历6月4日也按照传统的习俗祭拜苯教护法神，此外，每天该寺僧人轮流供奉护法神。

【相关链接】

米吾仓的世袭：《本教论世》记载，智者米吾仓的世袭来源于天神业仓坚大神，此神有二子为玛和米吾。米吾后代昂兰杰补修炼了灼法，骑白青龙从冈底斯山降临到了亚龙之地，并当上了聂赤赞普的古辛，又到了叶如香地方繁衍了米吾堆瓦尊和雍辛托噶两个支系。在雪地方发展为上下两派，上部的发展如日中天，下部由雍辛之子米杰伦布支撑。米杰伦布有三子，其中两人是东恰和白东；东恰有三子，其次子为米吾若巴本；米吾若巴本之子为喇日年布或称玛伟僧嘉，玛伟僧嘉之子为塞噶喇嘛，塞噶喇嘛之子为塔达释加丹，塔达释加丹之子为米吾大修行者。

杰吉寺

杰吉寺[2]在1420年，由五世达赖经师克尊·云丹嘉措修建，属于格鲁

---

[1] 桑日寺：位于距尼木大桥8千米的尼木村，从尼木村往东3千米。
[2] 杰吉寺：位于尼木县塔荣镇伦岗村西南8千米处，离拉萨约30千米。

派寺庙。该寺具有代表性的活佛是云丹嘉措。该寺的第一任喇嘛是克尊·云丹嘉措。凡寺庙中的主要事宜均须堪布所属的经师、领经者等12名僧人讨论决定。相传，随着寺庙发展的不顺，僧人的流失，僧人数量明显不如当年。

据史料记载，根敦珠巴来拉萨一带时，曾顺路经过杰吉寺。相传，布达拉宫曾委派一名管理人员进驻杰吉寺，此人大吃大喝，使得僧俗之间滋生了不少矛盾，于是布达拉宫批准杰吉寺的堪布可以自行决定其内部人选，同时每年须上交酥油、糌粑等，此外还必须遵守规章制度及西藏地方政府规定。

该寺最早有两层楼，早期面积不大，后得到扩建，并拥有拉热寺、江才寺等分寺。

目前，该寺面积600平方米左右，大殿主供释迦牟尼佛、宗喀巴等，护法神殿主供大威德金刚、六臂护法、吉祥天母、四大天王等。每年的宗教传统节日甚多，主要有藏历1月14日和15日的"展佛节"、藏历八月初的"恰续节"、藏历12月19日的"古朵节"等。杰吉寺也是尼木县境内最负有盛名的寺庙。

切嘎曲德寺

切嘎曲德寺[1]又称"曲德寺"。切嘎曲德寺最初由贝·齐美巴桑修建，后来珀东·乔勒朗杰又对该寺进行了修缮和扩建。据史料记载，1100年，由桑顶·多吉帕姆创建曲德寺，现属宁玛派，具有代表性的活佛是桑顶·多吉帕姆。相传，当年桑顶·多吉帕姆修建寺庙后，经常在卧室念经打坐，随着岁月流逝，人们置身其中已无从感知当年往事，但该卧房的存在提醒着人们，桑顶·多吉帕姆与切嘎曲德寺有着密切联系。相传，为了僧人的修行，寺庙曾专门派僧人前往德格寺、哲蚌寺学习佛法，主要修习伏藏经典，修行阎摩敌、普明大日等法门。

切嘎曲德寺矗立在一座小山丘上，远看似民宅，但从墙体的颜色即红顶白墙，仍能看出这是一座寺庙。该寺大殿供奉观音菩萨、无量寿佛、罗汉等，

---

[1] 切嘎曲德寺：位于塔荣镇塔荣村。从尼木县西北不到2千米的旧县城遗址再向东走2千米，在唐东杰布铸造的铁索桥边上就能见到这座属于珀东学派的寺庙。

切嘎曲德寺

还供有莲花生和珀东·乔勒朗杰的塑像以及一些其他的新立塑像；护法神殿内供有金刚持（即金刚手菩萨）塑像、马头明王像、退敌天母等32尊护法神像，因此禁止女性进入；大殿二楼的甘珠尔拉康中存有《甘珠尔》印本和经板；三楼有桑顶·多吉帕姆的卧房。

【相关链接】

桑顶·多吉帕姆：12世纪，藏传佛教噶玛噶举派创立活佛体制后，桑顶·多吉帕姆活佛成为藏传佛教中最早产生的女活佛转世体系之一，是藏传佛教尼众中最高层次的出家女性，享有一定的宗教地位。桑顶·多吉帕姆女活佛转世，最早可追溯到公元8世纪吐蕃时期的空行母益西措杰，是藏传佛教密宗"空行母化身说"实践的结果，也是藏传佛教独有的一种文化现象，其转世体系则形成于15世纪。与其他女活佛转世体系相比，桑顶·多吉帕姆女活佛转世体系呈现出承袭时间最长，转世体系已制度化的特点。桑顶·多吉帕姆，为藏文音译，意即"金刚亥母"（多吉为"金刚"之意，帕为"猪"的意思，姆表示女性，在十二生肖和时辰中猪对应为"亥"，因此将多吉帕姆译为"金刚亥母"），是藏传佛教密宗修持的母体本尊之一。公元8世纪，多吉帕姆开始传入吐蕃，最早以"佛母"形象出现。吐蕃赞普赤松德赞延请莲花生大师进藏传法时，莲花生大师将赤松德赞妃子卡钦萨（益西措杰）认作多吉帕姆佛母"语"之化身，从此卡钦萨益西措杰成为藏传佛教史上最早的多吉帕姆佛母化身和智慧空行母，也是出现在西藏的第一位"金刚亥母"化身的吐蕃女性。益西措杰以后，西藏又出现了另一个多吉帕姆化身，即益西措杰著名亲近弟子、芒域王之女扎西吉珍，被莲花生大师认为是多吉帕姆佛母"业"之化身，这是继益西措杰后，在西藏出现的又一位多吉帕姆佛母化身。可以说，她们是藏传佛教尼众史上出现最早的多吉帕姆佛母化身，开启了藏地女性"空行母化身"之先河。特别是空行母益西措杰，成为后世藏传佛教空行母化身之母体，也是藏传佛教多吉帕姆佛母转世女活佛的基石。

自此之后，西藏出现的多吉帕姆佛母，作为藏传佛教密法《母续》的主要"本

金刚亥母唐卡

尊"之一，被各宗派推崇，尤其受到藏传佛教噶举派、萨迦派、格鲁派等宗派的重视。此后，专门供奉多吉帕姆佛母的佛殿，遍布西藏，还产生了多吉帕姆佛母化身的护法女神。12世纪，藏传佛教噶玛噶举派创立活佛转世制度后，各种男性"佛"和"菩萨"的化身在藏传佛教各宗派中纷纷兴起，而女性的"佛母"和"女菩萨"的化身亦渐而成为藏传佛教活佛转世的内容之一，在各宗派中开始产生。故金刚佛母，即多吉帕姆佛母，便成为藏传佛教中最早产生的女活佛转世化身。

桑顶·多吉帕姆世系：一世桑顶·多吉帕姆扎桑姆，生于当雄宁中，40岁圆寂；二世桑顶·多吉帕姆乌金措姆，生于康地的乌坚，10岁圆寂；三世桑顶·多吉帕姆卡居益西左姆，生于工布地区的噶玛冲萨，54岁圆寂；四世桑顶·多吉帕姆丹增德庆赤列桑姆，生于羊卓达隆，66岁圆寂；五世桑顶·多吉帕姆班丹桑阿阔罗旺姆，生于吞桑珠通门，44岁圆寂；六世桑顶·多吉帕姆格桑群丹德庆旺姆，生于向森珠普布，49岁圆寂；七世桑顶·多吉帕姆曲珍旺姆，生于尼木同西，44岁圆寂；八世桑顶·多吉帕姆格桑确丹德庆旺姆，生于香扎西孜，49岁圆寂；九世桑顶·多吉帕姆确央德庆旺姆，生于拉萨拉鲁家族，82岁圆寂；十世桑顶·多吉帕姆阿旺仁青贡桑旺姆，生于何处不详，31岁圆寂；十一世桑顶·多吉帕姆阿旺贡桑土丹曲央旺姆，生于堆龙，48岁圆寂；十二世桑顶·多吉帕姆德庆确吉卓美，生于尼木，健在，1938年生。

尼木县噶举派尼姑寺

在尼木县，噶玛噶举派的尼姑寺比较普遍，是拉萨三区五县中尼众寺最多的地方。噶举派尼姑寺的由来可追溯到11世纪。随着藏传佛教噶举派的产生，信奉噶举派法门的尼姑和尼姑组织相继出现。以玛尔巴译师传承和琼布大师传承为轴心，形成藏传佛教噶举派的塔波噶举和香巴噶举两大派系，分别在拉萨、山南和日喀则形成传播噶举派教法的两个中心区域，这些地方逐渐出现尼姑及其修行的场所，在此基础上最后形成噶举派的尼姑寺庙。

据《洛绒史籍》记载，噶举派祖师玛尔巴译师从印度返回西藏后，培养出许多著名弟子，其中"四缘弟子"之一的女弟子白玉聂玛巴姆，是噶举派早期出现的著名比丘尼。《米拉日巴大师传》记载，米拉日巴大师在西藏为许多女性传授教法,其中最为著名的"四姊妹弟子"被誉为智慧空行母,这些都是早期修持噶举派教法的尼姑。大约在12世纪初,噶举派的尼姑寺庙已形成。随着噶举派各支派的形成及势力的不断扩张,噶举派的尼姑和尼姑寺也依附噶举派的日益强盛在西藏相继产生。

岗布寺

岗布寺[1],在一些史料中以"恩布寺"为名,都有偏远的意思,只不过"岗"是上方的意思,"恩"是舒适地方的意思。岗布寺始建于1510年,由七世噶玛巴·却扎嘉措创建,属于噶玛噶举教派,一直是尼姑寺。关于寺庙创建人的相关信息。在一些资料中记载,该寺创建人出生于1454年,53岁时圆寂,那么创建时间就有了很大差异。

卓瓦曲典寺

卓瓦曲典寺[2]又称桑旦羊孜寺,意思是行走的佛塔。由洛桑旦央修建,属噶举派的尼姑寺。传说,卓瓦曲典寺的佛塔具有消除业障的功效,很多当地或其他地方的信众特地到此寺转经,其中以孕妇和未能受孕的妇女来此转经的较多,孕妇为能够保母子平安,而未能受孕妇女来此寺祈求早日受孕。寺内主供一座天然形成的佛塔。该寺于1984年经拉萨市民宗局批准修复开放。目前,寺庙主建筑共有两层,其中一楼大殿主要供奉佛祖泥像和莲花生大师像等,二楼有《甘珠尔》经堂和护法神拉康。大殿前就是自然形成的佛塔。

达金寺

达金寺[3]意思是到达涅槃境地,就是从世间苦海中解脱的意思。该寺始建于1420年,由加查活佛创建,属于噶举派尼姑寺。寺内主供噶玛巴佛。

---

[1] 岗布寺:位于续迈乡春才村。

[2] 卓瓦曲典寺:位于尼木乡日措村。

[3] 达金寺:位于普松乡曲水村,从乳寺步行4小时就到了达金尼姑寺。

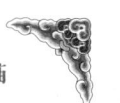

岗仲寺

岗仲寺[1]又称岗彭寺,意思是雪中的龙。11世纪,由鲁扎娃主持创建,属于噶举教派尼众寺。寺内主要供奉野牛脚印。该寺具有代表性的活佛是第四世噶玛索巴多杰。

卡曲寺

卡曲寺[2]意思是洁净的水。11世纪,由尼玛卡曲旺布修建,属于噶举教派尼姑寺。寺内主供噶玛巴佛。具有代表性的活佛是益西曲培。

---

[1] 岗仲寺:位于麻江乡江久村。
[2] 卡曲寺:位于麻江乡堆雪村。

第四章
DI SI ZHANG

拉萨东北线寺庙

从拉萨沿着东北线方向是林周县,也是拉萨东北线境内唯一的县城,该县境内共有10个乡(镇)、49座村庄,总占面积4521平方千米。东面方向是达孜区和墨竹工卡县,南面方向是拉萨市城关区与堆龙德庆区,北面方向是当雄县。整个拉萨东北方向具有丰富的自然资源和人文景观、野生动物种类繁多。据资料统计,该县内有30多座藏传佛教寺庙、拉康、日追。

林周县简介

"林周"是藏语音译,其意为"天然形成的地方",亦被人们誉为"拉萨的后花园"。在邦国时期,今林周县一带就有桑布杰赤邦松之邦国,其领地被称为为"俄布"。吐蕃第三十一代赞普朗日松赞亲自领兵征战,降服了桑布杰赤邦松之邦国,收归吐蕃雅砻邦国治下,同时其领地"俄布"改名为"彭布"。大多数学者认为"彭布"一词具有宽广之意,而某些藏文训诂文献里"彭"词具有"衰退"的意思,且从当时被迫降服的史实考虑,后者更具说服力。后来建置"彭布林周县",简称为"林周县"。"林周"是藏语音译,其意为"天然形成的地方",亦被人们誉为"拉萨的后花园"。林周县面积为4512平方千米,海拔3900米,距城关区65千米,人口6万左右,由9个乡1个镇,45个村组成。

林周县位于西藏自治区中部,拉萨河上游及澎波曲流域。林周县原为苏毗部落属地,吐蕃时期为卫茹所设邱参木、长参木东迪、迥巴东迪共辖;原属蔡巴万户府管理;清朝中央政府时期属西藏地方政府所设雪列空设伦珠布城、蓬多城分治;民国中央政府时期设林周宗;西藏和平解放后,林周县由澎波农场、林周农场和三个县级单位合并而成,成立林周县人民政府。

林周县现有天然林、灌木林、人工林,其主要树种为大果圆柏、爬地柏、沙棘、细叶红柳、北京杨、藏川杨等;农副产品主要有冬小麦、春小麦、青稞、油菜、土豆,及各种温室蔬菜;矿产资源主要有铅、锌、铜、银、金、石膏等;野生动植物资源主要有獐子、白唇鹿、水獭、猞猁、黑颈鹤、斑头雁、雪鸡、灰鹊、黄羊、野山羊,以及虫草、贝母、红景天、雪灵芝等。

阿古顿巴传说是林周百姓的佳话。著名古刹热振寺在该县境内唐果乡,为西藏最早建成的寺庙之一,享有"藏传佛教文化圣地"的美称;纳连扎寺风景秀丽,可以观看上万亩千年古柏;还有杰堆寺、那木寺、达龙寺、热强寺等,山水毓秀、人杰地灵、历史悠久、建筑独特,为林周县的旅游发展锦上添花。

主要寺庙简介

纳连扎寺

纳连扎寺[1]，又称"纳烂陀寺"，具有吉祥的意思。在1435年，由荣顿·释迦森格创建。当年，荣顿师徒前往林周，荣顿大师用手杖指向一处地势较高的法螺形地，道："在此修法座。"不久该处修建了大师寝殿和讲经院，取名纳连扎。

荣顿·释迦森格在位40年间，先后建成通门扎仓、堆曲扎仓、次杰扎仓以及次喜扎仓等四个扎仓，吸纳了众多弟子，著书多部。从荣顿大师建寺至四世法台时期，纳连扎寺有上千余名僧人闻习佛法。但到七世法台朗日唐巴·罗追坚赞时期，寺庙已衰弱不堪。15世纪末，吉尊·钦绕法王担任法台

纳连扎寺

---

[1] 纳连扎寺：位于卡孜乡毛严村，从县城行车40多分钟，就能看到左山半腰上的寺庙。

时期，多仁·棍邦巴和擦庆·洛赛嘉措在纳连扎寺广传萨迦派道果，该寺随之成为萨迦派擦系道果教言传承地。

纳连扎寺主要有一座大殿，另外还有擦瓦康参、弥勒殿、法座殿等佛殿，一座奔庆玛佛塔，一座讲经院，五幢僧舍。大殿主供荣顿大师像、堪布法座等；内设佛殿主供释迦牟尼冈坚措、荣顿师徒三尊等；荣顿灵塔、久杰赤仁波切灵塔、慈诚坚赞堪布灵塔等；荣顿大师和全知·扎西朗杰的脚印等；坛城殿主供大日如来、全知·扎西朗杰、度母二十一尊等；护法殿主供宝帐护法、四面护法、多闻子、吉祥天母等；法座殿主供大师红土法座。荣顿·释迦森格大师曾于此法座传授现观庄严论等大论。二楼弥勒殿主供弥勒佛、药师八佛、独雄大威德等。擦瓦荣康参主供三世佛祖和莲花生大师塑像及金刚上师江白列谢灵塔等。

如今我们看到的奔钦玛佛塔是在废墟上修缮的，佛塔可分五层，底层为弥勒殿，主供弥勒佛及八大进佛子；二层为慈容殿；三层为化身殿，主供莲

纳连扎五明佛学院

花生大师、释迦牟尼、度母等;四层为报身殿,主供千手千眼观音等;五层为法身殿,主供无量寿佛、度母二十一尊、十六罗汉等。

【相关链接】

荣顿·释迦森格,生于嘉荣某地,父名可贵杰布,母名加嘎敏,自名昔绕唯色。幼时,他跟随父亲学习藏文和苯教仪轨,18岁前往桑普寺学习五部大论,后于澎波通门寺受比丘戒,取名释迦坚赞;27岁在雅顿·桑杰白前学习萨迦派显宗教法,后拜数十位大师求法,最终成为藏传佛教界高僧。22岁至66岁,荣顿大师传授41部大论。到69岁时,受唯色杰布堪布、坚阿·平措白桑堪布、贡嘎坚赞法王迎请,先后前往戳萨寺讲经两月,杰拉康讲经1月,念布寺讲经1月。其间,卡孜庄主出资,请求大师在该处建寺。他在弘扬般若和中观方面做出了巨大贡献。

历世总法台:第一世法台是荣顿·释迦坚赞;第二世法台是全知·扎西朗杰;第三世法台是格瓦坚赞;第四世法台是西绕坚赞;第五世法台是坚阿·贡嘎多吉;第六世法台是贡如·西绕桑布;第七世法台是朗日唐巴·罗追坚赞;第八世法台是达钦·洛追坚参;第九世法台是钦绕确珠;第十世法台是释迦确珠;第十一世法台是吉尊·加央顿玉江参;第十二世法台是索朗伦珠;第十三世法台是确列多吉;第十四世法台是旦增桑布;第十五世法台是旦增伦珠;第十六世法台是吉尊·钦绕强巴;第十七世法台是钦孜热旦;第十八世法台是尕钦·恰达宁布;第十九世法台是阿旺棍钦;第二十世法台是旦巴旺久确珠;第二十一世法台是更顿扎西边久;第二十二世法台是森瓦·旦增念扎;第二十三世法台是钦绕额顿桑布;第二十四世法台是仁青钦孜旺布;第二十五世法台是赤钦列谢嘉措。

热振寺

热振寺[1]原为噶当派的首寺,在1057年,由阿底峡弟子仲敦巴·杰瓦迥

---

[1] 热振寺:坐落在林周县旁多乡。早上7:30在拉萨东郊车站乘坐热振寺的班车即可到达,票价30元。

乃创建。15世纪，宗喀巴根据噶当派的教义和教理为基础创立了格鲁派，亦称新噶当派，热振寺随之改为格鲁派寺庙。

该寺寺主实行活佛转世制度。热振活佛系是从赤钦阿旺曲丹开始，他担任七世达赖的经师和热振寺的堪布，是热振系法统第一世热振活佛。热振第二世洛桑盖敦巴于1734年受封为"诺门汗"。热振第三世阿旺益西崔臣坚赞，于1845年受封为阿亲呼图克图，曾两度任摄政。热振第五世图丹绛巴益西丹巴坚赞，在第十三世达赖去世后，于1933年当选为摄政，在同西藏亲帝势力和英帝国主义分子的斗争中，受到反动分子的嫉恨，1941年被迫引退，1947年遭杀害。热振寺因建寺年代悠久，又有两世热振活佛（呼图克图）任摄政，因而在西藏历史上具有重要地位。热振活佛常驻拉萨，其府邸称喜德林。

该寺占地约35亩。主殿坐北朝南，第一层为大经堂，为僧人念经和进行佛事活动的场所，大经堂四周有几个小经堂，内有佛像、经书；第二层有几间宿舍，专供达赖、摄政等高级官员暂歇。热振拉章位于主殿西侧，第一层存放物品，第二层为管家聂巴的住处，第三层为热振活佛的寝宫和举行各

热振寺

种仪式的大小经堂。热振寺设扎仓和康村。

每年藏历1月15日举行"恰达曲巴",藏历4月15日举行"酷玉曲巴",藏历7月15日举行"梅朵曲巴",藏历10月15日举行"那珠曲巴"等宗教活动。

【相关链接】

仲敦巴·杰瓦迥乃:1004年生于念青唐古拉山脚下杂吉姆,在祥·纳囊多吉旺久座前出家,19岁起拜康区思尊大师学法19年,38岁前往阿里拜阿底峡尊者为师并三喜依止尊者直至圆寂。其间,仲敦巴在尊者足下闻思《菩提灯论》,得尊者全部加持,证悟功德圆满。他不仅是迎请尊者至前藏后藏的功臣,也是尊者最得意的弟子。据载,仲敦巴大师虽受居士戒,但守戒如比丘,其塑像多为头发散披或梳高髻、身着藏袍的在家居士形象。1057年,仲敦巴大师修建热振寺,苦修菩提心,证悟心境,广收门徒,弘传三士道仲敦巴师徒像次第,成为噶当教派开创者,热振寺亦因此成为噶当派法脉源泉地。仲敦巴大师一生摄受弟子众多,噶当派三大高足和四大瑜伽师均出自其门下。1065年,大师圆寂于热振寺。

热振事件:清朝中央政府和民国中央政府时期,热振活佛系亲近祖国,维护国家统一民族团结,治藏有功,曾受到中央政府嘉奖。鸦片战争以后,清朝中央政府衰败,英帝国主义觊觎西藏,时而武装入侵,时而挑拨离间,致使西藏上层内部矛盾丛生,于1862年发生第一次"热振事件"。当时噶伦夏扎·旺曲杰布欲任摄政,拉拢哲蚌寺堪布杰巴搞阴谋活动;堪布杰巴就哲蚌寺僧众的薪俸问题,向第三世热振活佛请示,热振批示"发实物"。该堪布便造谣说热振克扣薪俸,煽动哲蚌寺僧人闹事,并由哲蚌寺僧人串联甘丹寺僧人打开布达拉宫弹药库,取炮轰击热振拉章。热振一派最终寡不敌众,被迫逃往北京亲自向朝廷申诉。清朝中央政府虽派出查办大臣福济前往西藏,但因瞻对发生动乱,驿站阻塞耽搁,未能前往,翌年热振在京圆寂,此案便不了了之。第二次"热振事件"发生在1947年,主要是亲英派与爱国派之间的斗争。五世热振活佛图丹绛巴益西丹巴坚赞始终坚决反对帝国主义者侵略西藏,分裂祖国的阴谋勾当,十分珍惜历史上形成的汉藏民族关系,维护祖国统一，坚定不移地坚持爱国反帝的立场。因此，在帝国主义者唆使、策动下，对他持有敌意的少数上层卖国分子使用种种卑鄙的手段，于1947年杀害了热振活佛，并革去热振呼图克图的名号。1950年，在热振寺僧众、色拉寺僧院的僧众以及倾向于热振活佛的地方政府中的官员的支持下，热振寺和僧众代表寻找五世热振活佛图丹绛巴益西丹巴坚赞的转世灵童。1951年，藏历4月15日，在热振寺为六世热振活佛举行了坐床仪式，恢复了呼图克图封号和热振寺原有的一切权益。

热振寺学经制度：热振寺的学经制度因其地位与其他寺庙不尽相同。热振活佛被确认后，一般由达赖或摄政为热振取法名，受戒，并迎住拉章，由寺庙扎萨、堪布等僧官商定挑选一位学位较高的格西任经师，教藏文。热振活佛在此1～2年后进色拉寺杰扎仓桑洛康村学习显宗，6～7年便可考取"朵让巴格西"，几年后考取"措让巴格西"，甚至"拉让巴格西"学位。"朵让巴格西"在寺内考，报请译仓任命；"措让巴格西"由寺推举，在传小召时考核确定；"拉让巴格西"在传大召时考核确定，这两种学位均由达赖或摄政任命。历史上有两世热振活佛（一、三世）进入上下密院研习密宗后升"甘丹赤巴"。也有考取"拉让巴格西"后即返本寺进修，等待时机出任摄政的。热振寺本身的格西学位，则由僧众推举，经堪布、乌孜、格贵等审议，呈热振活佛批准即可，这与三大寺须进行辩经仪式，以表示被试人学问的深浅和高低显然不同。据说这是噶当派的创始人仲敦巴规定的，意思就是僧人学经有了学问不能表现在口头和表面上。热振寺的僧人考取格西学位后，都留在本寺按年限逐步从格贵升任堪布。

杰堆寺

杰堆寺[1]全称杰鲁拉色吉拉康，又称"杰拉康"。在1012年，由祥·纳囊多杰旺秋创建，属于格鲁派寺庙，"澎波三座强巴殿"之一。相传，祥·纳囊依止鲁美大师寻找建寺位置时，途中遇一母羊，祥·纳囊尾随其后见母羊到卢拉山后向一座磐石撒奶，祥·纳囊觉得这种行为奇异，便将磐石一分为二，

---

[1] 杰堆寺：在林周县境内，位于县驻地西南部。

第四章 拉萨东北线寺庙

杰堆寺

发现其中藏有一尊一肘高金像弥勒，后来祥·纳囊决定在此修建寺庙，并供奉此尊弥勒。

杰堆寺布局为一方形封闭式庭院。主殿建筑和院东侧的寺碑可谓相得益彰，弥足珍贵。从殿内壁画题材来看，当是晚期的格鲁派风格之作。杰堆寺以寺碑和造像碑最为著名。寺碑立于1240年，碑的正面为藏文楷书，有14行227个字，碑文内容大意为"劝导世人崇信佛法，习经中观，集利益广众之计，取分内之造化"。寺碑系当年出师入藏的蒙古军队为毁寺之罪过，把此寺庙重新加以修缮，为表忏悔之意立此碑碣。杰堆寺造像碑，甚为珍贵。相传造像石碑于寺庙修建前从印度飞来，造像年代在11世纪前后或者更早。碑正面中央造像为弥勒（强巴）佛，高1.16米，头束高宝髻，顶有花蕾，中央雕有一塔；细眉慧眼，

强巴佛

171

面目清秀，饼状耳环，裸上身，搭飘带；饰有项链、手镯等，下着螺纹短裤，腰系带，右手当胸，左手执梗莲（莲上有壶），跣足立于覆芝台上。弥勒佛像上部雕有兽面，张口瞠目呈凶狠相。飞天下刻有藏文。碑中部弥勒像后雕有飞翘角式建筑，建筑两侧各有一狮呈竖立状。碑下部弥勒像两侧另有 3 尊立像：左侧立像高 0.45 米，为菩萨像；右侧外端立高 0.48 米的菩萨像；主尊高 0.3 米，为菩萨像，其上部有阴刻的藏文 4 行，大意为"自显的弥勒佛吉祥"之类。碑面外围有连珠纹组成的背光。所有造像皆饰有彩绘，使其不但有高浮雕造像的立体感，又有绘画的明快感，独具特色。

杰堆寺造像碑在西藏属首次发现，它既丰富了西藏寺庙石刻艺术的形式和内容，也是西藏现存较少的早期艺术品之一。

【相关链接】

祥·纳囊多杰旺秋（976—1060 年），父名纳囊觉赛，母名香萨卓玛。18 岁时，他在热瓦度布于鲁美大师座前出家，后前往印度金刚座寻找律传，1012 年主持修建杰拉康，后又到芒域迎请阿底峡尊者。据史书记载，仲敦巴大师曾在其座前受居士戒。祥·纳囊主持杰拉康 42 年，被后世尊称为杰吉祥钦波。

历世法台：祥·纳囊多杰旺秋；莲·慈诚强久；智顿；玛恰纳热瓦；杰擦强耶；忠顿；崔帕额朗；琼仓突玛；益扎萨玛；莲格西；岗岗巴·觉顿；江日瓦；朗顿·喜森；祥顿·岑巴。1240 年，蒙军入藏，火烧杰拉康，当时法台索顿等 500 多名比丘被杀，之后五年，无人任住持。后来，格西祥拉主持修缮寺庙。1253 年起，乃旦；帕巴堪布；强久森巴。1307 年起，棍邦·拉日瓦；加纳巴·热加纳；江白益西；益西索朗嘉措；索朗坚赞；坚阿·索朗扎巴；坚阿·益喜扎巴桑布；坚阿·云旦坚赞；蔡瓦·扎巴唯色、吉唐瓦·曲白桑。吉唐瓦·曲白桑之后，该寺由哲蚌寺杰巴扎仓堪布任住持。

朗唐寺

朗唐寺[1]又称乃郭寺，属噶当派寺庙。一般藏传佛教史书认为，在1093年，由噶当派"朗夏"二者系统中的格西朗唐巴·多吉森格创建。朗唐这一地名的缘由是该寺坐落处长满柳枝，因此称为"朗唐"，意为高山柳植被的平地上，从而得名为朗唐寺。

在历史上，该寺曾先后有过两个新旧不同的佛殿。其中，现存的佛殿是由班禅释迦确丹修建的。位于该寺下面的那座旧佛殿是否为朗唐寺最初创建时的规模，尚未定论。

最早，朗唐寺的大殿建筑面积约有400平方米，殿内主要供奉着两层楼高的弥勒佛像、显灵救度佛母的塑像等。在朗唐寺的护法神殿中，供奉着大白护法神和犀角护法神塑像等；班禅释迦确丹修建的大殿同旧大殿一样也供奉着弥勒佛的塑像和显灵救度佛母塑像等。该寺最显著的特点是，在班禅释迦确丹驾临朗唐寺不久后，逐步形成了兼修噶当派和萨迦派教法的传统习俗。

朗唐寺

---

[1] 朗唐寺：位于林周县甘丹曲果镇。

但班禅释迦确丹担任朗唐寺的住持以后，该寺主要修习萨迦派教法。

朗唐寺的宗教修习方面，主要传承噶当派实地修学的六部主要经论，即以《噶当六论》为主的经典内容。传承系统方面，据《青史》记载："在格西朗唐巴圆寂后，朗唐香巴继任了寺主职位。朗唐香巴之后，分别由格西聂、上师贡巴、格西嘎尔巴、上师藏巴等担任寺主职位，藏巴上师圆寂后，寺主职位由朗唐甲玛之子桑杰温担任。"寺庙还有塔林。

古树

每年的主要宗教活动是在藏历12月的28、29日跳"嘎羌舞"等。寺内藏有金汁书写的《八千颂》。

【相关链接】

格西朗唐巴·多吉森格（1054—1123年），出生于澎波聂斯玛雄，姓氏旭仓。他最初在舅父绰木喀巴处剃度，取名多吉森格。恩师圆寂后，他继续在朗唐东面格培山修行多年。1093年，受龙女姐妹之邀，格西朗唐巴主持修建朗唐寺，

吸纳弟子两千余名，传承噶当教法。据《噶当教派史》记载，格西住持期间，朗唐寺动物互不侵犯，鹞鹰不擒麻雀。后来，格西朗唐巴根据自己的修法内容，归纳出具有窍诀性的论点修心八颂，该修心后来被各大教派广为传承。

班禅释迦确丹（1428—1507年），曾在荣顿大师跟前闻习佛法，因善于讲辨著而成为萨迦派九大佛学家之一。1469年，他主持修建色朵尖寺。

朗唐巴修心八颂：愿我以胜如意宝，饶益他众生之乐意，时时刻刻倍珍爱，轮回一切诸有情。愿我交往何人时，视己较众皆卑下，诚心诚意又真挚，尊重他人献爱心。愿我恒常观自心，烦恼妄念初生时，毁坏自己他众故，立即强行而断除。愿我目睹恶劣众，造罪遭受疾苦时，犹如值遇珍宝藏，以难得心爱惜之。愿我于诸以嫉妒，非礼诽谤本人者，亏损失败自取受，利益胜利奉献他。愿我于惜曾利益，深切寄以厚望者，彼纵非礼而陷害，亦视其为善知识。愿我直接与间接，利乐敬献诸慈母，老母有请诸苦厄，自己默默而承受。愿我所行此一切，不为八法念垢染，了知诸法皆如幻，解脱贪执之束缚。

朗唐塔林：该寺有格西波多瓦、乃苏瓦、夏热瓦、朗唐巴等千余名噶当派善知识开光的善知识朗唐巴本尊塔。格西朗唐巴弟子象雄巴本尊塔装藏舍利子和《甘珠尔》《丹珠尔》等。

康隆寺

康隆寺[1]又称康巴龙寺。11世纪下半叶，由噶当派大师康隆·释迦云丹创建，属于格鲁派寺庙。

根据史料记载："1024年，他出生于澎波永阿，他曾在阿底峡跟前学习佛法，后在仲敦巴跟前学习佛法。"他本人也是噶当派四大高足之一。

康隆·释迦云丹时期，该寺弘传噶当教法。17世纪，五世达赖驻足此地，该寺遂改宗格鲁派。第七十二任甘丹赤巴江白慈诚卸任后驻锡于此，该寺由此成为历世康隆仁波切驻锡地。

康隆寺以前由色拉寺的居麦扎仓管理。相传，康隆·释迦云丹自岗波仁波切返回时，曾带回一块雪球并祈愿于雪球融化地修建寺庙，返回途中大师

---

[1] 康隆寺：位于林周县玉俄乡境内。

端坐休息，雪球顺势滑落并融化，大师遂依愿在该处修建寺庙，取名康隆寺。

寺内大殿240多平方米，主供四臂观音、文殊、金刚手、释迦牟尼、阿底峡、宗喀巴师徒三尊、康隆大师塑像和《甘珠尔》等。护法殿主供大威德、吉祥天母等。同时该寺有五座塔，分别是第七十二任甘丹赤巴江白慈诚灵塔、赤阿旺洛桑灵塔、赤白桑布灵塔以及两座菩提塔。

【相关链接】

康隆·释迦云丹：1132年出生于温永瓦地方。他曾在阿底峡跟前学习佛法，后又在仲敦巴大师座前闻习噶当教法，修出无伪菩提心，常啼于康隆沟边，深得仲敦巴大师爱惜。康隆·释迦云丹一生致力于修心之法，他提出修证菩提心的修心八时被藏传佛教各大教派广为传承，康隆寺也因此逐渐成为修行殊胜地。1175年，康隆·释迦云丹去世，被世人称为"噶当派四大高足"之一。

噶当派四大高足：指的是该派祖师仲敦巴大师门徒：波多瓦·仁钦色、坚阿·慈诚巴尔、普琼瓦·寻努坚赞、康隆·释迦云丹。

达龙寺

达龙寺[1]全称达龙唐寺金刚座。1180年，由达龙唐巴·曲吉扎西贝创建，是达龙噶举派祖寺，也是自治区级文物保护单位。

据《大悲白莲花经》记载，佛祖曾授记，"星棍之地兴我法"。莲花生大师曾到此地度化众生并特意加持。后来，因莲花生大师弟子喜吉伦布尊在此修行时化猛虎，众生因业力蒙蔽视此地为老虎地，得名达龙。因此，达龙寺第二十五任法台玛追·丹增朗杰曾这样描述达龙寺："佛祖授记星棍地，莲花大士加持地，喜吉伦布神通地，达龙唐巴建寺地。"另一种说法，吐蕃赞普松赞干布时期，委派韦·达纳尖管理此地，该地遂亦得名达龙。1679—1720年，西藏地方政府没收了达龙寺的管理权。在该寺的第二十五任堪布丹增朗杰任职时期，重新修建了达龙寺，对寺庙的佛殿和属寺等进行了全面的修缮，并且新修建了一座经堂。

---

[1]达龙寺：位于林周县旁多乡。

至1959年，达龙寺共出现了31位堪布。达龙寺的大佛殿由三层构成，面积约有618平方米，主要供奉着镀金质释迦牟尼像和一座5米高的银塔。达龙寺由一个"林"和两个"扎仓"构成，在寺僧人一般都不允许生火做饭，僧人的日常食物，即酥油和糌粑等都由达龙寺供应。由于"林"的绝大多数僧人都出身于富裕人家，因此，他们的生活状况普遍较好。因为僧人生活的贫富不均而分别开设了蒙古康仓和藏康仓两个不同的学经班，导致了孜追活佛和玛追活佛两大活佛系统的产生。其中，前者从清朝中央政府开始被赐予了"呼图克图"的职位。达龙寺一共有四位活佛系统，分别是岗夏、夏仲、孜追、玛追活佛系统。该寺的夏仲和孜追两个活佛系统隶属于"林"；而玛追和岗夏两者隶属于扎仓。夏仲、玛追以及岗夏三者中最年长者担任达龙寺寺主。为体现寺主的尊严，给其配备了孔雀华盖，并有知客大人和侍卫大人相伴左右。1445年，夏仲·阿旺建立了"达龙供奉仪式"，主要对胜乐和遍知佛进行26种分门别类的供奉。目前，对它进行了修缮。关于该寺以前的建筑、文物等方面的详细情况，可以参阅司徒确吉加措所著《古迹志》。

　　达龙寺达杰康萨殿700多平方米，主供弥勒、噶举派传承大师等，贡嘎扎喜灵塔、夏仲·土旦强久曲吉尼玛灵塔和《甘珠尔》等；灵塔殿有60多

达龙寺佛像

平方米，主供达龙唐巴三尊灵塔，现主供孜追·旦增坚赞肉身灵塔等；喜热殿有 60 多平方米，主供古雅瓦、二十一尊度母、无量寿佛等佛像和护法寄魂石、达龙寺总法台宝座等；旧经堂有 500 多平方米，主供阿閦佛、玛尔巴译师、念美·塔波拉吉、至尊·米拉日巴、释迦牟尼、莲花生大师、达龙唐巴等；护法殿主供达龙格念护法和四臂护法等。

【相关链接】

达龙唐巴·曲吉扎西贝，生于 1142 年，18 岁前往萨迦寺，于拉康巴·西热多吉和上师次敦果芒处受戒出家，并取名为扎西贝。从格西扎衮那里学习了《中观》和《现观庄严论》，以及密宗方面的许多知识；24 岁来到拉萨，跟随于仲贡帕巴。在 1181 年，受邀前往达、寨、戎三地，解决三地间的内乱。在他的调节下，圆满解决了地方矛盾，三地的首领依次将他迎至三地，隆重接待，并呈献了隆觉庄园作为达龙寺的寺属庄园，以做供养，还按照他的愿望修建了达龙寺。

历世法台：第一世是达龙唐巴·曲吉扎西贝；第二世是古雅·仁青贡布；第三世是曲古·桑杰雅群；第四世是桑杰温；第五世是扎喜喇嘛；第六世是念美·桑杰白桑；第七世是忍纳古如；第八世是忍纳尕热；第九世是南卡白央；第十世是扎西白慈；第十一世是强久嘉措；第十二世是扎喜白唯桑布；第十三世是阿旺扎巴白桑；第十四世是扎喜百；第十五世是朗杰扎巴；第十六世是索朗益喜；第十七世是朗杰扎喜查巴；第十八世是朗杰平措；第十九世是贡嘎扎喜；第二十世是夏仲·阿旺朗杰；第二十一世是扎喜白珠；第二十三世是宗·夏仲·朗杰列珠；第二十四世是唯觉夏仲·扎喜曲杰；第二十五世是玛追·丹增朗杰；第二十六世是玛追·扎巴益喜；第二十七世是孜追·晋美果恰；第二十八世是玛追·旦白尼玛；第二十九世是孜追·扎巴永嘉；第三十世是玛追·晋美特确晋美巴沃；第三十一世是孜追·阿旺班典；第三十二世是夏仲·土旦强久曲吉尼玛；第三十三世是孜追·旦增坚赞；第三十四世是夏仲·阿旺旦增曲吉尼玛（1998 年—至今），诞生于那曲市嘉黎县，达龙寺第三十三世法台孜追·旦增坚赞主持寻访，2001 年，夏仲·旦增曲吉尼玛在达龙寺举行坐床仪式。后来，他依止类乌齐寺吴金次仁堪布闻习噶举

派法脉，2011年前往西藏佛学院闻法，2013年年底入哲蚌寺闻习五部大论。

加日寺

加日寺[1]又称"加日贡嘎寺"，12世纪，由加日瓦·强久白修建，属于萨迦教派尼姑寺。据《噶当教派史》记载，格西加日瓦曾在阿底峡尊者弟子跟前闻习佛法，驻锡加日孔喀并得名加日瓦，该寺也因此得名加日寺。

据藏传佛教史书记载，在14—15世纪，当格鲁派和萨迦派的教法在西藏全面兴起时，有众多的噶当派寺庙纷纷改为萨迦派和格鲁派寺庙。

目前，加日寺的大殿180多平方米，主要供奉释迦牟尼、莲花生大师、慈诚坚赞堪布、帕·当巴桑杰、唐东杰布、萨迦法王五尊等；内设60多平方米的偏殿，主供释迦牟尼、莲花生大师、千手千眼观音、阿底峡尊者、白度母等；护法殿主供宝帐护法、斯查巴护法、多吉玉珍护法等。该寺后山现存加日瓦灵塔、尊胜塔等数十座佛塔。

【相关链接】

加日瓦·强久白：加日瓦生于康区。传说，其母为查敏玛即魔女之王，查敏玛每晚骑着木箱参加魔女晚会，一日儿子加日瓦悄悄钻进箱子，等待其母查敏玛出发，当晚查敏玛照常参加晚会，两个魔女向她进献人脑浆，其时魔女发现查敏玛未带饭勺，便低声道："恳请查敏玛魔手拿饭勺！"魔女王遂用魔手从家里领取饭勺吸食脑浆，儿子从木箱目睹了这一切。次日，查敏玛在家捻线，线轮滚落楼下她便对儿子道："帮我拿起捻线轮。"儿子此刻正想昨晚情景便回："你用魔手拿起便可！"查敏玛才知行踪暴露，于是猛念恶咒，立刻将儿子变成狗身。狗身的儿子无法诉说自己的遭遇，终日流落街头。一天他听人说起朗唐巴要来，于是他便跟随朝拜者来到朗唐巴跟前，被朗唐巴用法力变回人身并收为门徒，得名强久白，最终修成正果。

塔布拉吉（1079—1153年）：全称塔布·拉吉索朗仁青，生于今山南市境内，曾在格西加日瓦·强久白处聆听噶当教法，后在米拉日巴尊者跟前学

---

[1] 加日寺：位于林周县甘丹曲果乡。

习密乘，最终获得成就，与玛尔巴译师、米拉日巴尊者并称藏传佛教噶举派祖师。1121年，他主持创建塔拉岗布寺。

罗杂寺

罗杂寺[1]又称巴杂寺，12世纪，由巴杂·尼玛扎译师创建，属于格鲁派尼姑寺。20世纪，奇僧根敦群培在《智游列国漫记》中这样写道："从杰拉康往下走，到一座山谷间的尼姑寺朝拜，说是大译师的寺庙，可是除了一座破旧的庙，其他什么都没有！如果没有细看历史资料，不知历史上有影响的寺庙，却不知具体地，觉得有些悲伤。"在大译师圆寂后，在此汇集了众多男女修炼者。

大殿360多平方米，主供释迦牟尼、月称、巴杂译师、白度母、十一面观音、宗喀巴师徒三尊等；护法殿主供六臂护法、多吉玉珍护法、莲花生大师；甘珠尔殿主供《甘珠尔》经。罗杂寺背面有五座佛塔，自西向东依次为：巴杂译师灵塔，三座菩提塔和装藏善知识夏热瓦手印之塔。

【相关链接】

巴杂·尼玛扎：1055年，巴杂译师生于澎波巴杂上村，他曾于克什米尔班智达萨杂纳两大弟子座前学经23年；返回后，应阿里普兰僧伽请求翻译《俱舍论释》。后来，他先后翻译了《入中观根本论释》《六十如理论释》等中观应成派论著，由此成为西藏中观应成派弘传大师。夏热瓦曾将自己的徒弟派至译师座前闻学，大力支持巴杂译师中观见解。巴杂译师一生广收门徒，足下还有藏·巴博、玛恰·强久益西、塔尔·云旦扎、唐萨·益西迥乃四大高徒。

根敦群培（1903—1951年），生于今青海热贡；父名阿拉杰布，母名白玛吉。他曾先后入拉卜楞寺和哲蚌寺学习五部大论，1934年起游历印度13年，1945年返藏，精通藏、梵、英、汉等语言，一生著作颇丰，著有《白史》《智游漫国记》《欲经》等，是近代著名的藏学大师。

---

[1] 罗杂寺：位于林周县春堆乡。

波多寺

波多寺[1]在11世纪由噶当派著名大师波多瓦·仁钦色创建，属于格鲁派尼姑寺。波多瓦·仁钦色在世时，该寺曾汇集过上千名出家僧人，佛法尤为兴盛。后来逐渐走向衰落，最后变成了尼姑寺。

五世达赖时期，波多寺寺主相继由拉萨坚赞乐巴和夏热·罗桑达杰二人担任，从此改宗为格鲁派。据《贤者喜宴》记载："波多瓦驻锡波多……称善知识波多瓦。"后来，他在该地弘传佛法，所建寺庙称波多寺。起初，波多寺由朗杰扎仓管理，后来成为林周"甘丹鹊廓林"（寺）的属寺。

现在的寺庙大殿有400多平方米，大殿主供波多瓦灵塔、普琼瓦和坚阿瓦塑像等；内设四柱殿主供波多瓦、仲敦巴、十一面观音、释迦牟尼、弥勒、度母、宗喀巴师徒三尊、俄·列白昔绕、吉祥天母等身所依，《甘珠尔》《丹珠尔》经等语所依以及自然显现的藏文"啊"字、护法寄魂石等殊胜所依。波多寺左侧现存波多瓦修行洞，该寺南面现存共五座佛塔，东起分别为菩提塔一座、噶当塔两座、尊胜塔和擦擦药泥塔。

【相关链接】

波多瓦·仁钦色（1027—1105年），生于澎波筹唐，父名司拉久，母名里姆，幼时慈悲心强。他于扎叶巴寺俄·强久乃和莲·崔强跟前出家，名仁钦色。后来，他隐姓埋名，前往康区学法，返乡后于查加寺受比丘戒。1054年，他前往热振寺，依止仲敦巴大师，闻习三士道修法，成为大师心传弟子，称"觉悟钦波"，即大弟子。大师圆寂后，他驻锡热振寺修行18年。此后，他曾前往卓拉、许刊查、卡多、年布、达龙等地，最终驻锡波多寺。波多瓦广学经典、造诣高深。在《菩提灯论》的基础上，他结合《庄严经论》《菩萨地论》《集学论》《入行论》《本生论》《法句经论》即噶当六论，开创了噶当经典派的先河。波多瓦一生摄受弟子达2800多人。其中，朗唐巴和夏热瓦最为著名，被后世称为日月徒。

---

[1] 波多寺：位于林周县松盘乡。

夏寺

夏寺[1]是12世纪由噶当派大师夏热瓦·云旦扎创建。该寺创立者夏热瓦·云旦扎逝世后不久，夏寺逐渐走向衰落，并转变成尼姑寺，现属于格鲁派。另外，该寺因佛塔众多，也称夏奔巴。

夏寺如何变成尼姑寺，在当地民间流传着一个有趣的传说。很久以前，有三个相依为命的女子来到这个地方，当她们四处寻找借宿人家时，却发现这地方住的全都是僧人，三个女子没有找到借宿的地方，为此她们诅咒说："愿这座寺庙以后成为尼姑寺。"结果，三个女子的诅咒真的应验了。

夏寺最具特色的是寺庙大殿内供奉着为数众多的灵塔。其中，我们能够辨认的有格西夏热瓦的灵塔、库敦·尊追雍仲的灵塔、贡钦戎布的舍利子佛塔、贡嘎桑布的灵塔、噶当派大师波多瓦及其弟子的灵塔、顿敦·罗追扎灵塔、上师扎纳的灵塔、普琼巴约灵塔、卡热贡琼巴的舍利子灵塔、修道者扎玛乳的灵塔、尊者顾喇的灵塔、修女三者的灵塔等。相传，若到此塔前许愿定会心想事成，信众若能单脚转此塔7圈可祛除各类足部疾病等。

夏寺大殿有240多平方米，主供夏热瓦、莲花生大师、度母、文殊、观音、金刚持、雪嘎护法等，以及天然形成的藏文"啊"字、法螺；观音殿主供千手千言观音、释迦牟尼、夏热瓦、金刚萨埵、宗喀巴师徒三尊等；偏殿主供释迦牟尼、莲花生大师、唐东杰布等塑像以及《甘珠尔》等。

【相关链接】

夏热瓦·云旦扎（1070—1141年），生于荣布，8岁时在龙雪秋瓦出家，后依止波多瓦大师闻习佛法18年，聆听菩提道次第并成为波多瓦心传弟子。格西夏热瓦聪慧过人、思维敏捷。据《青史》记载，夏热瓦阅读巴杂译师译本时修改了相关词句，后巴杂译师对照梵本参阅，果然如夏热瓦所改。宗喀巴大师赞叹其为"智慧无双夏热瓦"。后来，波多瓦圆寂，夏热瓦驻锡夏寺，以《菩提灯论》为主线，结合《噶当六论》大力弘传噶当教法。夏热瓦一生

---

[1]夏寺：位于林周县强嘎乡。

门徒众多,弟子达 3800 多人,足下有切喀瓦、尼玛堆增、达嘎瓦、荣顿·西热唯色、东顿·罗追,以及瑜伽师西热多吉等。

夏忒钦:历史上,夏奔巴曾历经多次大规模修缮,现为澎波保存最为完好的噶当派塔林。据载,藏历 1 月 15 日,夏寺举行塔林修缮动工仪式,放假一天;4 月 15 日,工程暂停,放假一天;6 月 15 日,工程竣工,庆祝一天。之后,这 3 日逐渐演变为该寺宗教节日。据载,藏历 1 月 15 日,来自四面八方的信众身着盛装,于转经道空行母舞池翩翩起舞,对跳谐钦等传统舞蹈,祈求来年风调雨顺、五谷丰登。许多转塔民间歌词由此流传,"夏奔巴在右旁,德吉林在左旁。青年对唱之地,是那空行舞池"。

热强寺

热强寺[1]又称热玛强康或妙耳弥勒殿,属于格鲁派。在 11 世纪上半叶,由米若索堪鲁米催尘西若的四位门生中的祥·纳囊多吉旺久创建。该寺起初为噶当派寺庙,后改为格鲁派寺庙,民主改革前隶属于杰堆寺。

热强寺

---

[1] 热强寺:位于林周县卡孜乡热玛村,可以在布达拉宫后门租车去游玩,按人数可以选择几种不同路线,价格可面谈。

这座寺最初是一座山间小庙,后逐渐形成了现在的规模。相传,在此地方有三尊弥勒佛塑像,一般称之为"弥勒三尊",分别为杰寺的弥勒佛像、热玛寺的弥勒佛像、洛堆寺的弥勒佛像。其中,热玛弥勒耳朵最为庄严,称念乐强康即妙耳弥勒殿。

热强寺大殿180多平方米,主供释迦牟尼、莲花生大师、无量寿母、格西洛追西热;护法神殿有马头明王、哲孔阿其曲珍护法等塑像和一座菩提塔;二楼弥勒殿主供妙耳弥勒佛、释迦牟尼、宗喀巴大师等。该寺驻地下方有妙耳弥勒足下引出水,即弥勒圣泉,还有远近闻名的敦桥和敦水磨糌粑坊等。

每年的主要宗教活动有:在藏历1月,对"弥勒三尊"进行开光仪式,祈愿风调雨顺、年年丰收、众生安乐;每年藏历4月8日,热玛强康周边信众晨起抵寺,塑小泥塔擦擦,下午载歌载舞,祈愿金秋丰收。

【相关链接】

强巴三兄弟:热玛聂列强巴、落巴堆间列强巴、杰拉康香列强巴。

乃苏寺

乃苏寺[1],12世纪初由格西乃苏瓦修建,属于格鲁派寺庙。格西乃苏瓦在贡巴瓦大师前闻法后回到家乡,在乃苏翁嚓廓布修行。后来弟子逐年增加,该场所无力容纳太多弟子,乃苏瓦便移居安巴贡,继续弘扬噶当教法。由于历史变故,该寺最后改宗为格鲁派。

乃苏瓦大师圆寂后,大师门徒等高僧亦先后在此地圆寂,并留存肉身灵塔。灵塔东起分别是,阿妈热吉玛灵塔、藏努灵塔、卫努灵塔、仁青岗灵塔、擦荣灵塔、阿妈热吉玛祈愿灵塔、法轮灵塔、嘎瓦塔森灵塔、乃苏瓦身语意之塔、乃苏瓦修行40年塑十万余小泥塔擦擦。

乃苏寺大殿有400多平方米,主供释迦牟尼、格西乃苏瓦、宗喀巴师徒三尊、千尊莲花生大师、百尊度母等塑像;甘珠尔殿主供《甘珠尔》、宗喀巴师徒三尊文集;护法殿主供大威德金刚、六臂护法神、阎罗、多闻子、忿

---

[1] 乃苏寺:位于唐古乡唐古村。

乃苏寺

怒不动佛等；弥勒殿主供弥勒佛、莲花生大师等；寝殿主供宗喀巴师徒三尊和弥勒佛塑像以及噶当派三祖师、度母、宗喀巴的唐卡等身所依，善逝八宝塔等。

【相关链接】

格西乃苏瓦·益喜巴尔（1042—1082年），生于乃苏通巴岗，于查加寺出家并取名益喜巴尔。1067年，他前往热振寺，在四大瑜伽师之一贡巴瓦处精进修持。恩师圆寂后，他又拜格西波多瓦为师。证悟后，他回乡建寺收徒。据《噶当教派史》记载，格西乃苏瓦有13种特殊法相，40年间从未松解腰带，是藏传佛教修行大师米拉日巴的耳闻之友。

桑丹林寺

桑丹林寺[1]是15世纪宗喀巴大师在此修行并逐渐形成的寺庙，属于格鲁派尼姑寺。相传，宗喀巴大师及其八大高足来到热振寺北山修行时，分别修建各自的简易修行洞，后获得本尊显现，从空中降下藏文"啊"字雨。

---

[1] 桑丹林寺：位于唐古乡斯堆村。从热振寺往东走1小时就到。

桑丹林寺至今尚存有宗喀巴大师的牛角饭勺、禅杖。当时，格鲁派修行者络绎不绝，该处随后得名"热振桑丹林"即"热振禅修林"。又说，宗喀巴大师在此亲见金刚亥母，亥母建议其在此修建一座尼姑寺，而宗喀巴请示能否建僧寺，金刚亥母和大师各执己见，最后商议决定以赛跑定修僧寺或尼姑寺。比赛时，他俩各显神通，金刚亥母骑阳光，宗喀巴骑秃鹫，因金刚亥母最终略胜一筹，所以该地修建了尼姑寺。相传，该寺至今尚存金刚亥母和宗喀巴大师的磐石脚印。

桑丹林寺大殿约 760 多平方米，主供宗喀巴大师修行洞、金刚亥母寄魂石、金刚亥母和宗喀巴大师脚印、释迦牟尼、观音、宗喀巴大师塑像等，二楼喇嘛寝殿主供宗喀巴师徒三尊，甘珠尔殿主供两套《甘珠尔》等；文殊圣泉由宗喀巴大师修行洞处引出。传说此泉为受文殊菩萨和宗喀巴大师加持的殊胜泉水，对开发智慧和潜能有不可思议之功效。相传，桑丹林尼姑口舌灵敏即源于此。

赤龙寺

相传，公元 9 世纪，因莲花生大师、喜吉伦布大师曾修行于此，该地逐渐成为瑜伽士修行之所；12 世纪，达龙噶举始祖达龙唐·扎西白（1142—1209 年）来此修行，该处成为达龙噶举派的修行场所；1742 年，达龙寺第三十任法台玛追·丹增朗杰主持修缮赤龙寺，广收门徒并首次举办赤龙次久佛事活动。

赤龙寺斯喜德旦佛殿占地约 120 多平方米，殿内主供装藏曲仲空行母舍利的根本上师莲花生大师、释迦牟尼、达龙唐巴、玛追·丹增朗杰、观音、金刚持、文殊、绿度母等，偏殿主供莲花生大师的八尊不同塑像，宗孜殿主供曲仲空行母灵塔、米拉日巴、曲仲空行母脚印和《甘珠尔》等。

赤龙猴年转山是比较特色的宗教活动。达龙寺第三十任法台玛追·丹增朗杰见赤龙寺旁白日山地相奇异，神圣如匝日神山，为方便度化众生，决定于猴年举行白日山转山传法活动。由此逐渐形成猴年转山传法惯例。据载，活动期间，历世达龙法王和曲仲活佛将进行长寿仪轨、猴年大伦仪轨等度化有缘众生。

【相关链接】

曲仲活佛：曲仲空行母丹增曲珍（1871—1958年），生于林周县旁多乡乃穷村觉仓家，天资聪慧。幼时，她喜坐磐石默念六字真言。平日，若本村牧民牲畜遗失，她可准确说出所在。21岁时，她嫁到凯堆村星充家，后因婆家阿妈白多痛斥，婆媳关系难以维持，婚姻因此破裂。不久，龙雪之地有人提亲，其父迟疑，携女前往达龙寺第三十任法台玛追·晋美特确晋美巴沃（1856—1915年）处，解心中的疑惑。玛追活佛回道："女儿嫁出去还不如放在我身边。"其父应从。从此，她开始在玛追活佛跟前学习经文，在赤龙寺闭关修行。由于根基非凡，证悟正见，最终成为空行母。她常说自己与佛有缘，是阿妈白多的恩赐，因此时常给阿妈送衣物和零食。为方便度化众生，她曾在岩石上留下脚印。据了解，其脚印目前仍供奉在赤龙寺。

曲仲·阿旺丹增嘉措（1980— ），生于林周县旁多乡阿加多村，其母格桑拉姆虔诚三宝、为人善良。1980年，因难产，格桑拉姆在旁多县人民医院剖宫诞下独子，即今日的曲仲·阿旺丹增嘉措。据说，灵童降生当时，彩虹突显。据该村村民回忆，灵童幼时有诸多奇异举止：与素未谋面的曲仲空行母随从单炯和达龙寺第三十三任总法台孜追活佛随从玉拉相会时，灵童曾直呼其名并与他们谈及诸多前世之事。另外，平日里，若有村民遗失牲畜或其他财物，灵童也能说出所在，行为举止酷似前世曲仲空行母，被周围群众尊称为前世曲仲空行母转世灵童。5岁时，灵童在达龙寺第三十三任总法台孜追·丹增坚赞（1944—2006年）座前出家，取名阿旺丹增嘉措。后来，孜追活佛赞其天资聪颖、慧根深厚，曾向班禅大师力荐。1998年，19岁的转世灵童阿旺丹增嘉措前往达龙寺斯林修行噶举派洛桑热赛大师跟前修行5年。2005年，阿旺丹增嘉措被拉萨市人民政府认定为曲仲空行母转世活佛，同年在赤龙寺举行盛大的坐床典礼。2007年，曲仲阿旺丹增嘉措前往北京高等佛学院深造，聆听格鲁、萨迦、宁玛、觉囊等藏传佛教各大教派经典论著。平日，他积极投身社会公益事业，净心慈悲、积德向善。目前，活佛兼任西藏自治区政协委员、林周县政协副主席等职务。

塔玉贡康

塔玉贡康[1]在11世纪中叶，因念·塔玛扎译师在此修行逐渐形成寺庙，属于萨迦派尼姑寺，是"澎波护法三殿"之一。念译师在日穗女瑜伽师跟前聆听四面护法教法，返藏后在此修行，该处由此逐渐成为众修证大师修行场所，称塔龙念师之地或塔玉修行地。因寺庙主供念译师迎请的尼泊尔的四面护法婆罗门塑像，又称塔玉护法殿。

11世纪，念译师在今塔玉贡康驻地修行后，该处遂云集众多修行士。15世纪，纳连扎寺第二任法台全知·扎西朗杰前往该寺，主持改建寺庙大殿和护法神殿。之后，纳连扎寺委派一名喇嘛住持，塔玉贡康遂成为其子寺。何时演变成尼姑寺，现无从考证。

塔玉贡康大殿有180多平方米，主供四面护法婆罗门像、全知·扎西朗杰、莲花生大师、释迦牟尼、空行佛母、观音、无量寿等塑像和噶当塔；还供奉《甘珠尔》《丹珠尔》《荣顿大师文集》等。相传，四面护法婆罗门塑像保存在寺内，护法神殿主供宝帐护法、吉祥天母等。

【相关链接】

念·塔玛扎：11世纪生于日喀则萨迦附近，曾到印度求学，拜散帝巴等多位班智达闻习佛法，从女瑜伽士处闻习所有四面护法教法仪轨和传承，成为藏传佛教四面护法教法的传承大师。

全知·扎西朗杰（1398—1458年），生于塔布，13岁出家，取名扎西朗杰；20岁前往桑普寺，拜荣顿大师为师；27岁协助荣顿大师修建纳连扎寺。

直龙寺

直龙寺[2]又称毕龙寺，15世纪，由卫念·贡嘎桑布创建，属格鲁派尼姑寺。相传，云游修证大师卫念·贡嘎桑布按母牦牛预示，在此修建寺庙，

---

[1] 塔玉贡康：位于强嘎乡加村。
[2] 直龙寺：位于松盘乡吾素村。

度化有缘众生。因当地户名直龙者为建寺施主，故寺名直龙寺。据载，该户一位木匠参与修建布达拉宫白宫时，一根大柱突然倾斜，整个建筑濒临倒塌，数千工匠生命堪忧。危难时刻，木匠果断采取措施，用斧头砍断自己的左手垫于柱下，以一己之力成功避免了一场灾难。为称颂直龙木匠的献身精神，当时的西藏地方政府最后决定奖励他四亩典玛星，即不用交税之田。

由于卫念·贡嘎桑布为噶举派上师，该寺建寺之初传承噶举派。17世纪，兴盛达龙噶举，直龙寺随之信徒逐年增多。20世纪30年代，格鲁派上师查加仁波切和直龙格西先后前往直龙寺，主持一年一度的观音心咒法会，该寺遂改宗格鲁派。

直龙寺大殿约240多平方米，主供卫念·贡嘎桑布、宗喀巴师徒三尊、二十一尊度母、吉祥天母、多吉玉珍护法、乃琼护法等塑像和自然形成的法螺等。甘珠尔殿主供绿度母、文殊、莲花生大师、释迦牟尼、十一面观音、弥勒、空行佛母、查加仁波切、卫念·贡嘎桑布、度母等塑像和《甘珠尔》等。

第五章
DI WU ZHANG

拉萨东南线寺庙

从拉萨沿着东南线方向走,第一个站点是达孜区,其后是墨竹工卡县。这一区一县共有14个乡(镇)、65座村庄,总面积6873.38平方千米。有唐加古墓遗址、甲玛乡松赞干布宫殿遗址等,同时还有温泉山庄、色青湖、恰拉山、郭嘎拉日山等享誉区内外的人文景观。据资料统计,在这条线路的一区一县将近有40多座藏传佛教寺庙、拉康、日追等,其中99%是格鲁派寺庙、拉康、日追等,其余的是萨迦、噶举、宁玛教派。

达孜区简介

"达孜"是泛称，吐蕃第一代赞普至三十二代赞普的主要居所叫青瓦达孜，今墨竹工嘎县境内的古时小邦国森布杰达加吾之居所称涅嘎达孜，新疆出土的吐蕃简牍中出现"齐日达孜"等。"达"是"虎"的藏语音译，"孜"的本义为"峰顶"，因古时邦国国王居所主要修筑在山顶上而其引申义为"城堡或宫堡"。现今达孜区之达孜地名由来与古时候的齐日达孜紧密相关，

达孜区风景

古时候的齐日达孜位于吉曲河北面。"宫堡"名称与"达"之关联，除了山地形状似如"虎"有关之外，也可能与古时候的藏族人尚武精神和图腾崇拜有一定的关系。达孜区最早为苏毗部落属地，吐蕃时期为卫茹所设耶热东布穷东迪管辖，元朝中央政府时期隶蔡巴万户府，明朝中央政府时期属扎噶宗、齐日达孜宗分治，清朝中央政府时期属西藏地方政府所设雪列空管理，民国中央政府时期设达孜宗，西藏和平解放至民主改革前由西藏地方政府管辖，其间于1956年4月隶属西藏自治区筹委会拉萨基巧办事处，民主改革后于1959年9月10日成立达孜县人民政府，2017年7月18日，国务院同意西藏自治区撤销达孜县，设立拉萨市达孜区。

达孜区面积约为1373平方千米，海拔3680米，距拉萨市区25千米，距贡嘎机场约90千米，人口在3万左右。达孜区地处西藏中南部及拉萨市的东北部，念青唐古拉山脉东段南侧，属雅鲁藏布江中游北岸支流拉萨河的中游区域，北部和南部分别是东西横贯的恰拉山、郭嘎拉日山；由6个乡（镇），20个村组成。据史书记载，1394年，帕莫竹巴第四任万户长降秋坚赞摄政后，先后在西藏建立了13个宗，其中达孜宗属于建立较早的一个。目前，达孜区有大小不等的10多座寺庙、拉康、日追。在达孜可参观甘丹寺、扎叶巴等藏传佛教场所，同时领略每年藏历2月3日至15日的达孜珠曲和藏历6月15日的甘丹丝唐等藏传佛教传统节日，在感受浓厚寺庙文化的同时可以到达孜度假村、山庄享受休闲娱乐的快乐。

主要寺庙简介

扎叶巴寺

扎叶巴寺[1]，始建于公元7世纪，距今已有1500年的历史，准确说来，起初扎叶巴不是寺庙，是第三十三代赞普松赞干布赐予王妃芒萨赤嘉的修行场所，也是王妃芒萨赤嘉和王子贡日贡赞的学佛地，与大昭寺一脉相承，后成为松赞干布举行祈祷仪式的地点，成为吐蕃时期西藏四大隐修场所之一。

据《智者喜宴》中记载，当时扎叶巴的"祖拉康"（祖拉康——整个寺庙中占中心位置，相比之下规模较大的殿堂）是王妃芒萨赤嘉建造，王子贡日贡赞建造了"玛尼拉康"（玛尼拉康是比玛尔色神殿，自然形成的六字真言为主），其中在"玛尼拉康"的一个白色石头上有自然形成的六字真言，另外还有泥塑松赞干布、文成公主、尼泊尔尺尊公主塑像等。后来几经扩建，

---

[1] 扎叶巴寺：位于邦堆乡叶巴村叶巴山沟半山腰上，距拉萨市36千米，海拔近5000米，全寺建筑紧嵌在崖峰壁间。每天早晨8点左右，寺院的三辆客车会将来自拉萨的信徒和游客接到寺庙，下午2点，客车返回拉萨。

第五章　拉萨东南线寺庙

形成了现在规模的扎叶巴寺。藏族民谣中有唱："西藏的灵地在拉萨，拉萨的灵地在叶巴；到拉萨不到叶巴，等于做件新衣却忘了穿。"

早在松赞干布之前，吐蕃的宗教信仰是发源于象雄的苯教。苯教特别注重巫术与占卜信仰鬼神，是一种自发的多神教。当时苯教备受信任与拥护，部落及普通人在遇到一些大事邀请苯教上师来帮助。公元7世纪，松赞干布正式在吐蕃全面引进佛教，遇到了苯教徒们的强烈反对和重重阻碍，当时松赞干布的几位妃子为了顺利达成赞普的心愿，均不同程度地修建佛殿，这对当时在西藏传播佛教起到了积极的作用，至今仍可以见到几位妃子扶持松赞干布所修建的佛殿。据《柱间史》记载，松赞干布的第一位妃子娉恭东萨赤尊建造了卡尔扎佛殿，第二位妃子芒萨赤嘉建造了扎叶巴，第三位妃子茹雍萨嘉姆建造了历史上藏传佛教第一座石窟"扎拉鲁普石窟"，第四位妃子象雄萨勒托曼公主建造了牟阿采佛殿，两位外族妃子即唐朝文成公主和尼泊尔尺尊公主分别建造了小昭寺和大昭寺。在佛苯之争的年代，扎叶巴也是历史的见证体。

后弘期，扎叶巴寺从噶当派并入格鲁派寺庙管辖中。11世纪，古印度佛学大师阿底峡尊者（982—1054年），成为藏传佛教后弘期佛教第一传人和藏传佛教噶当派祖师。"阿底峡"为梵文音译，意为殊胜，是古格政权尊奉给他的称号。1045年，由于仲敦巴的真诚邀请，即将返回印度的阿底峡决定前往卫藏地方传教，先后到过桑耶寺、聂唐、拉萨的扎叶巴等很多地方，今

扎叶巴寺

扎叶巴转经道

日的扎叶巴吉祥洞是阿底峡的修行洞之一。有种说法，阿底峡在这里修行时亲自见过两位康卓玛（仙女），给他的修行带来了启发。11世纪，阿底峡大师在扎叶巴传法，主要讲解《噶当帕曲》《普曲》等。阿底峡在扎叶巴寺强巴佛殿收徒传教长达五年，其中给仲敦巴等少数学生开示《噶当拉曲7诵》中的16种咒。如今寺庙为了纪念当年阿底峡大师讲法的历史，在扎叶巴修复了一座法座。

北殿始建于藏传佛教前弘期，由玛顿确建造，殿内供稀有的无量佛、空行母等。宗喀巴大弟子克珠杰格勒贝桑也曾在此地弘传噶当派密法，扎叶巴著名的桑阿林便是他建造的。扎叶巴寺内有三层楼高的强巴佛像，据说为拉萨最高的佛像。在历史鼎盛时期，扎叶巴修行僧众达500人。五世达赖时期扎叶巴正式成为格鲁派寺庙，后来也叫扎叶巴查仓。

据《卫藏道场胜迹志》记载："叶巴寺的大殿中供有阿底峡尊者用过的盘子，盘内有用阿底峡鼻血画的佛像，还有十六尊者（即十六罗汉）的殿堂等都是灵异素著的圣迹。"据藏文史书记载，公元8世纪，莲花生大师在扎叶巴寺修行传教，营造了"一百零八大成就者"修行洞，这里便成为吐蕃著名的密法修行道场。其中莲花生修行洞中有莲花生大师的足印，还有洞崖壁上自然形成的一尊宗喀巴大师的塑像。每天早晨6：30～8：30，寺里的僧人都会在莲花生洞内做早课，诵读《金刚经》。

鲁梅楚臣西绕曾赴长安觐见唐朝皇帝，并描了十六罗汉面具回到西藏，根据所绘十六罗汉的样子在扎叶巴做了十六个面具并塑有"十六罗汉像"，后修建了十六尊者佛殿。其他一些寺庙也同样仿造了面具，流传至今。1647年，五世达赖阿旺罗桑嘉措在十六尊者佛殿旁修建了四层楼的格鲁派僧院。

据《西藏王统记》记载，这座悬崖峭壁（扎叶巴），形如"帕玛卓玛"端坐，怀里建造了佛殿和佛塔。在扎叶巴寺，有赞普赤祖德赞时期修建的佛塔；赞普达玛时期，郑喀·白季云丹被害，并剥其皮，即供于扎叶巴寺内；与刺杀达玛赞普的萨迦寺堪布拉隆·白吉多吉躲藏处等藏族历史事件相关的佛殿及修行洞。扎叶巴的大钟是扎叶巴重要文物之一。在大钟上刻有："众人皆从佛法，善行常在世间，道德品质继学，所用知日未来。"据历史记载，在不同的字句上敲打，有不同的声音。一种说法是，赤松德赞为了弘扬佛法，在钟上亲自撰写文字；另一种说法是莲花生大师从深山草原中挖掘出来的伏藏。

拉隆·白吉多吉

寺庙包括大厅、扎仓，经堂有斯穷觉姆、强康、比斯拉康、乃久拉康、曲杰普、达瓦普、白拉觉、旦真普、玛尼拉康等，寺庙四周有佛塔160多座。每年藏历7月1日，即现在雪顿节的第一天，是阿底峡纪念日。扎叶巴的查仓有特殊的宗教节日，11世纪阿底峡在扎叶巴亲自说法，所以这一天不只是扎叶巴的节日，还是拉萨哲蚌寺展佛。

【相关链接】

拉隆·白吉多吉：萨迦寺僧人，由于不满赞普达玛整治佛教刺杀了赞普达玛，后逃到扎叶巴寺，扎叶巴的拉隆白多扎普，见证了白吉多吉当年在刺杀达玛赞普后藏身此处的事实，是佛教在吐蕃传入和发展过程中尖锐斗争的影子。

扎叶巴修行洞：扎叶巴寺有四大修行洞。悟坚扎普：它包括尼玛扎普和达娃扎普，是莲花生大师的修行洞，达娃扎普中有莲花生大师和两位夫人的塑像，以及莲花生大师八变身等塑像。松赞干布扎普：在松赞干布修行洞中有千手千眼观音菩萨的塑像、观音菩萨塑像（据说观音菩萨的塑像有时会发出声音）。拉隆扎普：有拉隆·白吉多吉的足印和一千多年前绘于崖窟内的壁画。阿底峡扎普：其修行洞内有无量佛、八位岭血风英雄、八位心母、守门佛丹智等。

龙达：苯教宗教活动的一种形式，是佛苯相融合的典型实物。

扎普：山洞的意思，也带有修行洞的意义。

扎仓：来自不同地方的喇嘛，按地方居住在一起，如安多扎仓、林芝扎仓，也可译为"札仓"。

桑阿寺

桑阿寺[1]即大乐密院，又称德庆桑阿寺，距今约有600年的历史。1419年，由宗喀巴大师亲自规划、建造，同时开设了密集习经，铸造了立体坛城，并以密宗院命名。桑阿寺属藏传佛教格鲁派，历史上隶属甘丹寺管辖。桑阿寺占地面积为15.27亩，建筑面积为2343.8平方米。该寺主供佛为释迦牟尼与六臂黑天护法神。

桑阿寺位于达孜区老城区中心，交通便利。步入桑阿寺穿过庭院，沿着台阶而上，便是寺庙大殿，时常听到寺内僧人琅琅的念经声。整体寺庙由大殿和几处偏殿构成，寺庙主要供奉着克珠杰塑造的释迦牟尼佛像和六臂护法

---

[1] 桑阿寺：距拉萨市区36千米，位于达孜区老城中心。

神。史料记载，历任噶丹赤巴主持该寺。按照当地信众的说法："去了甘丹寺不去桑阿寺等于朝佛没有圆满。"其意是修行的路只走了一半。近年来观光游览的人越来越多，其中还有考古人员到访此寺。

尊木采寺

尊木采寺[1]，又称绕丹平措林寺。据历史记载，公元7世纪，松赞干布在尊木采地修建尊木[2]采[3]宫，并在此地住过一段时间。藏文创始人吞弥·桑布扎将其最早创造的藏文文字献给松赞干布，此藏文文字至今还在该寺庙里。

根据资料，当时松赞干布有五位妃子，其中有尼泊尔的尺尊公主、唐朝的文成公主、象雄的李托曼公主、党项的甲奠尊公主，以及木雅的茹雍。五位妃子分别建有大昭寺、小昭寺、梯布果拉康、查拉鲁固、扎叶巴寺五座寺庙，其中梯布果拉康至今无法确定其具体位置。根据资料，尊木采当时可能是松

尊木采寺

---

[1] 尊木采寺：位于章多乡尊木采村。

[2] 尊木：妃子。

[3] 采：园子。

赞干布妃子的游乐园，也因此该寺得名尊木采。

1420年，顿增·扎巴坚参接管并改建尊木采寺，成为格鲁派尼姑寺，属于扎什伦布寺管理，寺内主供有顿增·扎巴坚参镀金灵塔。其护法神殿供奉着大威德金刚、阿吉等。原先尊木采寺僧尼兼修显密二教，后来就以大威德金刚、普明、药师佛为本尊修行，还要定期进行密教三事仪轨。

每年藏历9月30日，尊木采寺都要举行神灯节，这一天僧人们会跳包括梵天法舞在内的各种护法神舞。在梵天法舞还未开始前，要向梵天神跟前的酥油灯中放入小块酥油，等到酥油融化后，点燃酥油灯。

帕木寺

帕木寺[1]，又称为第司帕木曲迪寺，最初是由帕木竹巴修建的竹巴噶举寺庙，后来遭到准噶尔军队的破坏，到15世纪时，由宗喀巴大师的弟子顿增·扎巴坚赞修缮，自此改宗格鲁派。寺下方有一座"卫格曲丹伦布"的灵塔，据说是由蚂蚁填土而成。

帕木寺

---

[1] 帕木寺：位于唐嘎乡唐嘎村。

寺内主供美久多吉佛，原先大殿内还供奉有释迦牟尼佛像、十六罗汉石像。寺内三层楼高的弥勒佛殿中供有颇罗鼐母亲去世时立的弥勒佛像等。每年藏历6月4日，西藏大部分寺庙都会举行纪念"释迦牟尼佛转法轮日"的各类宗教活动，包括跳"羌姆"神舞、展佛、诵经等多种形式。帕木寺主要以跳"羌姆"的形式，祈愿沐浴佛恩、离恶奉善、净化心灵。首先法号齐鸣、法锣合奏，为迎接"天降神"，四位头戴孔雀翎帽僧人装扮的"神使"旋转入场；而后13名身穿宽袖袍、腰系黑色战裙的咒师出场，他们将弓箭藏于深袖，手持法器或兵器，跳起驱邪舞蹈，步伐稳健而有节奏感，威武而独具神秘；其后帕木寺护法神"吉祥天女"班丹拉姆出场，至此，整场"羌姆"表演迎来高潮；最后众僧献哈达。

帕木寺坐落在一座小山丘上。该小山丘与邻里的山峰不一样的是，这里夏天长满了松树，绿油油的山顶上便是帕木寺，格外引人注目。踏上帕木寺的山丘，便可闻到一股清香，那是松树散发出的香气，途中可一览山下的农田和村民屋舍升起的袅袅炊烟，牲畜叫声从远处传来，漫步于远离尘世喧嚣的林间，烦躁的心也不由得沉寂下来，山上山下形成不同的两个世界。

羌姆

【相关链接】

竹巴噶举派：竹巴噶举创始人林热·白玛多吉，38岁时来到藏南河谷，拜帕木竹巴大师为师，潜心学习那若六法和大手印，后云游拉萨、山南和日喀则等名胜之地，曾在日龙寺传教多年，该寺成了竹巴噶举派的初传驻锡地。在竹巴信徒中，一半是具有很高佛学知识的成就者，而这些成就者当中一半是云游僧，无固定的地方，到处云游靠行乞生存，该派僧人还特注重修炼。由于该派成就者较多，形成了上、下和中三个支系。上竹巴以阿里三围为主

要传播区域,下竹巴或南竹巴以西藏南部(包括现在的不丹王国)为主要传播区域,中竹巴则以拉萨河下游北边的珠寺为驻锡地,三个支系形成了各自的传播特色。上竹巴创始人郭仓巴·贡布多吉(1189—1258年)是山南洛扎地方人,幼时拜数位有名的噶当派大师为师,学习道次第、中观和因明等知识,并受藏巴迦热大师的《俱生和合》《方便导引》《平等一味》等密法传承。郭仓巴·贡布多吉在阿里收有普日、加当等八大弟子,为该派在阿里的传播和发展奠定了基础;因该派主要在上部阿里三围传播和弘扬,故称上竹巴。下竹巴创始人罗日巴·旺久尊追(1187—1250年)亦为藏巴迦热的弟子之一,依迦热大师接受《拙火定》,并从他处受了比丘戒,在拉萨、山南和阿里等地修行传法多年,55岁在门玉地方创建了下竹巴派,塔巴林寺成为下竹巴派的主寺。下竹巴主要教授《八大导引》《八小导引》《六类法》等,其特点是注重诚意和信心,轻视离心和多意者。

罗寺

罗寺[1]亦称"罗普寺","罗"在当地方言中为善、美之意。11世纪,仲巴大师弟子京俄·楚程巴在格西坚俄巴修行洞周围进一步扩大规模建起了罗寺。罗寺最初属噶当派寺庙,从四世罗桑巴活佛起改为格鲁派寺庙。

罗寺发生的历史故事颇多。罗寺中著名的活佛为森巴钦布,他在清朝中央政府时期属于大呼毕勒罕,地位高。六世达赖在《仓央嘉措传》中提到过森巴钦布、杰赛仁布齐等人。雍正时发生的"四噶伦事件",指以噶伦阿尔布巴为首发动的战乱,亦称"卫藏战争"。1727年,噶伦阿尔布巴、噶伦隆布鼐、噶伦扎尔鼐三人挑起内乱,杀害首席噶伦康济鼐。颇罗鼐奏报清朝中央政府,并率后藏及阿里藏兵,次年在拉萨三大寺僧人的帮助下擒获并囚禁阿尔布巴等人,平息了内乱。罗寺活佛森巴钦布、扎巴坚赞曾以兵丁马匹支持过颇罗鼐,因而受到布达拉宫的敬重。

1791年,为选定森巴钦布的转世灵童,罗寺内部曾引起了一场内部斗争。因此前活佛的转世灵童须由确琼(宣谕神巫)指认,致"族属相传袭"弊端

---

[1] 罗寺:位于达孜东北的唐嘎乡洛普村。

罗寺

很大，当时森巴钦布的候选转世灵童有三位，而碰琼指定多仁班智达之侄、噶伦丹津班珠之子为森巴呼毕勒罕，引起沙玛尔巴等人的不服，遂勾结廓尔喀入侵西藏。1793年为了杜绝"碰琼"妄指之弊，设立了金瓶掣签制度。1804年（清嘉庆九年），为确定九世达赖转世，班禅等众诺门罕联名上奏免于掣签，这时森巴呼图克图之名出现于奏折之中，而且在几个大摄政活佛之后，可见他的地位之高。

现在该寺的乌孜殿建筑面积约有260平方米，主要供奉有5尊从东印度引进的响铜质塑像、镀金宗喀巴大师塑像、《般若经》部经函，以及金汁刻写的《般若八千颂》等，此外还供奉有被誉为西藏三大活佛之一的罗桑巴钦莫第四至十三世的灵塔，而第一至第三世的灵塔供奉于尼顶寺，其缘由是罗桑巴钦莫的母寺为尼顶寺。位于大殿西侧的鲁崩殿（万龙殿）内，供奉有2层楼高的镀金弥勒佛像和从东印度引进的响铜质佛塔大小共100多座。鲁崩殿之鲁崩意为10万龙神，据说该寺未形成前，此处有一处栖有10万个龙神的泉水，该殿由此而得名。在大殿东面的护法殿内，供奉着吉祥空行母以及

罗寺庭院

十六尊者塑像。在无量寿佛殿中，主要供奉有镀金无量寿佛塑像、罗桑巴钦莫的灵塔和塑像，以及《甘珠尔》和《丹珠尔》的诸多版本。

每年的主要宗教活动有：在藏历1月，举行嘛尼（六字真言）法会，为期7天；藏历3至4月末为止，对胜乐、遍知佛、密集、无量寿佛、金刚手、药师佛、16尊者等进行修供仪式；藏历6月，进行迎雨和防止冰雹的仪式；藏历7月，进行药师佛和菩提道次第的修供仪式；藏历8月，全寺僧人停止一切法事活动，各自回家帮助秋收；藏历9月，与拉萨其他寺院一样，迎接"天神降凡"节；藏历10月，迎"甘丹大法会"，念诵《甘珠尔》；藏历11月，进行"修供法会"，即11月13日开始至12月3日结束，并在当月的28、29、30日早上举行对护法神的酬谢仪式，从中午开始跳神。在这些天内，所需供物有五种。30日那天，按格鲁派的传统，举行称为"满月供"的供奉仪式，并对宗喀巴大师进行供奉。此外，还进行法王和大梵天以及孜玛扎的灌顶仪式。在拉萨和山南有5个有名的供奉仪式，即热振的转石山节、拉萨传召大法会、贡堂供花节、桑耶供布谷鸟节、罗寺满月供施节。在罗寺的后山腰上有5座佛塔，分别是格西坚俄巴和堆龙巴、夏热瓦、康龙巴，以及波多瓦的灵塔。

【相关链接】

藏式佛塔：在西藏，8世纪前后，佛塔随着佛教传入，桑耶松嘎尔乡的石塔和桑耶寺石塔就是当时的作品。此后的几个世纪，藏传佛教高僧布敦·仁钦珠、松巴堪布·意希班觉及第司·桑结嘉措等，依据佛教仪轨对藏式佛塔形式做出了严格的规定。藏式佛塔的种类很多，从塔的宗教寓意来分，可分为身、语、意三塔。身之塔，代表佛陀、菩萨或僧侣的化身；语之塔，代表佛陀的教喻或经文；意之塔则代表佛教的基本真谛。藏式佛塔从形式上可以分为8种，即叠莲塔、菩提塔、祥和塔、殊胜塔、涅槃塔、神变塔、神降塔、吉祥多门塔，8种不同类型的藏式佛塔，代表着佛陀一生不同的8个阶段或8种境界。

确琼："确琼"意为"护法神"，据说护法神作法时会附在人的身上，人就成了护法神的替身，因而故名"确琼"。据《清代藏事辑要》记载"作法降神，则可指明呼毕勒罕所在"。拉莫确琼，就是由人来扮演神的角色，如寻觅达赖、班禅等活佛转世，均要由"确琼"降神指认，"确琼"的政治权力和地位十分明显。"确琼"职务不仅可以世袭，而且可以封赐世袭领地。《卫藏通志》对"确琼"有这样的描述"内居护法，乃喇嘛装束，仍娶妻生子，世传具术，即内地之巫类也。每月初二、十六日下神，头戴金盔，上插鸡羽，高约二三尺，穿甲，背插小旗五面，周身以白哈达束结，足穿虎皮靴。手执弓刀，登坐法坛，凡人叩问吉凶，托神判断祸福，出则人从，装束鬼怪，执旗鸣鼓。钹导引之。寺内皆有确琼，亦有女人为之者，为番人所敬信焉"。西藏大寺内"确琼"虽多，当时除拉莫外，还有乃穷、噶栋、桑耶等"确琼"，而拉莫寺的确琼则更为重要，其地位甚至排在乃穷等护法神之前。据《清高祖实录》记载："虽由金奔（本）巴瓶内掣签，而所指之人仍不免徇情等弊，不过系一二权势之人主谋，而确琼四人内大约即系拉莫一人主持，其弊已可概观。"北京故宫藏有拉莫仓巴护法神的文物若干，有绘画、经卷、奏折等。

刺色寺

刺色寺[1]又称"刺色达杰寺"或"拉穆刺包寺"。据传说,洛旦西绕的经书被风刮到荆棘丛中,因此取名刺色。公元900年,由鲁米·次正大师创建,后由格西波多瓦管理,刺色寺最初属噶当派寺庙,后改为格鲁派。

历史上刺色寺由拉穆庄园管理,在当地还流传着这样一种说法,即该寺大殿是由扎什伦布寺西热桑格大师修建。刺色寺大殿建筑面积约有500平方米,是拉穆罗旦西热在原有基础上扩建,内供奉释迦牟尼塑像、镀金弥勒佛像、劫火神等塑像。大殿墙壁上绘有"师徒三尊"等壁画。护法神殿内主要供奉着晋扎护法神、直古护法神、十二尊永宁地母及拉穆罗旦西热等塑像。

藏历2月,对大威德金刚进行供奉仪式;藏历4月,与拉穆寺共同举行为期1个月的"滚德桑母佛"供奉仪式;藏历6月,跳护法神舞;藏历11月,念诵为期一个月的《甘珠尔》。另外,平时主要对大梵天进行酬谢仪式。寺内主供洛旦西绕佛。

刺色寺

---

[1] 刺色寺:位于拉萨市达孜区章多乡拉木村5村刺色小组。

甘丹寺

甘丹寺[1]是格鲁派六大寺之一，它是由藏传佛教格鲁派创始人宗喀巴于1409年亲自筹建，是格鲁派的祖寺，与哲蚌寺、色拉寺合称拉萨"三大寺"，清世宗曾赐名为永寿寺。

寺庙全称"甘丹朗杰林"，甘丹是藏语音译，其意为"兜率天"，这是未来佛所教化的世界。该寺僧侣信奉"弥勒净土"。宗喀巴的法座继承人和历世格鲁派教主甘丹赤巴即居于该寺。

甘丹寺

据藏文史料记载，甘丹寺建成后，宗喀巴从此长居该寺，转大法轮。大师圆寂后由其大弟子贾曹杰·达玛仁钦（1364—1432年）和克珠杰·格勒贝桑次弟继承他的法座，称为"座主"（赤巴），从此就产生了甘丹赤巴的传承系统。甘丹寺内分两大札仓，即绛孜查仓和夏孜札仓，奠定了格鲁派的

---

[1] 甘丹寺，位于达孜区拉萨河南岸海拔4262米的旺波日山上，距拉萨市50千米。

基础。甘丹寺的建立，标志着宗喀巴及其追随者以独立于其他教派的姿态出现在西藏佛教界。

甘丹寺建于山顶及山坳处，群房密布，重重叠叠，俨然是一座小小的山城，由50多座建筑组成，主要有措钦大殿、宗喀巴寝殿、羊八犍经院、宗喀巴灵塔殿、绛孜札仓、夏孜札仓，及23个康村、20个米村。措钦大殿位于整个建筑群的北部，坐北朝南，系全寺最大的集会大殿，佛殿高三层，东西面43.8米、南北进深44.7米，有大柱108根。底层为门厅、经堂和三座佛殿，可同时容纳3000多名僧众诵经。佛殿内主要供奉有弥勒佛和宗喀巴大师像，殿中设有五只金色狮子承抬的法座，名为"甘丹赛赤"，即甘丹赤巴法座，左边佛殿的殿门上方塑有兜率天塑像，造型十分精美。羊八犍位于措钦大殿西面，高四层，分别由护法神殿、上师殿、坛城殿、司东康和历代甘丹赤巴灵塔殿等建筑组成。赤妥康和昂久康是甘丹寺中的两座拉章建筑，其中赤妥康原是宗喀巴的寝宫，宫内绘塑的释迦牟尼佛和文殊菩萨等佛像技艺精湛，门窗雕刻具有浓郁的中原风格。宗喀巴灵塔殿内建有宗喀巴遗体金塔，据史料记载，此塔原为银塔，后于第五十任甘丹赤巴根敦平措期间，洛桑旦增把青海地区一年的税收折合成黄金，在塔外包了一层纯金。此后，十三世达赖又于铁鸡年（1921年）修葺甘丹寺之金塔，使形制更加完满。

甘丹寺的壁画和雕塑都很精美，还藏有丰富珍贵的历史文物。其中有1757年清朝乾隆皇帝赐予该寺镶满金银珠宝、汉满蒙藏四种文字的盔甲；还有许多制作精美的丝织唐卡，其中很多是明代早期的江苏刺绣，是宗喀巴的弟子释迦益西去南京受封以后，带回拉萨献给甘丹寺的；还有宗喀巴升座时的法座和圆寂时的禅床、永乐皇帝赠赐的24幅唐卡和固始汗的坐垫；等等。这些珍贵的文物足以显示该寺历史之悠久和宗教地位之崇高。该寺还存有我国特级文物纯金汁书写而成的藏文《大藏经》中的整套《甘珠尔》佛经、十六罗汉和四大天王等组成的整套24幅的缂丝唐卡，这些文物都展示出明清两代中央政府和西藏地方之间的亲密关系。

甘丹寺最为著名的宗教节日就是"甘丹昂曲"，又称燃灯节，燃灯节是为了纪念宗喀巴大师的逝世而举行的活动，于每年藏历10月25日举行。这天凡属该教派的各大小寺庙都要在寺庙内外的神坛上点酥油灯，并昼夜不灭。

甘丹寺是格鲁派第一座寺庙，在藏传佛教历史上具有举足轻重的作用，它见证了藏传佛教最后一个教派生根发芽，逐渐发展壮大成为现今西藏最大教派的过程。1961年，甘丹寺被国务院列为全国重点文物保护单位。

【相关链接】

宗喀巴大师八大高足：江白嘉措、西热扎巴、江白扎西、白琼、江尕瓦·白丹桑布、强森、仁青坚赞、桑同。

甘丹赤巴：即甘丹寺法台，是宗喀巴大师法位的继承者，因此和其他寺庙的法台职位不同，担任此职务需要具备特别的条件，不论是否为活佛，也不论出身贵贱和年龄大小，只要精通显密经论及讲经听法的学识，能够在法台考试中脱颖而出就胜任甘丹赤巴一职。在格鲁派中具有极高的地位，仅次于达赖、班禅。

历代甘丹赤巴：第一任：宗喀巴大师；第二任：贾曹杰·达玛仁钦；第三任：克主杰大师；第四任：夏鲁巴·勒；第五任：雅德·罗珠却珺巴坚赞（妙幢）；第六任：跋苏·却季坚赞（法幢）；第七任：法主·罗追丹巴（慧坚）；第八任：法主门朗班瓦（愿吉祥）；第九任：赤钦·洛桑尼玛（大法后惠日）；第十任：丹玛·益希桑布（妙智）；第十一任：塔钦·洛桑扎巴（善慧名称）；第十二任：嘉木样·希侥勒班罗追（妙音·善智妙慧）；第十三任：赤钦·却季协守（法友）；第十四任：堆龙巴·仁钦维赛（宝光）；第十五任：班钦·索南扎巴（福称）；第十六任：迦热·却琼嘉措（护法海）；第十七任：木雅·多吉桑布（妙金刚）；第十八任：齐日·坚赞桑布（善幢）；第十九任：赤钦·阿旺却季扎巴（语自在法称）；第二十任：赤钦·却扎桑布（法称善）；第二十一任：法主德瓦坚巴·格勒班桑（妙吉祥贤）；第二十二任：碞雪根顿·丹巴饶杰（教盛）；第二十三任：才旦嘉措（长寿海）；第二十四任：额噶瓦·强巴嘉措（慈海）；第二十五任：赤钦·班觉嘉措（富海）；第二十六任：赤钦·当曲班巴（圣教炬）；第二十七任：法主释迦仁钦（释迦宝）；第二十八任：赤钦·根顿坚赞（比丘幢）；第二十九任：卓尼·协宁扎巴（善知识称）；第三十任：达隆查巴·罗追坚赞（慧幢）；第三十一任：当曲班瓦（圣教祥）；第三十二

任：仲孜·楚程曲培（戒法增）；第三十三任：赤钦·扎巴嘉措（名称海）；第三十四任：赤钦·阿旺却季坚赞（语自在法幢）；第三十五任：林麦沙布隆·降央贡郊曲培（曼殊宝法增）；第三十六任：工布·旦增勒协（掌教善说）；第三十七任：赤钦·根顿仁钦坚赞（比丘宝幢）；第三十八任：朝达瓦·丹巴坚赞（教幢）；第三十九任：赤钦·贡却曲桑（宝善法）；第四十任：法主阿里巴·班丹坚赞（具德幢）或称丹巴坚赞（法幢）；第四十一任：夏孜·洛桑坚赞（善慧幢）；第四十二任：赤钦·洛桑顿悦当曲（善慧不空圣教）或称尊者朗塔多吉（清净金刚）；第四十三任：赤钦·强巴扎喜（慈吉祥）；第四十四任：鲁布·阿旺洛追嘉措（语自在慧海）；第四十五任：卓尼·嘉木漾楚程培杰（曼殊戒昌）；第四十六任：桑洛京巴嘉措（施意乐海）；第四十七任：邦达瓦·洛桑曲培（善慧法增）；第四十八任：赤钦·顿珠嘉措（义成海）；第四十九任：赤钦·洛桑塔杰（善慧昌隆）；第五十任：贡塘赤钦·根顿平措（僧圆满）；第五十一任：霍藏赤钦·班丹扎巴（具德名称）；第五十二任：赤钦·阿旺曲培（语自在法增）；第五十三任：赤钦·坚赞森格（胜幢狮）；第五十四任：赤钦·阿旺乔丹（语自在具胜）；第五十五任：桑查赤钦·阿旺朗喀（语自在虚空）；第五十六任：赤钦·洛桑赤梅（善慧无垢）；第五十七任：赤钦·桑丹平措（三昧圆满）；第五十八任：夏琼瓦·阿旺曲扎（语自在法称）；第五十九任：秋桑·阿旺曲扎（语自在法称）；第六十任：赤钦·洛桑丹巴培杰（善慧法隆）；第六十一任：擦朵·阿旺楚程（语自在戒）；第六十二任：赤钦·洛桑门朗（善慧愿）；第六十三任：赤钦·洛桑堪乔（善慧贤胜）；第六十四任：赤钦·洛桑扎喜（善慧吉祥）；第六十五任：赤钦·根顿楚程（僧戒）；第六十六任：甲琼·阿旺年扎（语自在盛誉）；第六十七任：降央门朗（妙音愿）；第六十八任：赤钦·洛桑格勒（善慧圆满）；第六十九任：赤钦·降秋曲培（菩提法增）；第七十任：赤钦·阿旺曲培（语自在法增）；第七十一任：赤钦·益希塔堆（智欲脱）；第七十二任：赤钦·降白楚程（曼殊戒）；第七十三任：擦杂·阿旺降白楚程嘉措（语自在曼殊戒海）；第七十四任：洛桑伦珠（善慧运成）；第七十五任：赤钦·阿旺隆朵嘉措（语自在教证海）；第七十六任：赤钦·洛桑钦饶旺秋（善慧妙智自在）；第七十七任：赤钦·楚程培杰（戒昌）；第

七十八任：赤钦·降央塔杰（妙吉祥盛）；第七十九任：赤钦·洛桑京巴（善慧施）；第八十任：赤钦·扎巴顿珠（称义成）；第八十一任：赤钦·阿旺诺布（语自在宝）；第八十二任：赤钦·益希曲培（智法增）；第八十三任：赤钦·降秋朗喀（菩提虚空）；第八十四任：赤钦·洛桑楚程（善慧戒）；第八十五任：赤钦·楚程班丹（戒吉祥）；第八十六任：策门林巴·洛桑坚赞（善慧幢）；第八十七任：赤钦·阿旺土丹旦白坚赞（语自在佛教教幢）；第八十八任：赤钦·钦饶悦丹（慧德）；第八十九任：赤钦·洛桑年扎嘉措（善慧誉海）；第九十任：赤钦·强巴曲扎（慈法称）；第九十一任：赤钦·洛桑坚赞（善慧幢）；第九十二任：赤钦·土旦宁齐（佛教日）；第九十三任：赤钦·益希班丹（智吉祥）；第九十四任：赤钦·伦珠尊珠（运成精进）；第九十五任：赤钦·扎西东堆（吉祥伏千）；第九十六任：赤钦·土旦贡噶（佛教喜庆）；第九十七任：林仁波切；第九十八任：甘丹赤巴；第九十九任：甘丹赤巴；第一百任：洛桑尼玛；第一百零一任：龙日南杰法王；第一百零二任：图丹尼玛隆多丹增诺布仁布切（日宗仁布切）。

拉木觉寺

拉木觉寺[1]，全称为米久强久伦吉竹贝觉，又称拉木强久觉寺，简称拉木寺，亦称"拉姆寺""拉末寺"等。相关资料记载，该寺因供奉拉木巴护法神而取名拉木觉寺。

拉木觉寺始建于10世纪，由戒卫部五人之鲁美·楚臣喜饶修建，最初属宁玛派寺庙，据说在准噶尔部队进入西藏后，改为格鲁派寺庙，但它的酬谢仪式至今仍承袭着宁玛派的传统。过去拉木寺和尊木采寺同属扎什伦布寺的分寺。鲁美大师圆寂后，由历任拉木法王担任寺主。据说，拉木寺的寺主是拉木庄园的神谕者，一般称其为拉木法王，而拉木庄园是他住处所在。法王的职位是靠世袭制承续的，在拉木家族的子嗣中，谁能够获得"神谕"谁就有权继任拉木法王的职位。传说，日常法王以俗人的身份居住，但可以享受在寺僧人的优待，在寺庙举行法会时，他有权身着僧衣参加法会。拉木庄

---

[1] 拉木觉寺：位于达孜区章多乡拉木村。

拉木常寺

园属下有十几座庄园，共同承担拉木寺的供养。

拉木寺主要供奉有"觉卧"强曲群培的塑像，其左右分别为弥勒佛和燃灯佛，此外还有拉木寺历任寺主的灵塔、五世达赖、鲁美大师、千手千眼观音塑像，还有金汁编写的《甘珠尔》等。在大殿二楼的卓玛殿（卓玛意为度母）内，主要供奉有铜质度母和一尊度母像，在神殿的墙壁上绘有诸护法神的画像。护法殿建筑面积约200平方米，属该寺的最早建筑，是土木结构。拉木寺护法神称"仓巴冻推坚"，即为"白螺顶髻大梵天神"，供有当地称"拉莫仓巴护法神"，指梵天神，梵天在印度教殿里是著名大神，但在藏传佛教中仅仅是一般的世间护法神。拉木寺因对梵天的崇拜而著称，因所供梵天具预言神力受到信徒们的极大尊敬，从而升任为噶厦地方政府宣谕的神巫之一，被认为是甘丹寺夏孜札仓的保护神。

每年的藏历正月初一，该寺进行护法神酬谢仪式；藏历3月，对13尊大威德进行为期3天的酬谢仪式；藏历4月、10月，举行为期10天的酬谢仪式，跳拉木护法神舞。

【相关链接】

戒卫部五人：鲁美·楚臣喜饶、章·益西云丹、热西·楚臣郡勒、巴·楚臣罗哲、巴·益西罗哲。

穷仓寺

穷仓寺[1]始建于18世纪，由多仁·班智达修建，属格鲁派寺庙。

相关资料中记载：该寺由仲敦巴的弟子穷仓·益西喇嘛修建。两位穷仓是否为同一人还需考证。据说穷仓寺在七世达赖时期，遭到火灾，随后进行了大面积的修复。当时，这里曾有西藏地方政府贵族妇女到此修行。目前，穷仓寺内主供千手观音，除了主殿还有僧舍，僧舍被柳树围绕着，在夏天整个僧舍内透着清凉的大自然香气，如世外桃源般与世隔绝。

穷仓寺

---

[1] 穷仓寺：位于唐嘎乡罗普村。

【相关链接】

多仁·班智达：本名南杰热旦，康济鼐之侄，康熙六十年（1721年）出生于罗普村。后因学识渊博，被尊为班智达。乾隆十五年（1750年），珠尔墨特那木扎勒事变后，七世达赖格桑嘉措委其暂管西藏地方政务。乾隆十六年（1751年），清廷在西藏建噶厦，其被任命为噶伦。乾隆四十五年（1780年），率军镇压康区三岩地方头人反抗。

雪寺

雪寺[1]全称为雪库木寺，于13世纪由长吉班禅之徒嘎洛扎瓦·朗杰多吉修建，属格鲁派寺庙。吉尊嘎洛扎瓦·朗杰多吉按照莲花咕噜护法神的预言来到此处修行，同时这里也成了他的驻锡地。其实，最早雪寺是颇罗鼐庄园的附属寺庙。由于颇罗鼐和帕竹噶举派不和，寺庙被焚毁，僧人们也流落

雪寺

---

[1] 雪寺：位于雪乡马岗村。

到各地，直到甘丹寺甘丹赤巴赤·杰康孜召集当时雪寺僧众，并招收了新的僧人，方建立今天的雪寺。历史上雪寺僧人最多时有 100 名，现有持证僧人 12 名。

寺内主供为弥勒佛，三层供奉有白色檀香木做成的帕巴洛格夏热观音菩萨像、佛塔，同时有护法殿。据说佛塔中有吉尊嘎洛扎瓦的佛塔。每年藏历 7 月 14、15 两日，进行跳法舞活动。

达孜区拉康、日追

达孜区拉康和日追并不多，其中有僧人的 4 座，也算是具有一定历史的宗教活动场所。在达孜，拉康、日追虽然属于宗教规模极小的场所，却也是信徒朝拜地之一，特别是冬游拉萨的信徒去往次数较多。

贡崩拉康[1]，始建于公元 983 年，由格西贡嘎布创建，属格鲁派。寺内主供仲敦巴佛。

尼玛拉康[2]，该拉康始创于 18 世纪。

贡康日追[3]，始建于 1100 年，由念洛扎巴创建，属于萨迦派。寺内主供二臂怙主佛。历史上贡康属于资朗杰扎仓，每年从贡嘎曲德派 5 名僧人，轮流在贡康修行。

色龙日追[4] 始建于 20 世纪，由贡堂拉玛创建，属于格鲁派。寺内主供佛为四臂怙主佛。

---

[1] 贡崩拉康：位于邦堆乡邦堆村。
[2] 尼玛拉康：位于德庆镇桑珠林村曲龙沟。
[3] 贡康日追：位于邦堆乡邦堆村。
[4] 色龙日追：位于德庆镇桑珠林村曲龙沟。

墨竹工卡简介

"墨竹工卡"的藏语意为"色青龙王居住白色地",亦称古老富裕之地。墨竹工卡是吐蕃赞普松赞干布的故土,是全国政协原副主席阿沛·阿旺晋美的出生地,境内有多处吐蕃时期遗留下的古墓群,被誉为拉萨的"东大门"。墨竹工卡县在远古时期是苏毗部落属地,吐蕃时期系卫茹所设墨竹域参、堆龙域参共辖。元朝中央政府时期隶属直贡万户府,明朝中央政府时期代设加麻都指挥使司,清朝中央政府时期为西藏地方政府的雪列空下设墨竹工卡管理,民国中央政府时期设墨竹工卡宗;西藏和平解放至民主改革前属西藏地方政府总管。民主改革后于1959年0月10日成立墨竹工卡县人民政府,隶属于拉萨市人民政府。

墨竹工卡县空气稀薄,冬春多大风,光照充足,降水量少,蒸发量大,雨热同期,无霜期短。在墨竹玛曲、雪绒藏布、龙雪藏布和拉萨河两岸,有坡地、冲击型阶地和河川滩地,平坦开阔,土壤以沙壤土为主,其下层多为卵石或砾石层,通过土地改造,适宜农作物的生长。

墨竹工卡县境内主要植物资源有虫草、雪莲、红景天、胡黄连等。主要家畜品种有牦牛、黄牛、山羊、绵羊、犏牛、猪、马等;野生动物资源主要有白唇鹿、豹子、狗熊、猞猁、獐子、黑颈鹤、野鸡、野猪、蟾蜍、壁虎、水獭等。矿产资源主要有金、铂、铜、钼、锌、大理石等10多种矿藏。水资源主要是墨竹玛曲、雪融藏布、拉萨河的甲玛曲等50多种水源。该县的手工艺品有金银雕饰、唐卡、木刻、卡垫、古装、氆氇、围裙、编柳、制陶等,制陶、编柳是该县的知名传统产品,其品种有数十种,成为拉萨市场上畅销品和农牧区群众生活生产的必备品。

墨竹工卡县面积为5620平方千米,海拔3900米,距拉萨市区65千米,人口在5万左右。由工卡镇、扎雪乡、门巴乡、扎西岗乡、日多乡、尼玛江热乡、甲玛乡、唐加乡共8个乡(镇),43个村组成,有大小不等的40多座寺庙、拉康、日追(包括有寺无僧)。

主要寺庙简介

羊日岗寺

　　羊日岗指的就是室外流动的法会。羊日岗寺[1]全称直孔羊日岗德西绕杰林，属于噶举派寺庙。羊日岗寺与直孔噶举派第18任法嗣有直接联系，1434年，法王仁钦平措创立了羊日岗室外法会，从此有了羊日岗的称号。直孔噶举第25任法嗣曲扎正式创建了羊日岗寺庙。1658年噶厦地方政府派藏索布娃，将两个流动的室外法会合并为一个。过去，一般除了直孔替寺直接管辖的子寺，其他噶举派的子寺都属于羊日岗寺庙，派往各地寺庙的上师也由羊日岗寺委任派送。直孔噶举的弹奏敲打诵经在信徒中比较受欢迎。热那

羊日岗寺

---

[1] 羊日岗寺：位于尼玛江热乡羊日岗村，海拔4000米。

法王后直孔噶举的活佛基本上都集中在这个道场。帕罗活佛、雪巴活佛、杰赛活佛称之为"帕雪杰三活佛"。

　　清朝中央政府时期，直孔噶举派的政教势力变弱，曲扎法王被噶厦监禁等一连串事件，使羊日岗寺的发展遇到很大阻碍。法王仁增曲扎在哲蚌寺朝见五世达赖时，向达赖请求重新组合羊日岗及任命堪布等有关事宜，并表明自己一旦离世，羊日岗会面临解散的危机。1658年，噶厦地方政府派藏·索布娃将两个流动的室外法会合并为一个，命大法营的杰赛上师和小法营的杰上师为旁座，襄索仁钦为上师，其他大小职位由相关人员担任。之后，法王曲扎把卓龙谿卡和领地作为供佛献给了羊日岗寺，并撰写《羊日岗聚众大海清规·解脱指南》，从此，有了名副其实的羊日岗寺，这一年正好是法王赤列桑布诞生三周年，被迎请到直孔替寺之日。

　　直孔噶举派历代法王，在羊日岗寺编排和制作了四护法神、念青唐古拉神、梵天、刹土神、王臣等舞蹈和跳神所需的面具和服装；重新审定了羊日岗寺的教规戒规。1739年，修建了多间由上下两层构成的经堂；在银塔殿用

羊日岗旧寺

金银建造了一层半高的善逝八塔，在大佛殿塑造了宝座和三界庄严大佛，大佛左右供奉了阿弥陀佛像及红白檀香木塑造的三十五善逝佛。

目前，羊日岗寺主供直孔噶举祖师觉巴·仁青贝铜像。还有传承殿（法轮金刚藏）、大佛殿（不动金刚座）、银塔殿（天成金刚殿）、旺丹颇章经堂、阿企宝库、护法大殿、新经堂次庙宇、天空善琉璃所依殿、罗汉殿、新经堂、怙主小寝宫、印经院。现任民管会副主任培达为羊日岗寺第十九任堪布。据《乌思藏朝圣导读》记载："在羊日岗庙宇有精致铜塑佛像二百多尊，金色无量寿佛和普凡佛更为精美，这些铸造灵塔等艺人技艺非凡，故全部佛像都形象逼真，服饰华丽，精美绝伦。"

【相关链接】

*仁钦平措法王：*其父名叫旦贝坚参，母为索朗卓玛，1509年出生。8岁时，他入帕竹丹萨梯寺出家为僧，取法名仁钦平措曲吉杰布，在那里学习和掌握了基础知识。16岁时，仁钦平措在直孔法王贡嘎仁钦尊前听受了《敬仰命轮》的灌顶教授和秘诀；学习和修行了《大法印五具教授》《那若六法》等噶举派的一切甚深教法，对大宝噶举派道统有了坚固不变的信念，并在实际修行中悟了法的本性。法王贡嘎仁钦对他说："徒儿，命你为佛法之主吧。"并把直孔噶举派的所有教法传给他。20岁时，他升坐直孔替寺政教狮子宝座，开始了转动法轮的佛业。这位法王重新任命冈底斯圣山、拉齐雪岭和杂日圣山等各圣地主持佛法的密宗师；隆重举办直孔夏季法会和冬季法会等各种大小法会；撰写了觉巴教主曾誓愿完成的《轮戒五神修行仪轨》。完成了这些佛法大业后，他把法权移交给仁钦朗杰，请他继承法嗣，而自己却想隐修，但是，他的随从和弟子们不愿离开，始终跟随左右。

*羊日岗寺历代堪布传承：*第一任为仁青平措曲吉杰布，第二任为噶尔化身藏巴阿旺顿珠，第三任为金刚持贡嘎班觉，第四任为江吉巴·仁钦白，第五任为娃·贡嘎平措，第六任为洛巴·平措朗杰，第七任为米久·朗杰平措活佛，第八任为噶尔化身·旦增平措，第九任为喇嘛顶巴曲灯，第十任为堪钦·朗琼，第十一任为经师平措朗杰，第十二任为贡确仁钦法王，第十三任为仁增曲扎，第十四任为帮达娃·扎西达杰，第十五任为班禅·旦增平措活

佛，第十六任为本仲·楚成仁钦，第十七任为萨日拉松·塔尔庆，第十八任为杰赛·扎西平措，第十九任为吉热·贡确桑珠，第二十任为克霍尔·片德仁钦，第二十一任为却居·贡确云丹，第二十二任为帕洛·朗杰多吉活佛，第二十三任为阿里杰赛·朗杰扎巴，第二十四任为雪巴·格列却杰活佛，第二十五任为吉热·贡确曲却活佛，第二十六任为多丹·旦增朗杰活佛，第二十七任为杰赛·阿旺赤列则达，第二十八任为绕多·贡确克尊大堪布，第二十九任为曲木达·阿旺赤列钦孜，第三十任为杰赛·罗布贡确绕赛，第三十一任为玉扎·土登绕赛，第三十二任为吉日·曲吉旺秋，第三十三任为阿里卡卡活佛秋旺伦珠，第三十四任为杰赛·旦增桑布，第三十五任为雪巴·曲扎旺波，第三十六任为绕多·楚成坚参，第三十七为任宁珠·赤列曲旺，第三十八任为东嘎·贡嘎旦增，第三十九任为鲁卡尔夏仲·达欧赤列，第四十任为多丹·旦增曲扎，第四十一任为玉扎·赤列塔尔庆，第四十二任为扎弟·阿旺洛珠却丹，第四十三任为聂达·曲英禳珠，第四十四任为绕珠·曲扎旺波，第四十五任为帕洛·钦孜旺秋，第四十六任为罗布·洛赛绕杰，第四十七任为吉嘎·土登亚培，第四十八任为杰赛·曲英禳珠，第四十九任为江乐金·旦增曲旺，第五十任为珠康·格列朗杰，第五十一任为羌桑·赤列伦珠，第五十二任为本仲·旦增楚成，第五十三任为益西禳珠，第五十四任为雪巴·欽片伦珠，第五十五任为绕珠云丹旺秋，第五十六任为曲旺曲吉旺秋，第五十七任为玉扎·土登禳珠，第五十八任为聂达·赤列贡恰，第五十九任为努巴·赤来朗杰，第六十任为宁珠·仁钦旺杰，第六十一任为襄赛·旺秋坚参，第六十二为任仁旺久来当秋，第六十三任为罗布·孜旺罗布，第六十四任为噶尔吉温·曲吉琼乃，第六十五任为本仲·贡确俄顿旦增，第六十六任为玉扎·嘎俄旺波，第六十七任为曲旺赤列曲杰，第六十八任为江金·贡确杰瓦扭古，第六十九任为襄赛·土登尼玛，第七十任为仓央罗布比丘，第七十一任为贡确西绕比丘，第七十二任为俄顿嘉措比丘，第七十三任为吉热·贡确土登旺波，第七十四任为曲果卡尔吉旺波，第七十五任为帕洛·土登曲扎，第七十六任为仁杰赤来禳珠，第七十七任为曲奔·贡确曲英，第七十八任为阿加·赤来坚参，第七十九任为现任堪布夏日布或赤列培达。

卓龙：卓龙是法王仁钦平措的父亲旦贝坚参的领地，旦贝坚参在此地建立了一个城堡，取名为旺丹颇章。在藏历第11饶迥铁蛇年（1641年）由第二十四任法嗣贡确仁钦于藏历第10饶迥木鼠年（1624年）建立的朗杰曲宗修行院，被吉雪和蒙古兵摧毁，原供奉在朗杰曲宗修行院的能仁佛（土旺赤嘉玛）等佛像被迎请到卓龙旺丹颇章城堡，并在卓龙建立了由三十六根柱子构成的大殿。法王贡确仁钦一直住在卓龙，并圆寂在卓龙，人们尊称他为"孔夏仲卓龙巴"。

直孔替寺

直孔替寺[1]，全称为"直孔替密严刹土菩提洲园"，此地古称"上部乌"，寺庙后面的山沟叫直孔，后来这个名称逐渐扩大到整个雪绒藏布江一带。

研究者认为，此地属于远古"直"氏族的居住地，"直"氏为历史上较有名望的氏族。松赞干布的母亲"直·萨图嘎玛"和大臣"直·色如贡顿"都出自直氏族。因此，"直"氏族之姓便被套用在该氏族所属的地名上。而有的人误解为，幻化的母牦牛（母牦牛藏语音为"直"）为智者木雅贡仁引路到达此地时，才有了此地名字。佛教在雪域高原的广泛传播，使雪域各地建造了许多宏伟的庙宇，其中直孔替寺是一个具有830多年历史的寺庙，是藏传佛教直孔噶举派的祖寺。该寺历史悠久，有独具特色的传承方式和修行制度。

1179年，噶举派帕木竹巴的弟子仁钦贝·济丹衮波至直孔地方，将其师兄木雅贡仁修建的小寺扩建成一座大寺庙，取名直孔替寺，他亦因此被称为直孔巴，其所传教派则称直孔噶举。许多印藏大德一致认为直孔替寺的修建者至尊仁钦贝·济丹衮波是龙树菩萨的化身。

在整个雪域高原，除了以冈底斯山、拉齐雪岭、杂日圣山为主的佛教圣山，还在木雅、纳西、拉达克、昆仑、尼泊尔、锡金等许多国家和地区都有直孔噶举派的弟子。当时民间流传"山皆直孔山居者、坝皆直孔坝居者"的说法。当时，在各地出现3525个直孔噶举派的寺庙，记录这些寺庙的《直孔噶举派寺庙目录》共6部存放在金殿大堂之中。此后，直孔历代法嗣和弟子们建

---

[1] 直孔替寺：位于墨竹工卡县门巴乡，平均海拔4000米。

立的寺庙也不少，但在与萨迦派的征战等许多幻化出现的历史变故中大部分寺庙都改宗换派了。

直孔噶举派教法是在讲经和禅修中比较重视禅修的一个教派。然而，吉尊仁钦贝及其弟子京俄等高僧大德曾广泛讲授过《宝性论》等显密经典。在《青史》中有努译师讲授《密续》的明确记载。聂尼巴和贡噶仁钦还建立了讲经院。因此，认为尼玛江热讲经院是直孔噶举派出现的第一所讲经院是不对的。至尊仁钦贝建立菩提洲园至今，出现了无数大成就者。因此，五世达赖所著的《西藏王统记》中有令"雪域禅修事业得到空前发展"的记载。直孔噶举派传承中出现了许多虹化的大成就者，如法王确杰洛追的《神山圣湖目录》中记载了赤列桑布弟子隐藏的瑜伽行者拉达巴大哥卡觉和小弟珠握同时在冈底斯雪山虹化等事迹。

寺庙建成后，慕名来此学法者甚多，据说仁钦贝的信徒多达1000多人，仅在一次该寺举办的法会上，外地参加者就有55000多人。元朝中央政府分封西藏各地方势力时，直孔为拉萨万户长还一度拥有宣慰使头衔。因该寺地处交通要道，政治上又得势，加之土地广阔，又是农牧产品集贸地，故位居拉萨三大万户之首。1290年，萨迦本钦对直孔派与抗礼大为恼怒，联合其他万户击败了直孔噶举派，直孔替寺也遭战火焚毁，史称"林洛"，即寺庙之乱。后来忽必烈下令修复直孔寺，并授囊嘎巴益西白为贡巴兼任直孔万户长，以示安抚。1296年，久尼巴多吉仁钦担任直孔寺第八任住持，修复了一些殿堂和僧舍，僧众也迅速聚集。明朝中央政府时期，直孔替寺寺主仁钦贝吉坚参受封为"阐教王"，受印诰。由于直孔法嗣是整个直孔噶举派教法的执掌者，在历史上曾受到明清中央政府的重视。在历经四十位法嗣的风风雨雨中，虽然发生了巨大的变故，但延续至今（从第二十四任住持陈列朗杰开始采用活佛转世制度）。直孔派以注重显密双修，外持戒律，内发菩提心，密法为特点。在800年的教法历史中出现了众多博学高僧。

直孔替寺内除经堂大殿、藏经楼，还有一修禅密室。寺里规定僧人在密室中修习时间需为3年3个月零3天，最短也需6个月。修满3年以上者，可得到仓巴（修禅者）头衔。修习"拙火定"是该寺的一大特点，据说修成后，在御寒等方面有着特异的功能，因其难学，修成者寥寥无几。施行"颇瓦功"，即"灵魂出窍法",是该寺僧人独有的灌顶方法,是直孔颇瓦钦慕,藏语中是灵魂转魂魄的意思。人死时,诵咒死者灵魂转往净土,每年藏历6月7日至15日,在直孔仲俄的地方,聚集成千上万僧俗信众,举行诵经祈祷和转魂活动。直孔替寺还有一个在西藏被称为"世界三大天葬场"之一的直孔天葬场,藏语意译为"直孔替坛城"。天葬场不远处有6个前世直孔活佛的灵塔。据说,能够在直孔天葬台进行天葬,是一生修得的福缘。直孔替寺在为群众提供服务时,无论群众给不给布施,都尽力去办好丧葬仪式。因此,寺庙深得信众青睐。

直孔替寺每年藏历5月28日,3月29日跳金刚神舞。前期需念诵各种经文,到第二天正式表演法舞。众神要把"棱嘎"(是教敌或邪魔的化身)砍成碎片,然后用火烧毁,象征教敌与邪魔被斩尽杀绝。4月10日至15日,前往羊日岗寺举行嘎结节,跳起宁玛派嘎结神舞,紧接着举行嘎朱节等。

直孔噶举教派在西藏具有深远的影响,闻名全藏的马年转冈底斯山,猴年转扎日神山均为该寺所创。1980年后政府拨款修复直孔替寺,同时维修了180多个修行洞。

【相关链接】

仁钦贝·济丹衮波(1143—1217年),据说是龙树菩萨的化身。这位至尊出生于今青海省玉树州结古街道,属居惹氏族。他25岁到拉萨拜岗布巴大师的弟子帕木竹巴为根本上师,学习了噶举派所有教法及一切的显密教法。上师圆寂后,前往"耶"地方苦修了6年,得到了在显密经籍中所述的修行次第过程中所有的成就。随后,至尊仁钦贝依帕木竹巴遗命,接受帕竹丹萨梯寺的迎请,接掌帕木竹巴的寺庙。3年后的1179年,37岁的觉巴·吉天颂恭,根据帕木竹巴上师的授记,自寺主位卸任,离开丹萨梯寺,前往直孔。在那里接受了木雅贡仁弟子们献上的小庙,建立了著称于世的直孔替寺。当年就聚集了300多名弟子,扩建了寺庙,并将寺庙取名为"吉祥直孔菩提洲大园",此后逐渐修建了各殿堂。有一年,直孔地区遇干旱缺水,至尊将108块碧玉交给近侍仁钦扎,让他埋在地下,不久在埋放碧玉的地方就出现了108个泉眼。寺乱时大部分泉眼被毁坏了,但现仍存多个泉眼。在直孔替寺的历史上,僧众最多聚集18万多，这在藏传佛教各派中从未有过。

直孔噶举派：直孔噶举派素有"禅修之冠"的称号，至今出现了许多具有无碍神通、无比境界，圆寂时就如经籍所载天空出现彩虹、降下花雨、身体变成舍利子以及虹化等不可思议现象的大成就者，其中最出名的有金刚持热钦仁波切、禅王杂乌·多吉贝巴、曲杂·贡噶绕丹、禅王云仓确丹、禅王阿扎·曲培、禅王努努-贡确丹巴、杂乌巴阿让、钦中巴·底底、禅王曲恰、禅王底斯巴、禅王阿贡、禅王贡确才旦（后）、禅王多吉洛噶、禅王巴琼、禅王格桑等大成就者。这些大成就者的历史详见于《修法传承宝树》等传记之中。直孔法嗣，是仁钦贝事业的继承者，承继的是整个直孔噶举派的事业，对整个西藏至今乃至全直孔噶举派各大小寺庙有着很深的影响。直孔替寺作为直孔噶举的主寺，自创始人觉巴·吉天颂恭至今，历经了800多年的风雨。

四十位法嗣：第一任法嗣觉巴·吉天颂恭，第二任法嗣堪钦古热瓦楚臣，第三任法嗣温顿·索南扎巴，第四任法嗣京俄·扎巴琼乃，第五任法嗣缇穆瓦·多吉扎巴，第六任法嗣图卡巴·仁钦僧格，第七任法嗣仓觉巴·扎巴索南，第八任法嗣觉浓·多吉益西，第九任法嗣多吉仁钦，第十任法嗣多吉杰布，第十一任法嗣曲吉杰布，第十二任法嗣大国师顿珠杰布，第十三任法嗣王·仁钦旺杰，第十四任法嗣仁钦贝桑，第十五任法嗣仁钦曲吉坚参贝桑布，第十六任法嗣王·仁钦曲吉坚参，第十七任法嗣贡噶仁钦贝桑，第十八任法嗣仁钦平措曲吉杰布，第十九任法嗣仁钦朗杰曲吉扎巴坚参，第二十任法嗣班钦·索南贝吉嘉措，第二十一任法嗣帕木·秋列朗杰，第二十二任法嗣法王平措扎西，第二十三任法嗣扎西平措扎巴坚参，第二十四任法嗣贡确仁钦朗杰，第二十五任法嗣仁增曲扎赤列朗杰，第二十六任法嗣贡确仁钦赤列桑布，第二十七任法嗣贡确赤列顿珠曲杰，第二十八任法嗣贡确丹增卓堆贝桑，第二十九任法嗣贡确丹增贝丹秋吉尼玛，第三十任法嗣贡确丹增赤列朗杰，第三十一任法嗣贡确丹增秋吉坚参，第三十二任法嗣洛·贡确丹增秋吉洛追，第三十三任法嗣让琼秋尼罗布，第三十四任法嗣贡确土吉尼玛，第三十五任法嗣贡确丹增秋吉洛追，第三十六任法嗣贡确丹增西俄洛追，第三十七任法嗣贡确丹增秋吉琼乃，第三十八任法嗣嘉热·贡确丹增土登旺布，第三十九任法嗣贡确丹增秋吉囊瓦，第四十任法嗣贡确丹增贡桑赤列伦珠。其祖庭和

法脉从未中断和失传过。

赤奔：意译为"教授师"，是负责持有与传承直孔替寺和整个直孔噶举派教法的核心人物。在直孔替寺中，自法王贡噶仁钦任命热钦·仁钦加措为"赤奔"起，直到现在能够代表教法的继承人"赤奔"共经历了三十六位传承。他们分别为第一任赤奔禅王热钦·仁钦加措，第二任赤奔禅王贡桑·多吉贝巴，第三任赤奔禅王贡噶西绕，第四任赤奔禅王罗巴·扎巴楚臣，第五任赤奔禅王仁钦欧珠，第六任赤奔禅王仁钦洛色，第七任赤奔禅王释迦仁钦，第八任赤奔禅王尼赤加党，第九任赤奔禅王桑木丹，第十任赤奔禅王洛·赤列朗杰，第十一任赤奔禅王贡确楚臣，第十二任赤奔禅王丹增宁布，第十三任赤奔禅王琼巨，第十四任赤奔禅王曲杂·贡确绕丹，第十五任赤奔禅王贡确朗杰，第十六任赤奔禅王喇嘛贡恰，第十七任赤奔禅王阿格旺布，第十八任赤奔禅王确吉旺举，第十九任赤奔禅王竹庆·顿珠格桑，第二十任赤奔禅王绕决儿，第二十一任赤奔禅王噶玉·贡确益西，第二十二任赤奔禅王贡确葛培，第二十三任赤奔禅王云仓确丹，第二十四任赤奔禅王洁琼桑珠，第二十五任赤奔禅王确桑，第二十六任赤奔禅王朗珠，第二十七任赤奔阿扎·曲培，第二十八任赤奔努努·贡确丹巴，第二十九任赤奔贡确丹曲尼玛，第三十任赤奔贡确才旦（前），第三十一任赤奔禅王阿扎·贡确曲加，第三十二任赤奔禅王贡确赤列奥赛，第三十三任赤奔禅王贡确才旦（后），第三十四任赤奔禅王贡确旺杰，第三十五任赤奔禅王巴琼·贡确赤列，第三十六任赤奔禅王贡确丹增尼玛。

塔巴寺

塔巴寺[1]于1466年由吉布·益西多吉修建，属格鲁派寺庙。有些史料中记载创建人是色麦塔追仁布切，针对创建人的确切信息不得而知，只能以寺庙提供为准。有一说法是1466年由吉布·益西多吉修建，后由色麦塔追仁布切扩建。塔巴寺第四世塔追活佛曾担任过甘丹寺最高上师（甘丹赤巴），

---

[1] 塔巴寺：位于工卡镇塔巴村，海拔3850米。沿着墨竹工卡县前进4千米左右，就能见到塔巴寺。

20世纪30年代曾出过一位较著名的大师，也是该寺庙引以为豪的上师。该寺延续了400多年的重要宗教跳神仪式，每年藏历4月15日举行。

塔巴寺内主供宗喀巴三师徒塑像。该寺为土木结构，一层为殿堂，二层为僧舍，体现了当时寺庙建筑的艺术风格，该寺珍贵的壁画较多，保存完整。塔巴寺具有代表性的三幅"唐卡"极为珍贵。据说寺内以前有金文镌刻的《甘珠尔》《丹珠尔》。

在塔巴寺的塔巴村可以参观塔巴陶器作坊。也许是气候温和、土地肥沃、绿树成荫的原因，为制陶提供了理想场所。这里不仅有着丰富的黏性较强的烧制原料，如红土、白土、斯阿（青灰），而且附近村庄内还有丰富的泵料铅矿石。塔巴村的陶质花盆、酥油茶壶、火盆、土锅、酒罐、酒壶等陶器产品，是整个农牧区群众的生活用品。

壁画

【相关链接】

唐卡：唐卡系藏语，指卷轴帛画。画幅的天头和地脚有圆木棍的画轴。常规分有两种：丝绸、彩绘。丝绸唐卡分为绣像、拼缝、丝贴、手织等，彩绘唐卡分为金唐、朱红、黑唐。

仁青林寺

据宗喀巴的《菩提道次第广论》、丹夏孜的《佛教源流》以及《黄琉璃》记载，14世纪，仁青林寺[1]由直孔噶举强森·更顿仁青于1416年修建，规模上只有佛殿一间和数间僧舍，距今已有583年的历史。可见最初是一座噶举派寺庙，史称"大宝寺"，现属于格鲁派寺庙。

该寺创建来历有这样一段传说：直孔噶举巴克珠·德哇迅努弟子强森·更顿仁青得到施主的资助后，按照茹托索朗坚赞活佛的遗嘱来此地修建寺庙。当时强森·更顿仁青为了确定建寺庙的确切地点进行了供神施食物指点，突然降下一只乌鸦叼走了所施食物，飞至南岸树枝上，于是他认为这是神的显灵，给他指点方位，就决定在河南岸树枝旁修建寺庙，取名为"仁青林"。最早有一间佛殿和几间僧舍，后经不断扩建，形成了8600平方米的规模，由经堂、依怙殿、僧院、僧舍等三层楼高藏式平顶组合而成。

当时主供药泥塑释迦牟尼佛像，夏叶康（无量宫）主供释迦牟尼佛镀金像，其左右供有弥勒佛和强森·更顿仁青泥塑像、三师徒佛像，经架上是金、银、珍宝书写的101卷《甘珠尔》《丹珠尔》等经书。

目前该寺重修藏式平顶的一层楼，包括佛殿。寺庙坐西朝东，面临墨竹河，背依山峦，景色宜人。佛殿内供有主尊新塑药泥三世和五世达赖塑像，还有十一面观音等各种泥塑像50多尊。在经架上摆满了一万颂一套和其他经书多部，四壁挂有格鲁派题材的卷轴新唐卡。每年藏历7月15日举行酬补仪式及跳神。

---

[1] 仁青林寺：位于扎西岗乡仁青林村，位于县城东13千米，海拔3750米。

夏寺

夏寺[1]藏语意为帽子寺，又称伍如洁益拉康，也称夏拉康。公元798年，由娘·定埃增创建，属于宁玛派寺庙。

夏寺

据传说原先娘·定埃增只是在附近的一座修行洞，为了化缘，娘·定埃增出洞，有施主赠予大量财物，他用自己的僧帽运资，修建了夏寺，圆寂以后，其门徒将这顶神帽供养在佛塔中，该寺名字也是因此而来。

据《贤者喜宴》记载，圣者昆摩米特罗为了考验娘·定埃增特把一顶竹帽放在仓房口上，让其用青稞把帽子装满，结果娘·定埃增硬是整整装满了一仓青稞，并用这批粮食作为资金建了该寺，于是命名为夏拉康。夏寺盟文诏敕碑立于夏寺大门两侧，两碑相距6米。右侧是公元9世纪由吐蕃赞普赤松德赞赐予娘·定埃增的盟文诏敕碑。上刻藏文62列，碑高4.93米，文字清晰。目前，对石碑、佛塔等进行了修复。

---

[1]夏寺：坐落在墨竹工卡县直贡的宗雪地方，距拉萨东郊90多千米。

【相关链接】

娘·定埃增：吐蕃时期的僧人，出身于娘氏贵族家族，曾为赤德松赞幼年老师，后因协助其平定内部骚扰，辅佐赤德松赞即位而深得赞普信任，担任经师。娘·定埃增与勃阐伽·云丹被称为班第钦保，即大沙门之意。娘·定埃增尊称为"钦阐布"（大德）。辅政期间大力弘扬佛教，组织翻译佛教经典。公元810年，唐使徐复入吐蕃，赐予宪宗皇帝敕书，为改善吐蕃与唐朝关系，最终达成唐蕃和庆会盟作出了贡献。赤祖德赞即位后，继续辅佐摄政，权势煊赫。

嘎则寺

嘎则寺[1]修建于吐蕃时期，公元7世纪松赞干布和文成公主为镇压罗刹女的右肩头，亲自选址修建并以藏文30个字母的第一个字母命名。

此地本来有两座寺庙，其中一座是松赞干布王妃芒萨赤姜所建嘎则寺，

嘎则寺

---

[1] 嘎则寺：位于工卡镇北2～3千米的嘎则村，海拔3650米。

属于镇边四大寺之一；赤松德赞时期莲花生大师收伏毒龙后，令其发誓保护佛法而供祀，所以又名盟誓大神庙，原名欧若米久拉康，意为"中镇不变佛殿"。

该寺14世纪由喇嘛仁青平措改为直孔噶举教派，又据《卫藏道场胜迹志》记载，是公元8世纪莲花生所建，后弘期改奉噶当教派。寺内主供强巴佛，具有代表性的活佛是聂达·土登旺布。此寺建筑由大殿、26个修行室及僧舍组成。大殿门向南，高两层，石木结构藏式平顶，平面呈凸字形，壁画内容是四大天王、观音等；大殿面积约300平方米，壁画为千尊释迦；有几座合金佛塔，四周为转经回廊，回廊壁画为千尊无量寿佛。二层设有护神殿，供奉着四臂金刚、能舍金刚、松赞干布及赤松德赞等塑像。

嘎则寺最明显特点是有四座佛塔，经过一段小坡才能到达寺庙内。由于该寺坐落在当地山脚下，视野较为宽广。

德仲寺

德仲藏语有宝藏、伏藏的意思，属于尼姑寺，是直孔噶举派最大的尼姑寺之一。

1280年，直孔替寺第十任法台尼杰·多吉杰布修建德仲寺[1]，后来经过多次扩建形成以德仲大殿为中心，附属62座修行洞的建筑群。据传说，公元8世纪，莲花生大师曾在此地后山的一处岩洞中修行，并生活了10年左右。日后此处成为高僧修行的场所。主供莲花生、观音、释迦牟尼佛，寺内藏有银汁手抄般若经，壁画为高僧人物像。

德仲寺下方的温泉久负盛名。据说，该温泉系寒水石、硫黄、碳精等组成的三和泉，不仅能消除疲劳，而且对治疗皮肤病、骨折、骨病、关节炎、心脏、肝胆等多种疾病有良好的辅助效果。温泉依傍溪流上横跨一座小木桥，桥的一端有一处专治关节炎的温泉池，水温达50℃。桥的另一端则有两处温泉池，男女各一处。靠桥的是女池，中间还用木头隔出了一间温泉洗衣房。

---

[1] 德仲寺：位于门巴乡德仲村，温泉也位于门巴乡德仲村，距县城80千米，有简易沥青路，海拔4590米。

德仲寺

男女温泉池紧邻，仅用石头将其隔开。这两侧温泉水温达40℃，一般是全身浸泡。如今，德仲温泉开发旅游项目，在该地设有招待所、饭馆、商店、停车场等服务设施，能够满足游客吃住需要。德仲温泉三面环山，溪流涌动，香烟缭绕，是一处绝佳的旅游去处。

达普寺

达普寺[1]又称卫堆达普寺，属于格鲁派寺庙。1381年由阿底峡弟子仁钦宁布创建，最初为噶当派寺庙，后来热译师的弟子直吾贡布又在此地修行，并建了一座红色佛塔，后来逐渐成为格鲁派的著名寺庙。

达普寺主要建筑有大殿、佛殿、僧舍。大殿坐北朝南，面积300多平方米，高二层，藏式建筑。大殿左右，供有忿怒马头金刚和不动金刚泥塑像，高1.3米，供有密集金刚镀金铜像；其右侧供有仁钦宁布和固稀班点顿珠的塑像，

---

[1] 达普寺：位于墨竹工卡县东北的章达村吉曲河以东，背依夏斯山，面临帕朗山，海拔3850米。

拉萨寺院文化 La Sa Si Yuan Wen Hua

达普寺

经架上置有《丹珠尔》经典一套及各种佛像；左边摆满了《甘珠尔》经论和其他经书。殿内悬挂有许多唐卡，其中挂有多幅非常精美的缂丝唐卡。大殿背后为北殿，供有十六罗汉的泥塑像；中央供有释迦牟塑像；等等。达普寺内珍藏着宗喀巴、米拉日巴、文殊菩萨和菩提塔等珍贵的文物。

在达普寺正殿下方处设有两座镇压邪恶灵塔，其颜色为红色。达普天文观测台和太阳光测量圆轮是该寺庙的亮点。

【相关链接】

达普天文观测台：西藏天文历算学是藏族优秀传统文化中最具代表性的学科，发展至今已有2000多年的历史。墨竹工卡县达普天文日光观测台也有300多年的历史（其观测时间是日交星为二十七星宿之危宿和公历1月13日），作为在西藏本土发展起来的一门自然科学，是藏族人民在长期生产实践和社会生活中创造出来的宝贵财富，其历史悠久、文献丰富、自成体系，千百年来在西藏人民的生产和生活中起着重要的作用。西藏的历法具有鲜明的特点，在世界历法林中独树一帜，占有很重要的地位，在当今现代天文、天体物理、气象等高度发达的现代社会，依据西藏天文历算学原理编写的西藏气象历书在西藏高原上仍然起着重要作用，深受广大农牧民群众的欢迎，在指导农牧业生产和生活及气象预报等方面均有着重要的价值。西藏天文历算学的研究领域较广，不仅包括了五大行星运动值的推算。闰月和重缺日的设置、日月食的预报等，还涉及依据天文历算学原理进行推算天文日光观测时间、各地最适应的农耕牧作时机、物候、节令、人体脉相变化周期，特别是中长短期天气预报等。

太阳光测量圆轮：中心为阳光测量点和十二宫、二十七宿圆轮。二十七宿每一宿所占的空间均分为六十分，每一分叫作一弧刻。这六十分又分为四份，每份十五弧刻，名为一宿部。每九个宿部为一宫。娄宿（四步）和昴宿的一步共九步，相应于白羊宫。昴宿的三步、毕宿（四步）和觜宿的一半（两步）称作金牛宫。觜宿的另一半、参宿和井宿的三步相应于双子宫。井宿的一步、鬼宿和柳宿的全部叫作巨蟹宫。星宿、张宿和翼宿的一步叫作狮子宫。翼宿的四分之三，轸宿和角宿的一半合为室女宫。角宿的另一半、亢宿和氐宿的三步是天秤宫。氐宿的一步、房、心两宿的全部为天蟹宫。尾宿、箕宿和斗

太阳光测量圆轮

宿的一步为人马宫。斗宿的三步、牛宿和虚宿的一半为摩羯宫。虚宿的另一半、危宿、室宿三步为宝瓶宫。室宿的四分之一、毕宿和奎宿的全部为双鱼宫。

芒热寺

芒热寺[1]又称加俄芒热寺，最早属于噶举派寺庙，后改为格鲁派寺庙。1113年，由格西·恰玉巴雄努俄创建。

据说，芒热寺在1251年，由于直孔噶举派依附蒙古王室，受到了蒙哥的保护，当时成为拉萨、山南一带雄踞一方的直孔噶举派寺庙。在忽必烈时期，芒热寺与直孔替寺一同远扬西藏各地。后在西北反抗元朝中央政府的势力援助下，起兵反抗萨迦派的统治，被萨迦本钦阿迦仓调集军队并引元兵入藏合力平乱，当时该寺与直孔替寺被毁，史称"直孔之变"，其势力被削弱。明朝中央政府时直孔噶举派僧人以宗教上的影响受封为"国师""大国师"诸称号。在这以后的历史各阶段由于教派间的权力之争及清朝中央政府扶植格鲁派，芒热寺势力日渐衰微，同时逐步演变为格鲁派寺庙。寺庙内主要供释迦牟尼佛。寺庙门口立有一座塔钦，上面挂满风马旗和哈达。

唐加寺

唐加寺[2]又称唐久寺，早些年一些年老的长辈称该寺为采寺，因为该寺矗立在农作物中而称此名。

公元900年，由鲁美大师创建，但有些史料中记载为格西加俄巴或果香巴创建唐加寺。此处以鲁美大师为准。唐加寺起初为噶当派寺庙，后改成格鲁派寺庙。据第悉·桑杰嘉措著《格鲁派教法史——黄琉璃宝鉴》记载："据说，唐加寺是法王松赞干布最初建立镇域之寺同时修建的。后由鲁美·次成西热进行修缮的同时建立了受戒僧制度。"但在其他史书，尤其在《青史》中专门述及鲁美大师创立寺庙的章节中，却没有任何记载。

目前，在尼玛拉康和旧大殿的墙壁上能够看到一些壁画文物。尼玛拉康

---

[1] 芒热寺：位于墨竹工卡县尼玛江热乡。

[2] 唐加寺：位于墨竹工卡县唐加乡。

唐加寺

正中只有一尊无量佛，佛殿周围是3米多高的佛像座，佛像已损坏，佛殿后方围墙上的壁画已列入国家文物保护单位。据说该无量佛殿是公元7世纪松赞干布和文成公主为镇压罗刹女修建的寺庙之一。

邦萨寺

邦萨寺[1]藏语译为有草地的意思，其名称的说法上有两种：一种是以藏语字母命名的30个字母中的巴字而起名；另一种是由于东旦·江白加措在此修行并取得成就，具有奇特神韵地段而起名为邦萨。全称为邦萨寺甘丹南杰扎仓。12世纪中期，由噶当派喇嘛加唐巴尼玛旺久创建，属于噶当派寺庙。

邦萨寺内主供东旦·江白加措像。历史鼎盛时期僧人达30多名，该寺最具影响力的历史人物是东旦·江白加措，它的佛学造诣在当时的西藏佛学领域威望甚高，属噶当派主要继承者之一。该寺经堂内摆放的东旦·江白加措灵塔属于重要文物，文物价值很高，1987年定为县级文保单位。本寺在藏历11月29日举行修供仪式。

---

[1] 邦萨寺：位于扎西岗乡巴洛村。

邦萨寺南面有一座宝瓶塔，传说，朝拜此塔，能让妇女早怀贵子，让难产孕妇顺利生产等，具有生殖崇拜的迹象。

【相关链接】

生殖崇拜：最早出现于母系社会，最初是对女性生殖器的崇拜，进而发展到对男女交媾及男性生殖器的崇拜。在西藏多地，至今仍保留着生殖崇拜的古老习俗，其器物及制作安放仪式均表现出强烈的崇拜感情，蕴含了"多生""快生"的祈望。在西藏的苯教寺庙中，常能见到对生殖崇拜的图腾。

日多寺

日多寺[1]全称"如托桑丹培杰林"。由祥·卓卫贡布的弟子德娃旭努在12世纪创建。在他圆寂后，由其弟子旭努坚赞和罗追旭努等相继担任寺主。在15世纪，日多寺改为格鲁派寺庙，并由格顿朗杰和桑丹仁钦等担任寺主。

现在的大殿建筑面积约200平方米，主要供奉有燃灯佛、释迦牟尼佛、弥勒佛和宗喀巴大师的塑像。在护法神殿中，供奉着德娃旭努的塑像和用金汁刻写的祥·卓卫贡布的文集。每年的主要宗教活动为藏历正月跳神舞。日常主要进行密集金刚、胜乐金刚、大威德的修供仪式。

位于日多寺下方不远处有日多温泉，其建筑面积为3000平方米，大型游泳池800平方米，还有医疗保健等商品餐饮用房。该温泉因得天独厚的水质条件及地理环境而被誉为"圣泉""八功德甘露"。日多温泉内含硫黄、岩麻黄等矿物质，对治疗胆囊炎、消化不良、溃疡病、寒胆、寒毒、各种浮肿、水肿、口痛、皮肤病、各种旧疮旧伤、神经血管、关节、风湿、心肺血管、各种瘫痪性疾病，及妇女杂症等疾病都有很好的疗效。

宗孜寺

宗孜寺[2]全称直孔宗孜扎西达宗寺，由直孔噶举教派第二世活佛白杰彭

---

[1] 日多寺：位于墨竹工卡县日多乡。

[2] 宗孜寺：位于尼玛江热乡宗雪村，海拔4000米。

宗孜寺

措修建，历史上宗孜寺是直孔噶举教派两大法王驻锡地，也是直孔教法的中心，属噶举派寺庙。

寺内主供莲花生像，该寺具有代表性的活佛是直孔切仓、琼仓、宁旦。直孔噶举派每12年一度的猴年大法会在西藏属于大型宗教活动，主要讲述显密教法。《觉巴大金刚焰传》记载，最初法会召开的地点为草原，如亚如草原、直孔草原，后来逐渐固定在卓欧松多寺前举行。直孔猴年颇瓦大法会，藏历6月4日正式开幕，在殿堂大帐篷的法座上由直孔法王主持讲经、灌顶和颇瓦法等法事活动。颇瓦法为佛教密宗无上瑜伽部的甚深密法。在藏传佛教各大教派中直孔颇瓦法比较出名。

松赞拉康

松赞拉康[1]又称杰布宫卡。公元681年，为纪念赞普松赞干布而创建，

---

[1] 松赞拉康：位于墨竹工卡县甲玛乡工布山右麓，距甲玛乡政府约5千米。

松赞干布出生地

民间相传是松赞干布亲建，但这种说法没有考证依据。僧人及信众称松赞干布为吐蕃"三大法王"中的第一位法王，认为他是观音菩萨的化身。松赞干布从古至今一直受到藏族僧侣群众的称颂。

该寺中曾供奉松赞干布的法像，数百年来一直香烟缭绕，拜客众多。1982年，色拉寺僧人江白益西对该寺进行修复。现寺内主供松赞干布、文成公主、尺尊公主法像。寺庙佛堂为两层建筑。在距该寺不远的右侧后方，即该寺所属"杰布丹恰"天葬场，其规模仅次于直孔替寺天葬场，有人将它与世界三大天葬场相提并论。杰布宫卡附近是吐蕃政权宫殿遗址，原"加麻万户"府就建在此处，据说此处曾是本地区的著名粮仓。

甲玛沟风景区是西藏拉萨旅游园区。作为甲玛沟"四圣八寺"之一的玉孔修行洞坐落于名叫塔龙的地方，修行洞所处的小山丘形如野兽。据说，当年莲花生大师在桑耶寺除妖降魔时，一妖女逃到了甲玛沟，化作了一个小山丘，大师降妖后把妖女的腹腔变为极具法力的修行之地。进入修行洞，经过一条近4米如同咽喉般狭窄的通道，来到一个较小的岩洞后又进入一个很宽敞的岩洞，号称妖魔的腹腔，里面的岩石像人类的肺、心、肠等内脏。每轮

猴年，僧俗群众就会自发聚集在一起，朝拜圣山祈愿国泰民安，一切生灵和平共处，幸福安康。

在离甲玛赤岗4～5千米处有一个叫采玛卡的村庄。在村庄的后山极其陡峭处是普角协扎岩洞，整个岩洞得到过胜乐本尊菩萨的加持。在此修行者能获得四面智身菩萨的护卫，如果是修胜乐本尊菩萨（黑如嘎），定能得到大圆满。在朝拜完普角修行洞回来的路上，吉沃山脉的西面是"桑龙日垂"，卓衮桑结温、坚阿洛追坚赞、班禅洛桑曲坚等高僧曾在这里修行过。修行洞附近岩石上留有多吉玉珍女神的自然神像。有杰贡旭努维尊者于1100年前后修建的珠萨尔、珠宁两座寺庙。这座古老的寺庙由噶当派高僧杰贡旭努维、卓衮桑结温、坚阿洛追坚赞等主持。

历史上甲玛沟又是通往桑耶寺的必经之路，共有三条徒步线路通向桑耶寺，是徒步旅行爱好者的首选旅游线。

桑耶寺

【相关链接】

杰贡旭努维：又称旭努扎巴，1090年佛教后弘期，出生在甲玛嫩达若内杰拉朗家，父亲叫杰西绕加央，母亲叫鲁江。杰贡旭努维12岁入寺，14岁时拜查虞大师达马热纳、内乌苏尔巴等许多高僧为师，开始学习佛经、内明及声明等藏文化，不久掌握了大量佛学知识，在五明及声明方面取得了很大成就。他先后在甲玛沟兴建了仁青岗白塔、珠萨尔、珠宁两座寺庙，并培养了近千名佛教学徒。

卓衮桑结温：又称桑杰温旭炯乃，1138年3月9日出生在墨竹工卡热都杰朗家，父亲叫杰普姆达，母亲叫夏木朵，8岁时来到仁青岗，17岁入寺为僧，并从杰贡喇嘛钦波娘禅、格西曲、卡吉、堆龙嘎娃达儿森等许多高僧处学到了佛经及藏文化。他在一生中按师父的意愿，为六道众生的幸福下要做了许多善事，如甲玛赤岗的两座寺庙是由他于1170年修建完成的。寺内主要文物有以合金为主要材料制成的具有巨大神力的十一面观音像一尊，高约3米；镀金释迦牟尼佛像一尊；噶当派佛塔一座和用黄金等多种珍贵材料手写的《甘珠尔》《丹珠尔》《大般若经》《八千颂》和《陀罗尼咒》等许多经书。

坚阿洛追坚赞：1402年（藏历水马年）生于拉龙曲扎寺雪扎朗康家，父亲叫杰温曲加，母亲叫觉木拉玛朋莫。他7岁入寺，取法名为洛追坚赞，拜堪钦索朗西绕等许多高僧为师，开始学习佛经。他17岁时前往后藏求学，在克珠格列白桑、曲吉洛追特别是格鲁派创始人宗喀巴大师等许多高僧处学到了佛教知识，取得了一定成就。他所编写的专著有仁青岗寺志、杰贡旭努维和卓衮桑结温两位高僧的传记等。

参考书目

[1] 张云，石硕. 西藏通史（全卷）[M]. 北京：中国藏学出版社，2017.

[2] 堪珠·贡党丹增. 宁玛派源流（藏文）[M]. 北京：民族出版社，2005.

[3] 西尼崔臣. 拉萨市辖寺庙简志（藏文）[M]. 拉萨：西藏人民出版社，2001.

[4] 郭·循努白. 青史（藏文）上下册[M]. 成都：四川民族出版社，1985.

[5] 仁增曲尼桑姆，赤烈. 仁增曲尼桑姆传（藏文）[M]. 拉萨：西藏人民出版社，1997.

[6] 才加，才让本，项智多杰. 藏传佛教寺院文化概论（藏文）[M]. 西宁：青海民族出版社，2005.

[7] 东噶·落桑赤列. 东噶藏学大词典（藏文）[M]. 北京：中国藏学出版社，2002.

[8] 郑堆. 藏传佛教研究（第一辑）（第二辑）（上下）[M]. 北京：中国藏学出版社，2017.

[9] 拉萨市历史文化研究委员会. 拉萨历史文献资料之八曲水县（藏文）[M]. 1999.

[10] 达夏多杰. 益西措杰传（藏文）[M]. 成都：四川民族出版社，1989.

[11] 黄勇. 拉萨尼寺梵呗——阿尼仓空宗教仪轨供品研究[M]. 北京：中国藏学研究出版社，2004.

[12] 孙勇. 拉萨加强与创新社会管理（内部资料）[M]. 2012年.

[13] 德吉卓嘎. 藏传佛教出家女性研究[M]. 北京：社会科学文献出版社，2003.

[14] 仲布次仁多吉. 公元十一世纪藏传佛教寺庙[M]. 拉萨：西藏人民出版社，2004.

[15] 古格·次仁加布. 藏传佛教噶举派[M]. 拉萨：西藏人民出版社，2007.

[16] 李安宅. 藏族宗教史之实地研究[M]. 北京：中国藏学出版社，1989.

[17] 恰白·次旦平措. 西藏通史——松石宝串[M]. 拉萨：西藏藏文古籍出版社，2004.

[18] 宁世群. 藏传佛教僧侣生活[M]. 西宁：青海人民出版社，1998.

[19] 诺日尖措. 藏传佛教萨迦派[M]. 拉萨：西藏人民出版社，2008.

[20] 达尔查·琼达. 藏传佛教宁玛派[M]. 拉萨：西藏人民出版社，2007.

[21] 尕藏加. 雪域的宗教（上、下册）[M]. 北京：宗教文化出版社，2003.

[22] 博崇兰. 拉萨史[M]. 北京：中国社会科学出版社，1994.

[23] 项智多杰. 藏传佛教格鲁派[M]. 拉萨：西藏人民出版社，2007.

[24] 群培. 拉萨市藏传佛教寺院[M]. 罗旦，译. 中国藏学出版社，2008.

[25] 群培. 雪域圣迹导游——拉萨地区（藏文）[M]. 北京：民族出版社，2004.

[26]土观·罗桑却季尼玛．土观宗派源流[M]．拉萨：西藏人民出版社，1984．

[27]Rinchen Dolma Taring．Daughter of Tibet[M]．1970．

[28]直孔·贡觉嘉措．羊日岗寺简介[M]．拉萨：西藏人民出版社，2004．

[29]德吉卓玛．略论阿琼南宗尼姑寺的历史沿革及其影响[J]．中国藏学，1996，3．

[30]白玛扎西．西藏的尼姑名称的来源及解释（藏文）[J]．西藏研究，2007，4．

[31]边巴拉姆．仓宫寺的历史沿革及现状[J]．西藏研究，2005，1．

[32]房建昌．尼姑在藏传佛教中的产生及其发展[J]．中国藏学，1988，2．

[33]德吉卓玛．女性在藏传佛教中的角色与地位[J]．西藏研究，2005，4．

[34]德吉卓玛．萨迦派尼僧研究[J]．西藏研究，2003，2．

[35]达宝次仁．桑浦尼乌托寺兴衰及其对藏族文化的贡献[J]．西藏研究，2005，1．

附录

1. 拉萨五县三区的寺庙统计表

拉萨市城关区管辖的部分寺庙

寺庙名称	创建时间	教派	具体位置
大昭寺	7世纪中期	多种教派	八廓西街
布达拉宫附属庙	7世纪中期	多种教派	药王山对面
哲蚌寺	1416年	格鲁派	北京西路
色拉寺	1419年	格鲁派	娘热乡
下密院	1433年	格鲁派	木如居委会
丹杰林寺	1757年	格鲁派	北京东路
吉崩岗佛殿	1642—1682年	格鲁派	北京东路
蒽卡察日追	1707年	格鲁派	夺底乡深谷
米琼日寺	15世纪前后	格鲁派	夺底沟米琼日山
曲桑日追	1696年	格鲁派	娘热乡基索果村
小昭寺	639年	格鲁派	热木其辖区内
宗角禄康	17世纪末	宁玛派	宗角禄康公园
仓姑寺	7世纪中期	格鲁派	铁崩岗辖区内
策门林寺	1824年	格鲁派	策门林辖区内
次觉林寺	1790年	格鲁派	过拉萨大桥南
宫布萨日追	18世纪中期	格鲁派	巴尔库深山脚
卡日寺	12世纪	希觉派→格鲁派	娘热乡深谷
乃琼寺	1681年	格鲁和宁玛派	哲蚌寺脚下

(续表)

寺庙名称	创建时间	教派	具体位置
普布觉日追	1706 年	格鲁派	夺底沟
日松贡布四方寺	7 世纪末	格鲁派	东寺（仓姑寺旁）南寺（然巴官邸东面）西寺（宇妥桥附近）北寺（热木其多桑西侧）
蔡公堂寺	1187 年	噶举派→格鲁派	蔡公堂乡
查日日追	1684 年	格鲁派	乃琼寺往西 10 千米处
功德林	1804 年前后	格鲁派	德古中路
卡多日追	1707 年前后	格鲁派	夺底沟
帕崩卡寺	643 年前后	宁玛派	娘热乡
日嘉桑丹琳寺	17 世纪前后	格鲁派	古杂村日嘉山北侧
喜德林寺	12 世纪	格鲁派	北京东路
玉仁拉康	7 世纪	格鲁派	八朗学
药王山寺	1696 年	格鲁派	药王山顶
绕色赞康	7 世纪前后	宁玛派→格鲁派	八廓街东孜苏南面
次巴拉康	7 世纪中年	格鲁派	小昭寺旁
乃古东日追	18 世纪末	宁玛派	夺底路西侧的乃囊
木如旧寺	7 世纪末	多种佛教教派	八廓街
拉隆日追	8 世纪中期	多种佛教教派	乃琼寺往东山腰
吉仓西日追	17 世纪	格鲁派	夺底乡
嘎玛夏寺	17 世纪前后	格鲁派	八朗学
卓德康萨	1642—1682 年	格鲁派	白林居委会辖区内
查拉鲁固	7 世纪	宁玛派→格鲁派	药王山东麓
扎其寺	13 世纪	格鲁派	扎细路

林周县境内的主要寺庙

寺庙名称	创建时间	教派	具体位置
加察寺	11世纪末	希觉派→格鲁派	松盘乡加沃谷如村
热玛强康寺	1015年前后	格鲁派	卡孜乡热玛村
觉旦寺	11世纪中期	噶当派	阿朗乡阿堆村
纳卡尔寺	13世纪	噶举派	强嘎乡典冲村
桑丹林寺	15世纪	格鲁派	唐古乡唐古村
夏寺	1070年	噶举派→格鲁派	强嘎乡典冲村
达龙寺	1180年	噶举派	旁多乡达隆村
加日寺	12世纪	萨迦派	甘丹曲果镇朗当村
康隆寺	12世纪	格鲁派	江夏乡康龙村
乃苏寺	11世纪	格鲁派	松盘乡春堆村
那木寺	11世纪	格鲁派	春堆乡那木村
热振寺	1056年	噶当派→格鲁派	唐古乡唐古村
森库寺	12世纪	噶举派→格鲁派	卡孜乡爬雪村
博多寺	11世纪	噶当派→格鲁派	松盘乡岗巴村
甘曲寺	13世纪	格鲁派	甘丹曲果镇甘曲村
尖林强康寺	11世纪	格鲁派	卡孜乡境内
拉姆康寺	15世纪	格鲁派	过吉境内
罗杂寺	12世纪	格鲁派	春堆乡巴杂村
尼姆寺	1148年	格鲁派	措堆乡境内
仁青查寺	11世纪	格鲁派	松盘乡境内
司木寺	11世纪	格鲁派	春堆乡洛堆村
楚杰寺	12世纪	格鲁派	春堆乡楚杰村
查久寺	11世纪	噶当派→格鲁派	松盘乡森格村
杰拉康	1012年	格鲁派	春堆乡巴杂村
朗唐寺	1093年	萨迦派	甘丹曲果镇朗唐村
那烂陀寺	1435年	萨迦派	卡孜乡卡孜村
曲丁寺	12世纪	格鲁派	江热夏乡加中村

（续表）

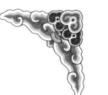

寺庙名称	创建时间	教派	具体位置
直龙寺	12世纪末	噶举派	达龙寺觉木村
桑丹顶寺	12世纪	格鲁派	强嘎乡林周顶村
本扎寺	13世纪前后	噶举派	阿朗乡本扎村

堆龙德庆区境内的主要寺庙

寺庙名称	创建时间	教派	具体位置
措麦寺	11世纪	噶当派→萨迦派→格鲁派	马镇措麦村
热果寺	12世纪	宁玛派	德庆镇邦村
念寺	7世纪前后	格鲁派	马镇聂村
热咋日追	1012年	格鲁派	羊达街道邦布村
宇妥冈寺	8世纪前后	宁玛派	德庆镇宇妥冈
巴普寺	12世纪末	噶举派→格鲁派	古荣镇巴热村
达隆扎寺	8世纪末	格鲁派	乃琼镇乃琼村
嘎东寺	11世纪	格鲁派	东嘎街道东嘎村
朗巴寺	1103年	格鲁派	马镇朗巴村
乃囊寺	1321年	嘎玛噶举派	古荣镇纳嘎村
桑杰寺	8世纪	宁玛派→格鲁派	葱玛岗
贝瑟尔寺	14世纪末	格鲁派	柳吾乡达东村
丁噶寺	12世纪	萨迦派→格鲁派	德庆镇丁嘎村
觉木隆寺	1169年	噶当派→格鲁派	乃琼镇加热村
朗杰色寺	13世纪	萨迦派和宁玛派	柳吾乡桑达村
其美龙寺	15世纪	格鲁派	德庆镇德庆村其美龙组
桑普寺	1073年	噶当派→格鲁派	柳吾乡德村
楚布寺	1189年	嘎玛噶举派	古荣镇纳嘎村
喀隆日追	16世纪	噶举派→格鲁派	德庆镇昂嘎村
尼玛塘寺	12世纪前后	格鲁派	柳吾乡德东村
邱桑寺	15世纪	格鲁派	德庆镇邱桑村
雄巴拉曲寺	7世纪	宁玛派	乃琼镇色玛村

墨竹工卡县境内的主要寺庙

寺庙名称	创建时间	教派	具体位置
嘎则寺	7世纪	直贡噶举派	工卡镇工卡村
仁青林寺	1416年	格鲁派	扎西岗乡仁青林村
直孔替寺	1179年	直贡噶举派	门巴乡仁多岗
阿羊寺	1359年	格鲁派	唐加乡唐加村
杰定寺	15世纪	格鲁派	扎西岗乡恰尔多村
切嘎寺	15世纪前后	噶当派	扎西岗乡吉布村
日多寺	12世纪	蔡巴噶举派→格鲁派	日多乡如托村
夏拉康寺	798年	直贡噶举派	尼玛江热乡夏村
邦萨寺	15世纪	萨迦派	扎西岗乡巴洛村
卡加寺	14世纪	噶当派→格鲁派	扎西岗乡斯布村
曲龙寺	12世纪前后	蔡巴噶举派→格鲁派	尼玛江热乡宗雪村
塔巴寺	15世纪前后	噶举派→格鲁	工卡镇工卡村
亚玛日追	1315年	直贡噶举派	尼玛江热乡羊日岗村
宗孜寺	1601年	直贡噶举派	尼玛江热乡宗雪村
德仲寺	7世纪	直贡噶举派	门巴乡德仲村
玛拉寺	1113年	噶当派→格鲁派	尼玛江热乡境内
绕杰林寺	1739年	直贡噶举派	阳日岗乡境内
唐加寺	7世纪	噶当派→格鲁派	唐加乡木冲村
羊日岗寺	1739年	直贡噶举派	尼玛江热乡羊日岗村

尼木县境内的主要寺庙

寺庙名称	创建时间	教派	具体位置
比如寺	8世纪	宁玛派	塔荣镇巴古村
格杰寺	1054年	格鲁派	林周康萨乡
桑日寺	9世纪	苯教	塔荣镇境内
曲德寺	8世纪	宁玛派	塔荣镇塔荣村
卓瓦曲典寺	11世纪	宁玛派	尼木乡日措村

曲水县境内的主要寺庙

寺庙名称	创建时间	教派	具体位置
朗珠寺	12世纪	竹巴噶举派	南木乡境内
强曲寺	1651年	宁玛派	曲水镇2组
曲廓阳孜寺	1648年	格鲁派	达嘎乡境内
乌香寺	9世纪	宁玛派→格鲁派	才纳乡旁果村
吉蔡寺	13世纪前后	萨迦派→宁玛派	察惹
聂唐卓玛拉康	1055年	噶当派→格鲁派	聂唐乡热堆村
雄色寺	1181年	雄色噶举派	才纳乡才纳村
绛寺	13世纪	格鲁派	南木乡绛村
聂唐扎西岗寺	13世纪	萨迦派	聂唐乡德吉村
桑央查寺	8世纪	宁玛派	才纳乡境内
热堆寺	1205年	格鲁派	聂唐乡聂当村
塔巴林寺	1650年	格鲁派	曲水镇曲埔村

当雄县境内的主要寺庙

寺庙名称	创建时间	教派	具体位置
康玛寺	19世纪初	格鲁派	公唐乡冲嘎村2组
嘎洛寺	1798—1845年	噶举派	羊八井镇附近
羊八井寺	1503年	噶玛噶举派	羊八井镇恰马村
江热寺	1738—1780年	格鲁派	公唐乡拉根多村
拉托噶尔巴寺	不详	噶举派	羊八井镇拉多乡

达孜区境内的主要寺庙

寺庙名称	创建时间	教派	具体位置
尊木采寺	1402年	格鲁派	章多乡尊母采村
拉木觉寺	10世纪	格鲁派	章多乡拉木村
罗寺	1095年	格鲁派	唐嘎乡罗普村
刺色寺	900年	格鲁派	章多乡拉木村
甘丹寺	1409年	格鲁派	章多乡章多村
德庆桑阿寺	1419年	格鲁派	德庆镇境内
扎叶巴寺	松赞干布时期	宁玛、格鲁派	帮堆乡叶巴村
仲堆贡朋寺	1100年	萨派	帮堆乡境内
帕寺	1157年	噶举→格鲁派	唐嘎乡琼达村
穷仓寺	18世纪	格鲁派	唐嘎乡罗普村
雪寺	13世纪	格鲁派	雪乡6村
帕木寺	15世纪	格鲁派	唐嘎乡唐嘎村

2. 全国重点文物保护单位寺庙

名称	建寺年代	公布时间	地址
大昭寺	641 年	1961 年	拉萨市八廓街
甘丹寺	1409 年	1961 年	拉萨达孜区
哲蚌寺	1416 年	1982 年	拉萨市
色拉寺	1419 年	1982 年	拉萨市

3. 西藏自治区重点文物保护单位寺庙

名称	建寺年代	公布时间	地址
大昭寺	641 年	1962 年	拉萨市八廓街
热振寺	1057 年	1962 年	拉萨林周县
楚布寺	1087 年	1962 年	拉萨堆龙德庆区
切嘎曲德寺	1306 年	1996 年	拉萨尼木县
吉拉康	1012 年	1996 年	拉萨林周县
卓玛拉康	11 世纪	1996 年	拉萨曲水县
觉木隆寺	1169 年	1996 年	拉萨堆龙德庆区

编后记

　　藏传佛教寺庙文化是藏族传统文化的重要组成部分，它对当地政治、经济、生活等诸多方面有着深刻影响，与历史、宗教、民俗、建筑等有着密切联系。课题组根据拉萨市委的要求，由负责人反复修改目录，6 名成员，历时 35 天多，行程 3800 千米，对拉萨三区五县统战民宗部门和 60 多座寺庙进行调研，对每一座寺庙的历史、地域、人物资料以及图片等归纳分类，最终完成《拉萨寺院文化》一书的编写。

　　在本课题完成之际，感谢拉萨市各级领导给予的支持，感谢拉萨市政府、拉萨市委宣传部在开展课题过程的具体指导和支持。感谢西藏自治区社科院仲布·次仁多吉副院长生前为全书体例框架的设计、研究文章编选等的亲切指导；感谢西藏自治区社科院保罗副院长为课题进行论证指导；感谢西藏自治区社科院宗教研究所布穷所长、顿珠拉杰研究员、达琼研究员；感谢西藏自治区民宗委马登红主任对图片处理、文字通读审校给予的帮助；感谢为课题尽心尽责的课题组成员娜母卓、康卓措、郑丽梅；也感谢我的亲人给予的支持和理解。假如，本书的编写对读者有所裨益的话，应当感谢所有支持课题的领导和同事！我将会继续深入调研，潜心研究。

　　由于涉及寺庙广、内容多、时间紧，本书尚存在不足与缺点，主要是对部分内容调研不充分，部分内容不全面等，错漏之处敬请各位同仁、专家学者不吝赐教。

编者

2022 年 4 月